新・アジア経済論

中国とアジア・コンセンサスの模索

平川均・石川幸一・山本博史
矢野修一・小原篤次・小林尚朗

編著

文眞堂

はしがき

　21世紀は「アジアの世紀」になるとも予測されているが，そのカギを握るのは中国であろう。1人当たりGDPで見れば世界でもっとも貧しい国の1つに落ち込んでいた中国は，1978年に「改革開放」政策に着手し，それ以来漸進的な市場経済化を進めてきた。天安門事件（1989年）の際は頓挫も危惧されたが，1992年には鄧小平の南巡講話によって「改革開放」の再号令がかけられ，社会主義市場経済の確立へと加速していった。2001年12月にはWTOへの加盟を果たし，世界の工場としての地位を築いて世界最大の貿易大国となった。2008〜09年の米国発の世界金融経済危機の際には，総額4兆元（当時約57兆円）もの景気対策を投じてグローバルな存在感を一気に高めた。いまや中国は名目GDPで世界第2位の経済大国であるだけではなく，輸出額，貿易総額，経常収支黒字額，直接投資受入額，外貨準備高，そして自動車や携帯電話などの生産高において，軒並み世界首位となっている（数値はいずれも2014年現在）。

　2015年には中国の通貨である人民元がその存在力を増すことにもなった。通貨の番人と呼ばれるIMFにおいて，人民元がSDRの準備通貨となることが決まり，また議決権を左右する出資比率で中国が米日に次ぐ第3位に浮上することも決まった。同年に中国主導で設立されたAIIBやBRICS銀行などと併せて，チャイナ・マネーの存在感が高まることが予測される。

　このような中国の勃興は，東アジア経済を牽引する一方で，政治経済面のインバランスを引き起こしている。世界金融危機のなかで米国型の新自由主義的グローバリズム，すなわち「ワシントン・コンセンサス」に対する批判が高まるなか，党主導の中国の発展は，市場に対する国家の役割を強烈に意識させる国家資本主義として評価する声が高まった。しかし，権威主義的政治体制と結びついた「北京コンセンサス」として，大規模な援助や投資を通じてアフリカや新興諸国に影響力が広がるなかで，警戒感も根強く残っている。これまで東

アジアの先発諸国・地域は，経済成長につれてリベラルな民主主義と経済の自由化を漸進的ではあるにせよ受容してきた。それに対して中国は，1人当たり所得では依然として中所得国ではあるものの，いまや世界第2位の経済大国となりながらも，一党独裁と国家資本主義的な経済運営を堅持している。また，経済成長に伴い軍事費も拡大するなかで，南シナ海の領有権や人工島建設をめぐる問題では，王道を是とした華夷秩序から覇道への転換を近隣諸国は危惧している。また，中国国内においても深刻な大気汚染や大規模な産業事故が発生するなど，経済拡張路線の歪みが非難と困惑の対象となっている。

このような問題意識から，本書は，東アジアにおけるグローバリズムの実態と功罪，そして「ワシントン・コンセンサス」および「北京コンセンサス」の限界を実証的に分析しながら，われわれが「アジア・コンセンサス」と呼ぶ，新たな開発協力モデルを提示することを目的としている。安価な労働力に依拠した高成長路線の減速や株式バブルの崩壊によって，中国はこれから「新常態（ニューノーマル）」のもとでの構造改革を進めていくことが求められている。そのような現実を直視し，東アジアが世界経済のなかでどのような位置づけにあるのか，中国の膨張と調整をどのように捉えれば良いのか，どのような地域協力体制を構築すれば共存共栄を実現できるのか，考察している。東アジアは世紀を超えて「世界の成長センター」としての地位を保ってはいるが，そこには「変わるアジア」が存在している。そのなかで「アジア・コンセンサス」なるものを模索し，それを日本の羅針盤，日本経済の再生に結びつけることが必要不可欠であるとの認識も，本書の構想の根源にある。

本書はⅢ部構成となっている。

第Ⅰ部「グローバル化するアジアと世界経済」は，東アジアのグローバル化の現状に関する6つの章で構成される。東アジアにおける構造転換の現状と課題，生産ネットワーク，貿易と地域経済統合，オフショアリングとサービス化，労働力移動，イスラム消費市場などから多角的に分析している。

第Ⅱ部「膨張する中国とアジア」は，アジアを舞台とした中国の膨張の実態について，個別テーマや周辺国との関係を踏まえて7つの章で考察している。中国の国内経済が抱える課題，活発な対外戦略，エネルギーをめぐる諸問題などのほか，韓国，ASEAN，インドといった近隣地域との関係，そしてアジア

の交通インフラ整備と一帯一路戦略などを考察する。

　第Ⅲ部「アジア・コンセンサスの模索」では，本書を通じて模索する「アジア・コンセンサス」について考察する。「ワシントン・コンセンサス」に象徴される新自由主義を批判する立場から，また，これまでの東アジアの経済成長や地域経済協力の経験を踏まえたうえで，いまだ確立したものではないが開発協力モデルとして「アジア・コンセンサス」の提示を試みている。

　本書は，明治大学国際総合研究所（MIGA）における東アジア地域協力プロジェクト（2014年度・2015年度）「中国の勃興が与えるアジア諸国の変貌を日本との関係で考える」の成果の一部である。諸般の事情が厳しい折，自由な研究テーマの設定にもご理解とご支援を頂いている林良造所長に心から感謝したい。また，毎月のMIGA定例会の折には，所員の先生方から当プロジェクトに対する忌憚のないご意見を頂戴したことにも感謝したい。MIGA事務局の長谷川佳代子氏と当プロジェクトの研究補助担当である権善喜氏には，月例研究会の開催などで日頃より大変お世話になったことを感謝したい。なお，本書の内容が執筆者個人の見解をまとめたものであることは言うまでもない。

　本書は学術研究の成果の一部であるが，アジアの政治経済研究者だけでなく，アジア経済論や国際経済論を学ぶ学生，アジアに関係するビジネス・パーソンにも役立つ書物を目指している。

　最後に，本書の刊行をご快諾頂いた文眞堂の前野隆氏に心から御礼を申し上げたい。また，編集等の労をとって頂いた前野弘太氏ほか編集部のみなさまには，度重なる原稿の遅れなどにもかかわらずいつも丁寧に寛大にご対応頂いた。心からのお詫びと御礼を申し上げたい。

2015年12月　白雲なびく駿河台にて

編著者一同

目　　次

はしがき ……………………………………………………………………ⅰ
略語一覧 ……………………………………………………………………ⅸ

第Ⅰ部　グローバル化するアジアと世界経済

第1章　アジア経済の変貌と新たな課題
　　　　　―アジア・コンセンサスを求めて― …………………… 3

　　はじめに ……………………………………………………………… 3
　　第1節　アジア経済の現在 ………………………………………… 4
　　第2節　進展する東アジアの経済統合と域内分業 ……………… 7
　　第3節　変わるアジアの発展メカニズム ………………………… 8
　　第4節　東アジアの地域協力と経済統合の制度化 ………………12
　　第5節　アジア経済の新段階と新たな課題，日本の選択 ………13

第2章　アジアの生産ネットワークと地域統合
　　　　　―電機電子産業の事例から― ………………………………17

　　はじめに ………………………………………………………………17
　　第1節　東アジアにおける域内貿易拡大と生産ネットワーク …18
　　第2節　電機電子産業のアジア生産状況 …………………………20
　　第3節　電機電子産業のアジア展開とアジア経済圏のゆくえ …27

第3章　アジアの地域統合の進展と展望 ……………………………33

　　はじめに ………………………………………………………………33
　　第1節　アジアの地域統合の略史 …………………………………34
　　第2節　アジアの広域FTA構想と2つの潮流 ……………………37

第3節　ASEANの経済統合：AFTAと経済共同体の創設 ………………40
　　　第4節　アジア太平洋自由貿易地域（FTAAP）に向けて ……………44

第4章　オフショアリングとアジア経済
　　　　　　―世界経済のサービス化― ………………………………………47

　　はじめに ………………………………………………………………………47
　　第1節　オフショアリングの拡大要因 …………………………………47
　　第2節　オフショアリング産業の構造 …………………………………50
　　第3節　オフショアリングとサービス貿易の構造変化 ………………53
　　第4節　アジアにおけるオフショアリングの展望と課題 ……………56

第5章　老いるアジアと国際労働力移動 ……………………………61

　　はじめに ………………………………………………………………………61
　　第1節　アジアの人口 ……………………………………………………62
　　第2節　アジアの少子高齢化と経済成長 ………………………………66
　　第3節　変わる域内労働力移動図 ………………………………………69

第6章　アジアにおけるイスラム消費市場 ………………………76

　　はじめに ………………………………………………………………………76
　　第1節　アジア地域におけるイスラム消費市場及びハラール市場 …77
　　第2節　アジア地域のイスラム消費市場と日本，今後の行方 ………83

第Ⅱ部　膨脹する中国とアジア

第7章　中国の経済成長
　　　　　　―党主導型開発は格差を解消するか？― ……………………………89

　　はじめに ………………………………………………………………………89
　　第1節　中国独自の政治経済体制 ………………………………………90
　　第2節　党・政府主導の経済成長 ………………………………………93
　　第3節　分配システムの課題 ……………………………………………99

第8章　中国の膨張を支える対外戦略 ……………………………104

　はじめに………………………………………………………………104
　第1節　中国の経済的台頭とグローバル化………………………105
　第2節　対外戦略の転換と多国間地域協力への関与……………110
　第3節　「一帯一路」のうねりとAIIBの設立 ……………………115

第9章　中国の勃興とエネルギーを巡る諸問題 …………………119

　はじめに………………………………………………………………119
　第1節　世界のエネルギー市場におけるアジアの存在感………119
　第2節　アジアのエネルギー物流の概要と今後…………………125
　第3節　アジアにおけるエネルギー産業の環境問題……………130
　第4節　エネルギー・環境の諸問題へのアジアにおける協力…132

第10章　政治経済面で中国に接近する韓国 ………………………135

　はじめに………………………………………………………………135
　第1節　韓中貿易投資動向の新展開………………………………136
　第2節　韓中政治外交関係をめぐる形勢…………………………140
　第3節　韓国は「アジア・コンセンサス」を展望できるのか？………144

第11章　政治経済学からみた中国とASEAN関係 ………………148

　はじめに………………………………………………………………148
　第1節　ASEAN結成にいたる中国と各国の状況…………………149
　第2節　地域協力機構としてのASEANの成立と中国　…………152
　第3節　中国経済台頭とASEAN……………………………………161
　おわりに………………………………………………………………164

第12章　対立と協調のインドと中国 ………………………………167

　はじめに………………………………………………………………167
　第1節　インドと中国の政治経済関係……………………………168

第2節　インドと中国の貿易投資関係……………………………173
　　第3節　拡大するインドと中国………………………………………175
　　おわりに――インド中国の対立・協調関係とアジア――………177

第13章　アジアの国際交通インフラの開発と物流 ……184
　　はじめに…………………………………………………………………184
　　第1節　進むアジア域内の交通インフラ整備………………………184
　　第2節　アジア域内の交通ネットワークの構築……………………190
　　第3節　LPIからみるアジア諸国の物流……………………………195
　　第4節　アジア地域における物流のレベルアップと日系企業……197

第Ⅲ部　アジア・コンセンサスの模索

第14章　新自由主義批判とアジア・コンセンサスのエチュード ……203
　　はじめに…………………………………………………………………203
　　第1節　国家の裁量的政策への視点…………………………………204
　　第2節　「埋め込まれた自由主義」の再検討………………………207
　　おわりに…………………………………………………………………211

終章　アジアの新たな開発協力モデル
　　　　――「ワシントン・コンセンサス」と「北京コンセンサス」から
　　　　　「アジア・コンセンサス」へ――……………………………215
　　はじめに…………………………………………………………………215
　　第1節　戦後発展途上国の連帯と挫折………………………………216
　　第2節　東アジアの奇跡と「ワシントン・コンセンサス」………219
　　第3節　「北京コンセンサス」の浮上とその意義…………………222
　　第4節　東アジアにおける地域協力の意義…………………………226
　　おわりに――「アジア・コンセンサス」の模索――………………229

索引…………………………………………………………………………235

略語一覧表

ADB＝Asian Development Bank＝アジア開発銀行
AEC＝ASEAN Economic Community＝ASEAN経済共同体
AFTA＝ASEAN Free Trade Area＝ASEAN自由貿易地域
AIIB＝Asian Infrastructure Investment Bank＝アジアインフラ投資銀行
APEC＝Asia-Pacific Economic Cooperation＝アジア太平洋経済協力
ASEAN＝Association of Southeast Asian Nations＝東南アジア諸国連合
BPO＝Business Process Outsourcing＝業務プロセスの外部委託
BRICs＝ブラジル，ロシア，インド，中国の4カ国（ブリックス）
BRICS＝BRICsに南アフリカを加えた5カ国（ブリックス）
CLMV＝カンボジア，ラオス，ミャンマー，ベトナムの4カ国
EMS＝Electronics Manufacturing Service＝電子機器受託生産企業
EPA＝Economic Partnership Agreement＝経済連携協定
EU＝European Union＝欧州連合
FTA＝Free Trade Agreement＝自由貿易協定
FTAAP＝Free Trade Area of the Asia-Pacific＝アジア太平洋自由貿易圏（エフタープ）
GDP＝Gross Domestic Product＝国内総生産
ICT＝Information and Communication Technology＝情報通信技術
IMF＝International Monetary Fund＝国際通貨基金
ITO＝Information Technology Outsourcing＝情報技術業務の外部委託
KPO＝Knowledge Process Outsourcing＝知識業務の外部委託
NIES＝newly industrializing economies＝新興工業経済地域
OBM＝Original(Own) Brand Manufacturing＝自社ブランド生産
ODM＝Original Design Manufacturing＝設計を含めた受託生産
OECD＝Organisation for Economic Co-operation and Development＝経済協力開発機構
OEM＝Original Equipment Manufacturing (Manufacturer)＝相手先ブランド供給

RCEP＝Regional Comprehensive Economic Partnership＝東アジアの地域包括的経済連携（アールセップ）
PoBMEs＝Potentially Bigger Market Economies＝潜在的大市場経済（ポブメス）
TAC＝Treaty of Amity and Cooperation in Southeast Asia＝東南アジア友好協力条約
TPP＝Trans-Pacific Partnership＝環太平洋パートナーシップ協定
UNCTAD＝United Nations Conference on Trade and Development＝国連貿易開発会議（アンクタッド）
WTO＝World Trade Organization＝世界貿易機関
ZOPFAN＝The Zone of Peace, Freedom and Neutrality＝東南アジア平和・自由・中立地帯

第Ⅰ部

グローバル化するアジアと世界経済

第 1 章
アジア経済の変貌と新たな課題
―アジア・コンセンサスを求めて―

はじめに

　アジア経済は，大きな構造転換の過程にある。その成長は，世界経済の今後を決定付けるほどに重要性を増している。本章の目的は，この成長と変化を概観し，同時に今後の発展と課題を考えることである。

　2 点，留意したいことがある。ひとつは，アジア経済への分析視角に関わる。一般に経済学は客観的な学問のように思われる。しかし，政策を考えると分かるが，立場により政策は変わる。日本は東アジアにあり，20 世紀にはこの地域を支配しようとした歴史を持つ。地域の見方は無意識のうちにバイアスが掛かり易い。「日本のアジア」と「アジアの中の日本」では，アジア経済へのアプローチと評価が変わる。本書は，アジアに視点を置き，出来る限り客観性を目指し，そこから日本の在り方を考えたい。この視点が日本とアジアの繁栄と平和に結びつくと考えるからである。

　もうひとつは，21 世紀のアジア経済は 20 世紀とは異なり，発展のメカニズムが変わっているという点である。グローバル化の中でアジア経済は世界と堅く結びついて発展しているが，同時に今までと異なる枠組みの中での発展となっており，従って課題も異なる。アジア経済の実態に即して，その発展の在り方と課題を考えるのが本章の目的である。

第1節　アジア経済の現在

アジア，特に東アジア経済が半世紀以上にわたって世界経済の中で高成長を達成してきたことはよく知られている。その結果，この地域は世界最大の経済圏へと浮上した。図1-1は米国の各年のGDPを基準として，日本，中国，NIES，ASEAN，インド，EUの相対的規模の推移を1980年代以降でみたものである。ここからは幾つかの重要な事実を確認できる。まず，(1)東アジア諸国のGDP合計が2010年に米国を，2012年にはEUをも上回った。(2)同じ年，東アジアの内部では日本と中国の経済規模が逆転している。(3)時系列的変化に注目すると，今世紀の初めまで東アジア経済の推移は日本の推移と連動していたが，その後中国の推移に連動するようになっている。これは，日本が先進国として東アジアで圧倒的な高みにあった時代から，中国が東アジア地域をリードする時代に移っていることを示している。(4)この図では分かり難い

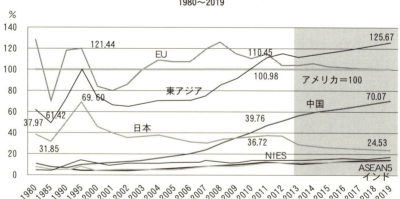

図1-1　アメリカ基準の東アジア，中国，日本，NIES，ASEAN5，インドのGDP推移 1980〜2019

(注)　1980年のシェアは，下からNIES，中国，ASEAN 5，日本，東アジア，アメリカ，EUの順。米国GDP=100。NIESは韓国，香港，台湾，シンガポールの合計。ASEAN 5はインドネシア，マレーシア，フィリピン，タイ，ベトナムの合計。2013年からは推計値。
(出所)　IMF, *World Economic Outlook Databases*, October 2014 より作成。

が，NIESやASEANも発展している。それは，東アジアの経済構成の国別変化では，日本のシェアのみが縮小する構造である。

東アジア経済の今後については，実際，主要な国際機関や研究機関が，今世紀中頃までには中国がアメリカを上回り世界一の経済大国になり，またアジアが世界の富の大半を産み出すと予測している。アジア開発銀行（ADB）の推計では，アジアが「中所得の罠」に陥らなければ，今世紀中頃には世界のGDPの半分を超える（ADB 2011）。OECDの予測によれば，購買力平価（PPP）で2030年には中国が米国を超え，2060年には中国とインドだけで世界のGDPの半分近くになる（OECD 2012）。ちなみに，中所得の罠とは，東アジア経済を考察した世界銀行の2007年の報告書で初めて扱われた論点であり，世界銀行と中国国務院発展研究センターによる中国の将来予測の共同研究でも触れられ注目されるようになった。1960年当時中所得であった国101カ国うち，2008年までに先進国になった国は僅か13カ国に過ぎない。中国はもちろん，他の中所得国も今後，この罠を逃れられるか否かが課題となる（Gill and Kharas 2007; World Bank and DRCSC 2012）。

それにしても，東アジアを中心としたアジアの発展は今後も続くのだろうか。多くの国際機関や研究機関の予測は上述の通りである。確かにアジアは世界のどの地域よりも成長の条件に恵まれている。東アジアとインドの過去10年の経済成長率と1人当たりGDPの関係を国別に見た図1-3と，1人当たり

図1-2 世界のGDPに占める各国・地域シェア変化
2011, 2030, 2060（2005年PPP基準）

（出所）　OECD（2012）*Looking to 2060: Long-term Global Growth Prospects*, p.7.（*Stat Link Data*）より作成。

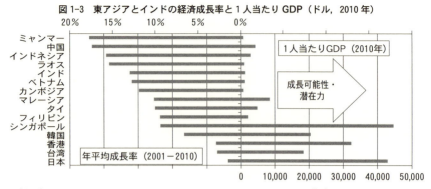

図1-3 東アジアとインドの経済成長率と1人当たりGDP（ドル，2010年）

（出所） IMF, *World Economic Outlook Databases*, Aplir 2013 より作成。

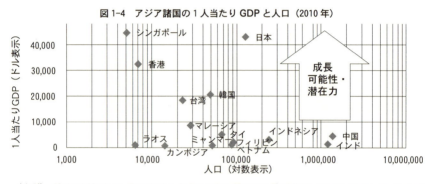

図1-4 アジア諸国の1人当たりGDPと人口（2010年）

（出所） United Nations, *Population Information Network* 及び IMF, *World Economic Outlook Databases*, Aplir 2013（GDP）より作成。

GDPと人口規模の関係を見た図1-4からは，成長率が高い国が1人当たりGDPで小さく，かつ人口規模が大きい関係にあることが分かる。これは，成長の余地がアジアに大きく開かれていることを意味する。罠から逃れるには生産性の上昇が求められるが，アジア新興地域は大きな発展の余地を持っている。

ところで，人口に関わっては，「人口ボーナス」論が注目を集めている。これは東アジアの成長を，結果的には就業人口の増加によって説明できることから生まれた成長の解釈である。アジアは人口が多く，特に若い人口に恵まれている。それが成長の条件であったと考える。しかし，今後，中国を始め急速な

高齢化の時代がアジアにも訪れる。それは発展の足かせになるとの解釈を導く。この点は中所得の罠と同様に検討を要するだろう（大泉 2007；末廣 2014）。

第2節　進展する東アジアの経済統合と域内分業

　東アジアは今や世界最大の経済圏に成長し，同時に主導国が日本から中国に交代している。それは貿易構造にも見事に表れる。図1-5は，東アジアの貿易総額に対する主要貿易相手国（米国，日本，中国）のシェアの推移をみたものであるが，中国は2000年に日本のシェアを，2005年に米国のシェアを超えて，東アジアの最大の貿易相手となった。この変化は域内貿易シェアの傾向的上昇となった。ちなみに，東アジアの域内貿易比率は2012年現在49.5％でEUの59.1％とNAFTAの39.3％の中間にある（経済産業省 2014）。

　ところで，この東アジアの域内貿易の中身は他の経済圏と大きな違いがある。中間財貿易（部品と加工品）の割合が他の2つの経済圏と比べて極めて高い。図1-6が示すように，1990年代に東アジアでは部品貿易が急速に上昇したのに対し，NAFTAは逆にそれを減らし，EUはほぼ不変であった。これは日本やNIESの東アジアへの直接投資が生産過程の一部を国境を越えて配置す

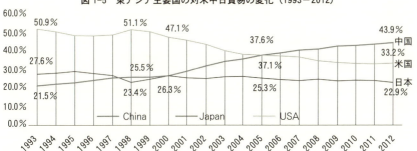

図1-5　東アジア主要国の対米中日貿易の変化（1993－2012）

（出所）　UN, *Comtrade;* Custom Administration, Ministry of Finance, Taiwan, *Taiwan Statistical Data Book 2012* より作成。
（注）　対象は，韓国，台湾，シンガポール，タイ，インドネシア，ベトナム，日本，中国，香港の9カ国・地域。台湾以外のデータは，UN Comtradeによる。

図1-6 主要経済圏の域内貿易の財別構成（1990-2012）

（出所）経済産業省（2014）Ⅱ-3-1-5図データより作成。

ることによって起こったものである。それは検討を要するが，フラグメンテーション理論として説明されている。

なお，財における国際分業の深化と共に，サービスの国際分業も急速に進展している。後述のインドの発展の大きな特徴の1つは，同国がICTの発達によるサービス業務の国際分業に参画したことである。本章では扱えないが，この国際分業に近年，中国，フィリピン，ベトナムなども注目すべき成果をみせ始めている。それは既存の産業に高度化の可能性を生み出しており，今後のアジアの発展で注目すべきものである。

第3節　変わるアジアの発展メカニズム

東アジアの発展に世界が注目し始めるのは1970年代からである。1971年にはアメリカのドル危機から金とドルの交換が停止され，73年には石油危機が勃発して，世界経済は大不況に陥る。だが，アジアでは韓国，台湾，香港，シンガポールのNIESを中心に，総じて輸出主導型の成長が続いた。世界的不況が輸出を困難にするからNIESの息の根は止められる，との当初の予想は外れ，今では先進国の一員に数えられているまでに成長した。

1985年のプラザ合意による円高はもう1つの波の起点となった。日本企業

による直接投資を通じて経済成長の波は先発の ASEAN 諸国に広がり，90 年代には中国，さらにベトナム，カンボジアなど後発 ASEAN の国々へと広がった。東アジアの発展は地域的な構造的発展となった。そして，今世紀に入ると，地域的発展の内部で中国が成長の大きな軸心としてのし上がってくる。

こうした発展の広域化と含意はどのようなものなのだろうか。日本の産業化を研究した赤松要が 1930 年代に提唱した雁行形態型発展に再び注目が集まった。東アジア各国の産業化は，まず先発国から工業製品を受入れ，やがてそれを国内で生産し，さらに輸出するようになる。産業化に成功した国は一方で繊維から電機，自動車などへとより高度な産業構造へ移行し，他方で旧来の産業を海外に押し出していく。東アジアの後発諸国はそれぞれにこの産業化を追いかけていくという説である（赤松 1935; 小島 2003）。同様の理解から，これを「構造転換の連鎖的継起」と渡辺利夫は呼んだ（渡辺 1991）。だが，前節で触れたように，外観は各国の序列的な産業の連続的発展であっても，域内貿易の内容は異なる。かつては最終財の貿易の増大である。しかし，現代のアジアの域内貿易は中間財の割合が大きくシェアを伸ばしている。そこには新たな国際分業が形成されている。また，雁行形態型発展で想定された後発国の発展政策は輸入代替型であったが，NIES の発展は輸出主導型であった。雁行形態論は時代の新しさとどう折合いを付けるかの課題が残されている。

ところで，結論的に言えば，一国一国の成長を寄せ集める見方から，アジア経済の焦点を韓国や台湾から台頭する中国へと移していくだけでは，アジアの発展の構造を捉えることは難しい。世界経済的な視点からより広域的に鳥瞰する理論が求められている。

振り返ると，1970 年代〜80 年代には世界の関心は NIES に向かっていた。この時期，OECD はこれらの国々を NICs（新興工業国）と呼んだ（OECD 1979）[1]。NIES（NICs）の発展は先進国への輸出を通じて実現されたが，アジアでは「成長のトライアングル」による発展であった。日本から資本と資本財が NIES に供給され，そこで安価な労働力と結びついて最終消費財が生産され，米国市場へ輸出される構造である。ところが，日本・NIES・米国のこの成長のトライアングルは，高度化する。NIES ではこの構造の下で地場企業が発展の機会を掴み，今世紀に入ると日本の地位に近づいた。こうして日本と

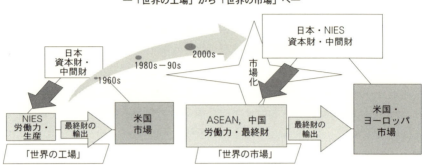

図1-7 「成長のトライアングル」とその高度化
―「世界の工場」から「世界の市場」へ―

（出所）筆者作成。

　NIESが資本財と中間財をASEANと中国に供給するようになり，そこで生産された最終消費財が米国とヨーロッパに輸出されるようになるのである。しかし，成長のトライアングルの高度化は，これまでの生産の東アジアに市場を生み出していく。東アジアでは中所得層が生まれ，世界の生産基地から市場を伴う経済へと転換を始めるのである。図1-7はこの構図を示している。

　こうしてアジアは新たな発展段階に入る。NIESに始まる20世紀後半からの新興経済の発展の決定的な条件は，資本の直接投資，つまり先進国企業が進出を通じて資本と技術を新興国に移転させるという点である。こうして，先進国企業は今世紀に入ってBRICsを発見するのである。BRICsは，米国の投資銀行ゴールドマン・サックスのジム・オニールが2001年にブラジル，ロシア，インド，中国の頭文字から考えた造語である（O'Neill 2001）。彼は，これらの国が近い将来，先進国に代わって世界の大国になると予想する。BRICsについては，学術的考察に堪えない概念に過ぎないという理解もある（末廣 2014）が，アジアの先行の発展モデルのNIESと比較するとき，見事な今日的な特徴が浮かび上がる。

　NIESは工業製品の輸出を通じて発展した。BRICsの場合，主要な輸出財は中国が工業製品，ロシアが資源，インドがICTサービスなどであって確かにバラバラである。産業構造も，NIESは製造業へ収れん化が見られたが，BRICsにその傾向はない。共に，世界から直接投資を集めるが，主要な投資

目的は異なる。NIES には低賃金を求めて直接投資が流れ込んだが，BRICs への直接投資はその多くが地場市場を求めている。人口規模では，NIES は数百万～数千万単位であったが，対照的に BRICs は億～十億単位である。実際，オニールが注目したように，BRICs では人口規模が極めて重要である。以前には，巨大な人口は発展の足枷であると理解された。それが今や発展の潜在力を示す指標と肯定的に捉えられるようになった。しかも当然にも，その投資先は BRICs の枠を超えて新たな国々へ広がっている。日本の国際協力銀行が製造業企業に毎年行っている海外事業展開調査によれば，向こう 3 年ほどの間の最も有望な事業展開先国は中国に止まらずインド，インドネシア，ベトナム，タイなどに広がっている。有望視される根拠は例外なく「今後の市場の拡大可能性」である。筆者は，こうした国をポブメス（PoBMEs : Potentially Bigger Market Economies，潜在的大市場経済）と呼ぶ。BRICs はその典型国に位置づけられる。各国の経済構造に共通性は要らない。世界経済にリンクする条件が整っていれば，潜在的市場経済として注目されるのである。

　NIES と PoBMEs の違いを明らかにするために，資本，労働，市場の空間関係から発展の特徴を整理したのが図 1-8 である。NIES の段階では市場は先進国にあり，従って低賃金労働は重要な競争力の源泉であった。発展は輸出主導型となる。しかし，今では潜在的な市場を求めて企業は投資する。企業にとって，巨大な人口は市場としての巨大な潜在力である。そこへの進出は避け

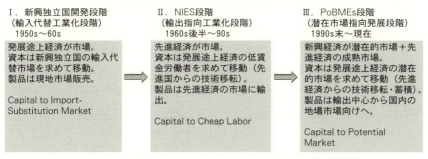

図 1-8　新興経済の資本，労働，市場の空間関係の変遷：概念図

（注）　NIES（Newly Industrializing Economies）新興工業経済：PoBMEs（Potentially Bigger Market Economies）潜在的大市場経済。
（出所）　筆者作成。（平川 2014）を修正している。

て通れない。それが PoBMEs の成長と潜在力を相互に高める。この構造が新興国の勃興を支えている（平川 2014）。

　だが，新興国の発展の条件における「安価な労働力」から「市場」への変化，NIES から PoBMEs への新興国の発展メカニズムの転換は，次節で見るように，アジア経済における新たな可能性と課題を産み出している。

第4節　東アジアの地域協力と経済統合の制度化

　東アジアの経済成長は，過去半世紀にわたって極めて順調に実現されてきたようにみえる。だが大きな試練が幾つもあった。1997年のアジア通貨危機と2008年のグローバル金融危機でアジアは深刻な打撃を被った。特にアジア通貨危機は，タイ，マレーシア，インドネシア，フィリピン，韓国などを深刻な不況に陥らせた。米国や国際機関が推進する経済のグローバル化の中で，成長するアジアに流れ込んだ短期資本が一気に国外に流出したのがアジア通貨危機である。それらの国の通貨は大暴落し，経済は破たんした。企業の多くが倒産し，膨大な数の失業者が生まれた。マレーシアは短期資本の移動に制限を設けたが，タイ，インドネシア，韓国などは IMF の緊急融資を受けるために厳しい融資条件（コンディショナリティ）を受入れねばならなかった。政府は緊縮財政を余儀なくされ，公共料金は引き上げられた。

　危機の原因については，米国や IMF などの国際機関とそれを支持する新古典派経済学がワシントンコンセンサスと呼ばれる自由主義的な立場に立って，市場のメカニズムを無視し，不透明な金融制度や企業統治を行っているとアジア諸国を非難した。これに対して，強欲なヘッジファンドなどの行動こそが問題であると，非新古典派経済学は自由な短期資本の移動を問題にした。いずれにせよこうした試練を経て，東アジアでは金融協力と地域協力の大きな気運が生まれた。アジアの国々は相互に協力して通貨の動きを監視することに合意した。日本からは IMF を補完するアジア通貨基金（AMF）構想も出されたが，米国と IMF などの反対で挫折した。そのため，東アジアの国々は危機の再発に備えて2000年には緊急時の2国間の金融のスワップ協定が結ばれた。この

金融協力の枠組みは，合意された会議の場にちなんでチェンマイ・イニシアティブと呼ばれ，今日までその充実が図られている。

危機後の東アジアでは，地域協力の機運も高まった。1997年がASEAN設立30年目に当たり，この年末ASEAN首脳会議に招待された日中韓首脳が加わってASEAN＋3首脳会議が実現した。2001年のASEAN＋3首脳会議は，1999年に同会議が設置したアジア・ビジョン・グループによる報告書「東アジア共同体に向けて」を受けて，東アジア自由貿易地域の形成と東アジア共同体の建設を将来の目標に据えた。2005年には東アジア首脳会議も誕生した。経済統合では，今世紀に入るとASEANが核となる形で各国が2国間の自由貿易協定（FTA）を締結し，その後多国間の地域FTAも目指されるようになる。FTAを日本は経済連携協定（EPA）と呼ぶが，東アジアのFTA/EPAは日本と中国の間でイニシアティブが争われながら，結局，2012年末以降，東アジア地域包括的経済連携協定（RCEP）としてASEAN＋3にオーストラリア，ニュージーランド，インドの3カ国を加えた自由貿易地域の創設が目指されている。

なおこの経済協力の中軸に位置するASEANは，1993年に東アジアで最初のFTAであるASEAN自由貿易地域（AFTA）の形成に乗り出し，2015年末にはASEAN経済共同体を誕生させた。

第5節　アジア経済の新段階と新たな課題，日本の選択

アジア通貨危機を契機に生まれた東アジアにおける地域協力の流れは今世紀に入って着実に前進してきた。しかし，2010年前後をピークに多くの課題に直面している。日中韓の間では，領土問題や歴史認識問題などのために首脳間の直接対話は2015年11月の再開まで，3年半にわたり中断した。日中韓の政府や人々の間では相互に不信感が増し，戦争の危険すらも絵空事と言えなくなった。政治の負のスパイラルが経済に影を落とす状況が生まれ始めているように見える。

以上のような変化は，東アジアの発展とその結果としての域内構造の変化に

よって生まれている面がある。その到達点において，新たな課題が顕在化し始めたようにも見える。幾つかの論点を指摘しよう。

第1は，TPP（環太平洋パートナーシップ協定）問題である。2009年に米国が高い自由化度を目標にアジア太平洋地域でTPP交渉を進め始め，2015年10月，交渉12カ国間で原則合意をみるに至った。米国を含め各国内ではそれぞれに強い反対が見られるにもかかわらず進められるTPPは，東アジアでは参加国と非参加国に2分される結果を生んでいる。米国がTPPを推進するのは，アジア太平洋貿易で米国主導の貿易ルールを敷き，力を増す中国を牽制しかつ組込みたいからである。対中関係で対立を深める日本は米国と歩調を合わせている。アジアの将来を見据えた賢明な政策であるのかどうか，疑問が残る。

第2には，東アジアの構造転換に伴う新たな課題がある。日本はアジアで唯一の大国ではなくなり，アジア各国に対しても相対的に地位を下げている。対照的に中国はPoBMEs段階にあってアジアはもちろん世界の超大国化が進んでいる。世界の多国籍企業は中国でのビジネスを目指し，同国は超大国化に伴って政策的影響力を増している。こうして中国の対外政策は時に脅威を与え，近隣諸国に安全保障上の課題を突き付けるようになった。他方，構造転換を前にして日本は逆に中国への対抗意識を高め，ナショナリズムが煽られる傾向を強めている。日中の政治や外交では，地域への配慮を欠いた強引な政治が前面に現れるようになった。東アジアの人々の間に相互の不信と軍拡の負のスパイラルが働き始めている。だが，日中両国は多くの東アジアの構成国との共通利益を尊重し，アジアの普遍的価値を求めることが望まれる。地域としての繁栄こそが，日中にとっても繁栄の基礎であるからである。

第3は，PoBMEs段階にあることの含意である。新興経済の発展は人口を発展の潜在力と捉える段階にある。そして，BRICsの内の3カ国はアジアにある。加えてASEANも2015年末にはASEAN経済共同体を完成させ自由な経済圏を創設する。この地域は既に世界最大の経済圏であると同時に，最大の潜在力を有する経済空間になっている。そして，このアジアの発展に向けた制度化が急速に実体化し始めている。中国のイニシアティブが大きく関わっているが，中国とロシアは，2001年には上海協力機構を誕生させ，現在ではインドも加わった国際機構が生れている。2009年には中国，インド，ロシアはブ

ラジルと共に BRICs 首脳会議を発足させ，2011 年からは南アフリカを加えて BRICS 首脳会議に拡大した。2015 年には新開発銀行，通称 BRICS 銀行を設立した。2015 年には，アジアインフラ投資銀行（AIIB）も米国，カナダ，日本を除く G7 構成国を含む 50 カ国が参加して誕生した。アジア開発銀行（ADB）の試算ではアジアでは発展に伴って 2010〜2020 年の間に 8 兆ドルのインフラ投資需要が生れる。この需要を既存の国際金融機関では賄えないというのが中国の主張する AIIB 設立の根拠である。だが，容易に理解できるように，中国の台頭を自国の覇権への挑戦と捉える米国と，それに同調する日本は勢い AIIB への対抗上，アジア諸国へのインフラ融資を進めざるを得ない。この構造は対立を通してアジア新興国の発展を支える方向に動く。

　これらの構造転換の含意は，おそらく成長の極がアジア太平洋からアジアへ移動していることを意味するだけでない。おそらく，それはユーラシアの時代への入口である可能性がある。この点で 2013 年秋に現れた習近平中国国家主席の「一帯一路」構想は注目に値する。それは陸の「シルクロード経済帯」と「海上シルクロード」を合わせた構想である。この構想の採算は難しいとする見方（津上 2015）や中国の中華思想の表れであるとの解釈もある。だが，ユーラシアの構想は中国をその中心に置きながら，アジアとヨーロッパ，ASEAN 地域とインドも含んだ新たな時代の幕開けの可能性がある。実際，中国からは既に中央アジアを通ってヨーロッパへの物流ルートとして鉄道輸送が実行に移されている。アジアのインフラ投資に関わる環境は日中間の確執を通じて，大きく好転するだろう。

　だが思うに，日本では米国を中心に世界を捉える。アジアを海から捉える傾向が極めて強い。TPP は，アジア太平洋経済を再活性化するかも知れない。しかし，現在，起こっている PoBMEs 段階の特徴は海から陸のユーラシアへの移行である。新たな時代の鳥瞰図を通して世界を捉えることが必要になる。

　日本は，こうした大きな構造転換の中でどう立ち振る舞うべきか。その政策は，アジア太平洋の時代，NIES の時代から PoBMEs の時代，アジアの時代への経済的重心の移動を念頭において選択されねばならない。今のように対中国包囲網と TPP を捉えるならば，例え TPP が成立しても，短期的にはともかく，中長期的には中国へのその効果の小さいことを日米は嘆くことになるか

も知れない。変化はその先にまで進んでいる可能性が高いからである。

　問題は，アジア新興国の勃興のチャンスをアジアコンセンサスの創出によってアジアの時代に出来るか否かであろう。アジアの時代の建設のために，日中韓は相互不信を取り除く努力がいる。同時にアジアの将来をアジアの人々と共同して創り上げる基本姿勢が求められる。アジアに生まれた相互協力の枠組み，ASEAN を核においた地域の枠組みを強化し発展させることが求められている。それはアジアの構成国すべてに突き付けられた課題であるが，とりわけ日本と中国に大きな責任が課せられた克服すべき歴史的課題であろう。

（平川　均）

注
1　1980 年代当時，中国が国際社会に復帰し始めると，台湾の国際政治上の地位が問題とされるようになった。そうした政治的背景が，先進国の首脳に名称を「国」から「経済」に代えさせることになった。従って，NICs と NIES との間に概念上の違いはない。

参考文献
赤松要（1935）「我国羊毛工業品の貿易趨勢」『商業経済論叢』（名古屋商業高等学校）第 13 巻上冊。
大泉啓一郎（2007）『老いてゆくアジア―繁栄の構図が変わるとき』中公新書。
経済産業省（2014）『通商白書』2014 年版。
小島清（2003）『雁行型経済発展論』（第 1 巻）文眞堂。
末廣昭（2014）『新興アジア経済論―キャッチアップを超えて―』岩波書店。
津上俊哉（2015）「『一帯一路』構想に浮かれる中国」朝日新聞 AJW フォーラム，コラム，3 月 19 日。
平川均（1992）『NIES―世界システムと開発―』同文館出版。
平川均（2014）「構造転換の世界経済と東アジア地域の制度化―ASEAN に注目して―」植村博恭・宇仁宏幸・磯谷明徳・山田鋭夫編『転換期のアジア資本主義』藤原書店。
渡辺利夫（1991）「アジアのダイナミズムをどうとらえるか」渡辺利夫・梶原弘和・高中公男編『アジア相互依存の時代』有斐閣。

（英語）
ADB: Asian Development Bank (2011), *Asia 2050*, Manila, Philippines
Gill, I. and H. Kharas (2007), *An East Asian Renaissance: Ideas for Economic Growth*, World Bank.
OECD (1979), *The Impact of Newly Industrializing Countries on Production and Trade in Manufactures*, Paris, OECD.（『新興工業国の挑戦―OECD レポート―』（大和田悳朗訳）東洋経済新報社，1980 年。）
OECD (2012), *Looking to 2060: Long-term Global Growth Prospects*, OECD.
O'Neill, J. (2001), Building Better Global Economic BRICs, *Global Economics Papers* (Goldman Sachs), No.66.
World Bank Development Research Center of the State Council, PRC (2012), *China 2030: Building a Modern, Harmonious, and Creative Society*, Washington, DC. World Bank.

第2章
アジアの生産ネットワークと地域統合
―電機電子産業の事例から―

はじめに

　多様性のある東アジアで，世界的に見ても巨大な生産および流通のネットワークがわずか数十年の間で急速に構築されてきた。その展開の過程では日本企業が直接投資などを通じて，大きな役割を果たしてきたのは間違いないだろう。工程間分業が進行することで，日本，中国，ASEANという「トライアングル」が築かれたと言える。しかし近年においては，中国の急速な経済成長を背景に，アジアにおける生産基地および消費市場の国別シェアで中国一極集中ともいえる構造になり，中国の世界市場における比重と，同国のリーダーシップはますます増大しつつある。そして今後のアジアにおいては，この3極に加えて経済規模が増大するであろうインドの重要性が増してくると考えられる。
　東アジアの生産ネットワークは電機電子産業に代表されるように，かつて世界における主要市場が欧米であったものが，中国需要の急激な高まりから大きく様相を変えた。これは少なくとも電機電子消費財分野がもつ性格―製品アーキテクチャーが，労働力の豊富な中国における生産を促し，中国における生産集中の一要因を示している。また中国の巨大な消費人口によって進んだと考えられる，「キャッチダウン」と相まって製造・販売が拡大する相乗効果を生み出したのだと考えられる。
　さらに東アジアにおけるASEANの地域統合は着実に進行しており，2015年末創設のAEC（ASEAN経済共同体）は，その形成によってASEANの生産基地としての競争力，あるいは消費市場としての優位性を高めるだけでなく

東アジアで唯一の地域共同体としての歩みをさらに進めるだろうと考えられている。昨今の中国における投資環境の変化，企業のグローバル戦略の変化，ASEANをハブとしたFTA網であるASEAN＋1FTAの完成，などが要因となり東アジアにおける生産ネットワークは大きな変貌をとげる過程にあると思われる。

第1節　東アジアにおける域内貿易拡大と生産ネットワーク

1．東アジア生産ネットワークと中国のシェア拡大

　東アジアでは1980年代以降急速に増加した日系企業など海外からの直接投資（FDI）を発端とし，域内で生産ネットワークの形成が進むことになる。さらにフラグメンテーション（工程間分業）が国際的に展開されたことが，貿易の増大に極めて大きな影響をおよぼしている。東アジア域内の貿易は経済成長率をはるかにしのぐ勢いで増大し，また世界貿易の平均成長率も大きく上回った。これは1970年代以降の日本による直接投資をきっかけとして，1980年－90年代のNIES諸国，そして2000年以降は中国が明らかに牽引する構図となる。

　2000年以前においては，日本から中国・ASEANに中間財を輸出し，最終財となって中国・ASEANから消費市場である欧州，北米などへ輸出されるという構造の東アジア生産ネットワークであった。また，その時点での日本から欧米への最終財輸出は，中国・ASEANから欧米への輸出額を上回っていた。2000年以降，10数年で最も大きく変化したのは中国から欧米への最終財輸出の急増で，2000年と2013年の比較で対米816.2億ドルから3059.1億ドル，対EU453.7億ドルから2603.8億ドルへと増加している[1]。他方，日本から中国への中間財の輸出は大きく伸びず，代わって韓国，ASEANが中国への中間財輸出を伸ばしている。

　後述の電機電子産業でも示されるように，中国がいわば絶対的な組立・生産，輸出拠点としての地位を確立したのに対して，中間財の供給国としては日本だけでなく韓国，ASEANを含めた東アジアに分散してきており，中国を介

して域外国との貿易がおこなわれる構造に変化したと言えるだろう。

2．中国の市場拡大による世界の「生産需要ネットワーク」へ

これまで貿易面から見た東アジアの生産ネットワークの変化を見たが，中国の最終財の需要地としての拡大がめざましい。日米欧，ASEANなどからの対中最終財輸出はいずれの国も大幅に伸びている。特にEUによる中国向け輸出額の増大が著しい。これは所得の向上などからEUや日本が生産する比較的高付加価値な消費財が販売されるようになっていることもあり，「世界の工場」としての中国は，同時に「質」の高い市場としての規模を急速に拡大させている。『通商白書2011』が指摘するように，中国需要の圧倒的な拡大は東アジアネットワーク構造だけでなく，「世界の需要地＝中国」を内包する自律的な世界的なネットワークとなりつつあると言えるであろう。またその背景に，世界経済危機（リーマンショック）によって欧米市場の存在感が希薄化したことや，対照的に中国政府が4兆元と言われる巨額の財政出動による景気の下支えをおこなったことが東アジア生産ネットワークの構造変化を促した可能性も高い。

末廣（2014）は，新興アジア諸国の激変を表して，経済的側面からは「生産するアジア」と「消費するアジア」，社会的側面から「老いてゆくアジア」と「疲弊するアジア」というキーワードを使っている。ここでは驚異的な中国需要の高まりが「消費するアジア」を代表していると言えよう。また中国の成長

表 2-1　中国への最終財輸出の流れ

（単位：億ドル）

輸出国	2000年	2013年	増減率
全世界計	437.4	3214.4	7.4倍
（東アジア計）	202.1	1533.8	7.6倍
日本	108.1	481.9	4.5倍
韓国	28.6	389.1	13.6倍
ASEAN	32.4	337.0	10.4倍
米国	85.6	486.5	5.7倍
EU	116.5	1052.6	9.0倍

（資料）　RIETI-TID 2013より筆者作成。

過程については，丸川（2013）によって「キャッチダウン戦略」という概念が持ち込まれ，中国の13億人という巨大な人口が（電機電子製品のような性格をもつ製品を中心に）市場を作ったことが大きな要素であるとしている。

　しかしながらこうした中国需要の高まりがある一方，中国経済に関しては懸念もある。近年の経済成長率は実質的には公表値より低いとも言われ，一方外資企業誘致を阻害し輸出競争力の低下につながる人件費などコストの上昇は進んでいる。またGDPのうち投資が約50％を占めるという偏った構造になっているが，設備過多による供給力過剰，不動産への過剰投資と遊休不動産の大量発生，資金が流れ込んだ株式市場の乱高下による混乱などが見られる。社会的には高いジニ係数に見られる所得格差の拡大，長期的には老齢化問題の進行，など多くの問題に直面しており，中国国内需要が先進国のような成熟したものに向かいつつあると判断するのは早計かも知れない。

第2節　電機電子産業のアジア生産状況

1．電機電子産業の特性と立地

　家電・電機，IT機器産業（「電機電子産業」と称する）のグローバル企業は多面性が際だっている。その事業は多種多様であり，国ごとにその事業展開が大きく異なる場合すらある。電機・電子機器，および部品，ソフト・ソリューションなどのICT（情報通信技術）産業も含まれる。大きく分けると，①重電を起源とする企業，②コンピュータ，通信を起源とする企業，③民生家電を起源とする企業に分類できるとされている[2]。

　他業種と比較すると，自動車産業は資本集約的要素が強く，サプライヤーとの強固なヒエラルキーが形成されており集積密度も高いが，電機電子産業の生産拠点の立地は比較的自由であり，かつ生産拠点の移動についても自動車産業ほどの制約は少ない。ASEANの中でもタイ，マレーシア，ベトナムなどには，グローバル企業から単独で進出した中堅企業，大手企業の下請けとして追随した零細企業までの幅広い電機電子産業が進出している。

　また製品サイクル的には自動車は5年程度であるのに対して，電機電子製品

では3カ月（半導体系）から12カ月（家電系）と短い。さらには市場への新規参入者も多いことから過当競争になりやすい業界である。かつ環境変化のスピードが極めて速いことがこの産業の特徴になっている。またアセンブルを中心とした労働集約的工程が主となるが故に雇用人員も多く，進出した国からの撤退は往々にして当該国との政治的な摩擦を生み出す。これは自動車産業と同様であるが，特に大手企業にとっては自由な拠点移動の制約条件の1つとなっている。

2．電機電子産業の品目別の概要

極めて多様性に富んだ電機電子産業の品目の中から，ここでは主な消費財を中心にその概要を見る。現在の日本企業の強みでもある中間財にあたる電気・電子部品や，産業用，インフラ関連の機器などはここでは除く。品目の分類，カテゴリー分けも何通りか考えられる。デジタル機器と非デジタル製品，あるいは（白物）家電，情報機器，AV機器などと言った用途別の分類もできる。また近年実用化，低価格化されている，照明に用いられる白色LEDは成長主要品目に加える必要があるだろう。

電子電機産業の生産地としてのアジアは，日本メーカーの委託加工先としてのASEANが先発して立ち上がり，オープン・ソースの流れで台湾系を中心

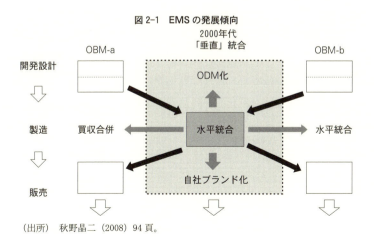

図2-1　EMSの発展傾向

（出所）　秋野晶二（2008）94頁。

としたEMS（電子機器受託生産企業）と生産地としての中国がそれに続く。また韓国メーカーの台頭と，特筆すべきはEMSメーカーの活動範囲がOEM（相手先ブランド供給）からODM（設計も含めた受託生産），さらにはOBM（自社ブランド生産）に拡大・発展するようになっている点である。こうした背景には，デジタル化する電子電機産業と相性の良い製品アーキテクチャーのモジュール化の流れと製品知識のオープン化が，EMSにとって非常に都合が良い環境であったことは間違いない。

当初EMS企業は顧客の要求仕様に忠実に従って生産を受託していたが，次第に自らの開発設計機能を持つようになり，さらに自社ブランドでPCやマザーボードなどを販売するようになった企業も多い。このタイプの企業には台湾系が多く，エイサー（宏碁），フォックスコン（鴻海精密），クアンタ（廣達

表2-2 主なエレクロニクス製品の世界生産台数とアジア生産国

製品名	世界生産台数（2014年見込）	2011年－2014年の増減率	中国生産比率	主なASEAN生産国
LCD－TV	22,700万台	＋4.6%	51.0%	マレーシア 840万台 タイ 390万台
コンパクトデジカメ	4,300万台	－65.3%	66.0%	インドネシア 400万台 ベトナム 215万台
デジタル一眼レフ	1,800万台	＋17.6%	15.0%	タイ 520万台
ルームエアコン	13,500万台	＋13.4%	77.1%	タイ 1,100万台 マレーシア 350万台
冷蔵庫	11,300万台	＋7.6%	57.2%	タイ 630万台 インドネシア 525万台
洗濯機	10,200万台	＋7.0%	48.5%	タイ 270万台 インドネシア 55万台
スマートフォン	128,600万台	＋166.0%	71.7%	ベトナム 1,220万台 マレーシア 430万台
デスクトップPC	13,400万台	－0.6%	66.1%	
ノートPC	16,600万台	－22.8%	87.0%	
タブレットPC	32,500万台	＋345.8%	82.5%	
白色LED	1,483億個	＋142.6%	43.1%	マレーシア 15億個

（注）　中国生産比率とASEAN生産台数は2013年実績。
（資料）　富士キメラ総研『ワールドエレクロニクス市場調査』各年度版から筆者作成。

電脳）などは典型的な経緯を辿り，現在では台湾企業であるが主生産地は中国であるという点で共通している。後述の電子系製品の生産企業において占めるシェアは非常に高い。しかしながら，近年において自社ブランドを持ったことで，携帯電話，スマートフォンなど移動通信体の通信チップセット（あるいはチップセットを組み込んだキット）をほぼ独占していた米国クアルコム社，あるいはスマートフォンで突出したブランド力のあるアップル社との競合関係にも繋がっていることなどから，EMS についてはサプライチェーンにおける従来の調達先，顧客との関係がやや不安定な時期に差し掛かっているとも言える。

　上記表から，世界の電機電子産業，エレクロニクス消費財の品目について，最終財の生産，組立が中国に圧倒的に集中していることが明らかである。日本における生産は，デジタル一眼レフ，白色 LED を除いた品目は数％程度にとどまり，現状日本においてエレクトロニクス主要消費財の生産は現状ごくわずかになっている。そのような状況の下でも，品目別のトレンドは短期的要因で常に変化をしているのがこれらの製品の特徴と言える。(以下生産台数は富士キメラ総研［2014］より 2013 年実績)

(1)　LCD－TV

　技術革新の結果，薄型テレビは競合していた PDP（プラズマ型）が衰退し，LCD（液晶型）がほぼ市場に唯一残ることになった。しかし，すでに先進国市場では飽和が始まっており，中国市場も横ばいに入っている。日系メーカーによる生産は 2700 万台，これに対して非日系は 1 億 9300 万台にのぼっている[3]。最大の生産メーカーは韓国サムスン電子であるが，中国の TCL，TPV，Hisense（海信）といったメーカーが中国国内市場をバックにシェアを高めている。

(2)　コンパクトデジカメ

　コンパクトデジカメは，スマートフォンに装備されているカメラ機能の利用増大のため，近年需要が急速に減少している。日系メーカーによる生産は 2800 万台，非日系は 2600 万台と拮抗している。日系メーカーではキヤノン，ソニー，パナソニックなどであり，非日系では中国 Ability（佳能），韓国サムスン電子などとなっている。

(3) デジタル一眼レフ

　コンパクトデジカメの衰退に比較し，高機能，高画質を備えた高級機であるデジタル一眼レフの需要がエントリー機を中心に伸びている。日系メーカーによる生産は1570万台であるのに対して，非日系は160万台にとどまっている。日系メーカーではキャノン，ニコン，ソニー，オリンパスなどであり，非日系では中国 Ability（佳能）などである。ASEANにおける生産は，ニコン，ソニーがタイでおこなっていることからタイ生産が突出している。

(4) ルームエアコン

　白物家電の中では比較的成長率の高い製品である。日系メーカーによる生産は2600万台，非日系は1億300万台にのぼっている。日系メーカーでは，パナソニック，ダイキン，三菱が中国を主力拠点とし，ASEANではタイ，次いでパナソニックが主力としているマレーシアで生産をおこなっている。非日系では，中国 Gree（格力），Midea（美的），Haier（海爾），韓国 LG などであり，中国メーカーは中国国内生産が大半となっている。

(5) 冷蔵庫

　先進国では需要は一巡しているが，中長期的には中東，アフリカ向けの普及製品が伸びると考えられている。日系メーカーによる生産は960万台，非日系は7900万台にのぼっている。日系メーカーではシャープ，パナソニック，日立，三菱で，ASEAN生産ではタイに集中している。非日系では，Haier，LG，サムスン，Hisense（海信）などであり，生産は中国が主体であり，次いで韓国，インドとなっている。

(6) 洗濯機

　新興国における伸びも停滞しているが，水道・電力供給の不足していた地域における潜在需要があると考えられる。日系メーカーによる生産は940万台，非日系は5960万台にのぼっている。日系メーカーでは，パナソニック，東芝，日立などで，パナソニックは中国主体であるが他のメーカーはタイ生産が多い。非日系では，Haier，LG，シーメンス，サムスン，Midea などであり，生産は中国が主体であり，次いでタイ，インドとなっている。

(7) スマートフォン

　すでに年間13億台の生産台数となってきている。OS別の台数ではアンド

ロイドが80％を占め，アップルのiOS，マイクロソフトのWindowsで計20％というシェアとなっている。日系メーカーによる生産が3600万台であるのに対して非日系では10億8000万台で，Xiaomi（小米）のような中国ローエンドメーカーのシェアが急速に増える傾向にあり，中国，インドなどの新興国需要がさらに伸びると予想される。ASEANにおける生産では，サムスン電子が進出したベトナムで1億2000万台以上が生産されており，ベトナムは中国に次ぐ生産国となった。

(8) デスクトップPC

コモディティ化している汎用PCは基幹部品の入手が容易であり，すでに地産地消製品の1つとなっており，一部米国メーカーでは最終組立を本国で行う米国回帰の動きも起きている。日系メーカーは，主要ブランドでは富士通が220万台日本で生産をおこなっている。これに対して非日系では1億3000万台とされるが，EMSメーカーがODM化していることから，Foxconn（鴻海），Wistron（緯想）といった台湾系と中国Lenovo（聯想）などによる中国における生産が大半を占めている。

(9) ノートPC

ノートPCもデスクトップPCと同様の動きになっている。日系メーカーによる生産は，パナソニック，東芝による320万台で，日本を中心に組立をおこなっている。非日系では1億8000万台とされ，Quanta（広達），Compal（仁宝），Wistron，Inventec（英業達）といった台湾系の中国における生産が大半となっている。

(10) タブレットPC

タブレットPCは軽量，低価格であることが支持され，すでにノートPCの2倍に近い台数に達している。日系メーカーによる生産は60万台にとどまり富士通，シャープが日本を中心におこなっている。非日系メーカーは2億6000万台とされ，Foxconn，サムスン，Pegatron（ASUS子会社），Quantaなど他のPC同様，台湾系のODMメーカーがシェアをもっている。

(11) 白色LED（パッケージ）

LCDバックライト用途から，一般照明へと低価格化と汎用化が本格化している。日系メーカーによる生産は，283億個で日亜化学，豊田合成などによる

ものである。非日系は949億個とされ，台湾Everlight（億光電子），サムスン，Seoul Semiconductor, LGなど，台湾系，韓国系が多い。日系メーカーは大半を日本にて生産しているのに対して，非日系メーカーは中国，台湾，韓国が生産国となっている。

3．ASEANにおける電機電子産業

ASEANでは1970年代の家電を中心とした輸入代替期を経て，比較的早い時期に輸出を主目的とした外資企業を中心に進出し始めた。特に1980～90年代のシンガポール，マレーシアにおいては日系家電製品メーカーが集積した。しかし両国の人件費の高騰，AFTAの実効化，投資恩典の変化，インフラの改善などの影響下で，中国，タイなどへの生産拠点の移動が進み，一方マレーシアでは非日系の半導体系企業の進出，また白物家電からIT・AV機器などへの日系企業内でも生産品目のシフトが見られた。その結果，白物家電の中でも代表格であるエアコンで見た場合，タイの輸出額が45.1億ドル，マレーシアの輸出額が11.8億ドル（いずれも2013年）[4]となっているように，現在ではタイがASEANにおける日系企業の白物家電製品の輸出の中核基地となっている。一方，巨大な国内需要を背景とした中国地場企業の急速な成長があり，中国のエアコン輸出額は132.4億ドル（2013年）に達するなど，中国はグローバル的にも圧倒的な生産シェアを占めるようになった。

その反動とも言える，地政学的な中国のリスクに対する「チャイナ・プラスワン」が2000年代前半から言われ始めたことから，ASEANとタイの周辺国特にベトナムが注目されてきた。しかし現時点でその筆頭と目されているベトナムの主要工業製品輸出額の規模は，携帯電話など特定品目を除きその多様性においてはタイを依然下回っている。ベトナムへの積極的な外国投資が続いているが，裾野産業を含めた集積の規模と質はタイに及ばない点があげられる。これは自動車産業のように集積規模が大きく，またロックイン効果（凍結効果）[5]の大きい業種がすでにタイに一大集積を形成していることが，電機・電子産業にとっても有利に作用していると考えられる。

また前項における主要品目の動向と生産国の比較において，ASEAN各国は汎用演算処理をおこなうPC・デジタル系の製品（デスクトップ，ノート，タ

ブレット）について，PC主要部品であるHDD（ハードディスクドライブ）などは，タイが主要生産国でありながらPCは主な最終生産地となっていない。これは特に台湾系を中心としたEMS，ODMが大規模な組立工程産業の集積を形成したのに対して，日系電機メーカーがクローズドな規格に固執したことで対応できず，さらには製品が短期間でコモディティ化したことが対照的な状況を招いた。一方，ルームエアコン，冷蔵庫，洗濯機のように，製品アーキテクチャーで言えばインテグラル（摺り合わせ型）性の要素の強いアナログ系の製品は，日系メーカーが裾野産業を含めてタイに集積を作ったことは，自動車産業と共通する背景があると考えられる。また，韓国サムスン電子により，裾野産業が薄いベトナムにおいて，スマートフォンの大規模な生産・組立，輸出拠点ができたことは，中国華南地域とのサプライチェーンの構築を前提としたものである。ただし当該製品のサイクルが超短期であることから，こうした戦略が長期にわたって成功するかはしばらく待たねばならないだろう。

第3節　電機電子産業のアジア展開とアジア経済圏のゆくえ

1．主要メーカー別のアジア生産拠点戦略

　中国が電機電子産業の圧倒的な生産基地となる一方，ASEAN地域統合が企業の生産立地にも影響を与えている。ASEAN各国で大規模な外資導入と輸出指向政策により工業化が大幅に進みつつある中で，域内自由貿易協定であるAFTAが深化したことが挙げられる。ASEANの地域経済統合はAFTAの深化と共に本格化した。AFTAは1992年に署名され，2010年にはASEAN＋1FTA体制が確立した。これによりASEANが東アジアにおける事実上の地域統合の中心的な存在になった。

　AFTAの実効化によってサービス・リンク・コストが下がることで，多国籍企業による生産ブロックの分散立地が進むという理論的主張がある一方，産業の集積効果による特定国への生産の偏在という実態が見られる。東アジア全体では，日系，非日系メーカーを問わず，中国拠点は中国内需および輸出対応への最大拠点であることは共通している。日系メーカーの中国拠点は，日本へ

表2-3 日系・非日系アジアメーカーの主な生産拠点の役割

メーカー名		国名	
パナソニック	輸出拠点	中国, タイ, マレーシア	中国は国内, 日本向け
	内需対応	インドネシア, フィリピン	タイ, マレーシアはASEAN対応
東芝	輸出拠点	中国, タイ	中国は日本向け
	内需対応	インドネシア	タイはASEAN向け
シャープ	輸出拠点	中国, タイ	
	内需対応	インドネシア, フィリピン	
日立	輸出拠点	中国, タイ, マレーシア	
	内需対応	インド	
三菱	輸出拠点	タイ	タイはタイ国内＋輸出, 中国は内需対応
	内需対応	中国	
サムスン	輸出拠点	中国, タイ	インドは輸入関税対応
	内需対応	韓国, インド	
LG	輸出拠点	中国, タイ, インドネシア	生産の90%中国国内
	内需対応	ベトナム, インド	タイは旧三洋電機
Haier（海爾）	輸出拠点	中国	
	内需対応	タイ, インドネシア, ベトナム	
Widea（美的）	輸出拠点	中国	90％以上が中国生産
	内需対応	ベトナム	

（出所）　富士経済（2014）。

の持ち帰り需要について輸送距離の面からも重視している。ASEANにおいてはタイへの重点化がほぼ全メーカーで見られる。三菱電機はタイにおけるシェアの高さから，タイ国内市場に重点をおき，余力を輸出に振り向けている。インドについては各社とも，AIFTA（ASEAN－インドFTA）の利用によるタイからの輸出を考慮または実施している。但し，日立および韓国メーカーについてはインド内需を主目的としたインド拠点設置に積極的である。

　ASEAN最大の人口を擁するインドネシアには，今後内需対応の拠点が整備されると思われるが，各社の足並みが揃っているわけではない。マレーシアについては，タイに次ぐ裾野産業の厚みがあることから，パナソニックはシェアの高いエアコン生産を強化し，業務用パッケージ型をさらに増産するとされて

いる。

2．特定電機電子産業によるベトナム・ハノイ近郊への集積例

　自動車産業の厚みのある裾野産業がタイにあることで，集積規模としては自動車に比べて小さい電機電子産業もタイ・バンコク周辺における近接の利益を得てきたと考えることができる。一方，バンコクから約1500km離れたベトナム・ハノイ近郊に，電機電子産業の集積が形成されつつある。2001年にタンロン工業団地に進出した，プリンターを主生産品目とするキャノンは，朽木（2007）の言うアンカー企業としての役割を果たした[6]。ハノイは中国・広東省，華南地域との距離は約1000kmであり，陸路による部材，製品の輸送も十分可能である。一方，他の産業ではベトナムの自動車完成車生産はごくわずかであることから[7]，幅広い裾野産業の育成が困難であり，タイ・バンコク周辺のような，自動車，電機電子産業という2大産業の裾野産業の「相互作用」による集積効果は望める状況にはない。

　そうした状況にも関わらず，電機電子産業のハノイ近郊への集積はその後も続いている。2003年に同じくタンロン工業団地におけるパナソニックによる冷蔵庫，洗濯機の生産開始，HOYAは2005年タンロン工業団地でガラス基盤を生産開始，キャノンは2005年クエボ工業団地，ティエンソン工業団地で生産を拡大，2007年ブラザー工業がフックディエン工業団地でプリンター生産開始，などである[8]。

　とりわけ大きな投資となったのは，韓国サムスン電子による携帯電話，スマートフォン生産工場である。2009年にイエンフォン工業団地で携帯電話のテスト生産を開始したのが始まりであり，ベトナム貿易統計では，2012年から輸出に影響が大きく出るようになる。2014年にはタイグエン工場稼働，ホアラック・ハイテクパークにおけるR&D拠点新設など，サムスンによる積極投資が続いている。2014年のベトナムからの輸出は，電話・同部品が240億ドルを記録し輸出品目のトップとなり，それまで中国からの生産移転，FTA利用などで好調を維持していた繊維製品の輸出額210億ドルを抜いた[9]。サムスン1社の生産立地は，ベトナム経済と同国の貿易構造に大きな影響を与える規模までに達している。

3．東アジア・トライアングルからインドを含めた4極へ

電機電子各メーカーのアジア拠点配置から，最終財組立の最大拠点は中国であり次いでASEAN各国であることから，日本を含めた基本的にはアジア3極から成り立っている。これはかつて北米が最大の消費地でありアジアにとっては輸出市場として存在していた時代とは異なり，前述のように中国需要が最終財の消費地として台頭したこと，および中国とASEANの間でも工程分業が進んだことが従来と大きな違いとなっている。末廣（2014）では，これを「太平洋トライアングル構造」から「東アジア・トライアングル構造」へのシフトととらえ，主要輸出品目が衣類・家電製品からIT製品へのシフト時期と重なることを指摘している[10]。

またインドの存在であるが，現時点では依然「飛び地」であるとも言える。ASEAN－インド間のFTAは，ASEAN－中国の経済的接近を意味するACFTAを強く意識しインド側のイニシアティブで結ばれた。しかしAIFTAの締結後のASEAN－インドの総貿易額の伸びはやや緩慢で，2008年に446億ドルであったものが，2013年は648億ドルとなっており年平均の伸び率は10％以下となっている[11]。しかし主要自動車メーカーによるインド生産の拡大やインフラ開発などが進んでおり，生産拠点としてあるいは消費市場として中国に匹敵する人口を有するインドへの認識は次第に変わりつつある。

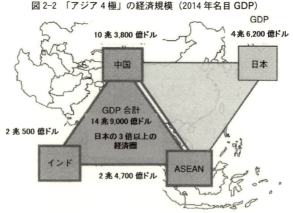

図2-2 「アジア4極」の経済規模（2014年名目GDP）

（出所）安積敏政（2012）266頁に筆者加筆。

インドの高い経済成長が続くことで，数年以内に ASEAN の GDP を抜くことが予測されており，安積(2012)ではこれまでの日本，中国，ASEAN のトライアングルに，中国，ASEAN，インドの新たなトライアングルが加わることで，アジア 4 極の経済圏が形成されるであろうとしている。インドにおいてはすでに IT 技術の基盤があり，中国が高成長を遂げた一因ともなっている電機電子産業の生産・流通ネットワークに早晩入ってくるであろうと考えられる。

（春日尚雄）

注

1 RIETI-TID2013 より。
2 五味（2011）3 頁。日本企業においては，重電型としては日立，東芝，三菱など，コンピュータ・通信型としては富士通，NEC など，民生家電型としてはソニー，パナソニック，シャープなど，があげられるとしている。
3 日系メーカーは超解像度の 4 K テレビを投入しているが，市場シェアにどの程度影響を与えるかは現時点で不明である。
4 UNCOMTRADE より HS8415（エアコン）の輸出額から。
5 空間経済学で言うロックイン効果（凍結効果）とは，産業集積がより強い集積力を持つほど，（関連した）企業，技能労働力などはその集積に引き寄せられることを示す。
6 朽木（2007）。アンカー企業とは大手グローバル企業の初期段階の進出により，部品メーカーなど裾野産業の進出・育成が一気に進むような状況を指す。
7 最大手のベトナムトヨタの現地生産台数は年間約 3 万台にとどまっている。
8 各種報道，各社 HP などより。
9 UNCOMTRADE より。スマートフォンの輸出先は約 40％が EU 向けで，続いて UAE，ASEAN 各国，中国などとなっている。この内訳から，ベトナムにおけるサムスンのスマートフォン生産は欧州景気に左右されると考えられる。
10 末廣（2014）54-58 頁。
11 RIETI-TID2013 による。

参考文献

秋野晶二（2008）「EMS の現在的特徴と OEM」『立教ビジネスレビュー』Vol.1，2008 年 6 月．
安積敏政（2012）『激動するアジア経営戦略―中国・インド・ASEAN から中東・アフリカまで』日刊工業新聞社．
石川幸一・馬田啓一・高橋俊樹編著（2015）『メガ FTA 時代の新通商戦略―現状と課題』文眞堂．
春日尚雄（2014）『ASEAN シフトが進む日系企業―統合一体化するメコン地域』文眞堂．
朽木昭文（2007）『アジア産業クラスター論―フローチャート・アプローチの可能性』書籍工房早山．
黒岩郁雄編著（2014）『東アジア統合の経済学』日本評論社．
経済産業省『通商白書』各年度版．
五味紀男（2011）「日本の電機・電子産業における多国籍企業の現況と対応戦略」『アジア経営研究』No.17，アジア経営学会．
末廣昭（2014）『新興アジア経済論―キャッチアップを超えて』岩波書店．

富士キメラ総研『ワールドワイドエレクトロニクス市場総調査』各年版，富士キメラ総研。
富士経済『グローバル家電市場総調査』各年版，富士経済。
丸川知雄（2013）『現代中国経済』有斐閣。

第3章
アジアの地域統合の進展と展望

はじめに

　20世紀末には「FTA空白地帯」といわれ，世界の地域統合の潮流から完全に遅れていた東アジアは，現在では40を超えるFTAが締結され，2010年以降はTPPとRCEPという2つのメガFTAの交渉舞台となっている。

　東アジアでFTAが増加したのは，自由貿易港であるシンガポールが非常に積極的だったことに加え，中国がASEANを巡るFTA締結競争に点火したことが大きな要因となっている。2010年にASEAN＋1FTAネットワークはほぼ実現し，現在は広域FTAであるTPP（環太平洋パートナーシップ協定）が合意に至り，RCEPは2016年合意に向けて交渉中である。一方，ASEANは2010年にAFTAをほぼ実現し，「深い統合」を目指してASEAN経済共同体の構築を進め，課題は残るものの2015年12月31日に創設した。

　本章は，東アジアの地域統合の大きな流れを理解し，現状および課題を把握することを目的としている。第1節で東アジアの地域統合の展開とFTA競争の誘因を検討した上で広域FTAの必要性と2つの広域FTAであるTPPとRCEPについて概観している。第3節では東アジアの地域統合を牽引してきたASEANの統合をAFTAからASEAN経済共同体への発展として捉え，その特徴を論じている。最後に第4節で北京APECを踏まえてアジア太平洋自由貿易地域（FTAAP）の展望について検討している。

第1節　アジアの地域統合の略史

1．世界から遅れたアジアの地域統合

　世界の地域統合は，2014年11月時点で266を数える[1]。アジアでは，1993年にAFTA（ASEAN自由貿易地域）が発効したが，地域統合が本格化したのは21世紀に入ってからであり，それまでは「FTA空白地帯」と呼ばれていた[2]。アジアで地域統合が遅れた理由は，①地域統合へのイニシアチブを発揮できる経済大国だった日本が地域統合に批判的でありGATT・WTO中心（マルチラテラリズム）の通商外交を追及してきたこと，②歴史問題や日本とその他の国の経済力の差により日本が主導する地域統合は日本の経済支配と受け取られる可能性があったこと[3]，③日本企業など多国籍企業による貿易投資活動によりアジアでは生産ネットワークが作られ「事実上の統合」が進んでいたこと，④90年代はAPECによる貿易自由化への期待が高まったこと，などがあげられる。

　それでは，なぜ20世紀の末に地域統合の動きが表面化したのであろうか。その背景として，①地域統合が1990年代以降急増し，世界の通商外交の潮流となったこと（その背景にはGATTウルグアイ・ラウンドとWTOの通商交渉の遅れがある），②中国，韓国，ASEAN諸国の目覚しい経済発展により日本の経済的な地位が低下し「経済支配への懸念や反発」が薄れてきたこと[4]，③1997年のアジア通貨危機以降，東アジアでの地域協力，連携への気運が盛り上がってきたこと[5]，が指摘できる。1997年にASEAN＋3首脳会議が初めて開催され，翌年から制度化された。ASEAN＋3首脳会議から東アジアFTA構想が生まれている（後述）。

　太平洋地域を含めると，1983年に豪州とニュージーランドのFTA（CER）が締結されていたが，東アジアの国を含めた本格的な2国間FTAは2001年のシンガポールとニュージーランドのFTAである[6]。その後，日本とシンガポールのFTA（新時代の経済連携協定：JSEPA）が2002年に締結された。

2．FTA締結競争の開始

　現在はアジア太平洋地域で40を超えるFTAが締結されている。FTAがこのように増加したのは，21世紀に入り主要国がFTA締結を活発化させたためである。とくに，数品目を除き関税を撤廃しているシンガポールは，米国，EU，中国，日本など世界の経済大国・地域を含め，21のFTAを締結するなど最も積極的であり，一時は他のASEAN加盟国から批判・反発を受けるほどであった。世紀の変わり目をはさんで，日本（2015年8月時点のFTA締結数15），韓国（米国，EU，中国を含め15），中国（同14）も積極的にFTA交渉に取り組み始めた。

　日本とシンガポールのFTA（JSEPA）の交渉開始（2001年1月）は，中国がASEANとのFTA交渉を開始する契機となり，ASEANを巡る主要国・地域のFTA競争を引き起こした[7]。中国とASEANは2001年11月のASEAN中国首脳会議でFTA（ACFTA）に合意した。その後，2002年11月の枠組み協定の締結を経て2004年11月に物品貿易協定（狭義のFTA）が締結され，サービス貿易協定，投資協定が締結されている。

　ASEANと中国のFTA合意は日本政府に衝撃を与えた。日本は2カ月後の2002年1月にASEANとの経済連携協定構想を発表し，2003年12月以降，ASEAN主要国との2国間FTA交渉を開始した。中国，日本のASEANとのFTA交渉開始後，韓国，インド，豪州・ニュージーランドがASEANとのFTA交渉を開始し，アジア太平洋地域でASEANとのFTA競争が起きた。

　ASEANとのFTA競争が起きたのは，貿易転換効果によるネガティブな影響を避けるためである[8]。FTAの経済効果には，貿易創出効果（貿易障壁の撤廃によりFTA締結国間で貿易が創出される）と貿易転換効果（FTAにより効率的なFTA非締結国からの輸入が非効率的な締結国からの輸入に転換する）が知られている[9]。ASEANとFTAを締結していない国・地域はFTAを締結した競合国の製品に市場が奪われることを避けるためにASEANとのFTAに取組まざるを得なくなったのである。

3．ASEAN＋1FTAネットワークの完成

　ASEANは，アジア太平洋地域の主要国からのアプローチによりASEAN＋

1 FTA ネットワークを構築することが出来た。ASEAN はハブアンドスポークシステムのハブとして貿易転換の負のインパクトを減少させる[10]とともに，ASEAN が東アジアの地域統合の動きの中核に位置する形（ASEAN 中心性：ASEAN Centrality という）で東アジアの広域 FTA 構想も検討されるようになり，ASEAN は「運転席に座る」ことができた。このように東アジアの地域統合は，二国間 FTA に加えて主要国と ASEAN との FTA との締結が推進力となって展開した。ASEAN＋1 FTA ネットワークがほぼ完成段階に入ったのが 2010 年 1 月であり，21 世紀の最初の 10 年間は東アジアの地域統合の第 1 段階と呼べる。

しかし，5つの ASEAN＋1 FTA は，自由化レベル，関税削減方式，対象分野などが様々である。日本とは ASEAN 全体との FTA（AJCEP）と 2 国間 FTA（CLM を除く 7 カ国）との 2 本立てである。日本との 2 国間 FTA と豪州・ニュージーランドとの FTA はサービス貿易，投資などを含み包括的であるが，中国，韓国，インドとの FTA は物品貿易協定をまず締結し，サービス貿易協定，投資協定をその後結んでいる。自由化率は豪州・ニュージーランドとの FTA が最も高く，インドとの FTA は 75％程度と極めて低レベルである。原産地規則は 40％付加価値基準と完全番号変更基準の選択方式が多いが，インドとの FTA は両基準の併用という厳しい規則となっている。ASEAN＋1 FTA のネットワークは出来たが，ネットワークはつながっておらず，広域の統合された FTA の形成が課題となった。

4．失敗した APEC の貿易自由化

APEC（アジア太平洋経済協力会議）は，アジア太平洋の地域経済協力組織である。1989 年に第 1 回閣僚会議が豪州のキャンベラで開催され，12 カ国（日本，米国，カナダ，豪州，ニュージーランド，韓国，ASEAN 先行 6 カ国）が参加した。その後，中国，台湾，香港，メキシコ，チリ，ペルー，ロシア，ベトナム，パプア・ニューギニアが参加し，参加国・地域は合計 21 カ国となっている。APEC は，1985 年の域内市場白書採択以降活性化した欧州統合へのアジア太平洋の対応だった[11]。

1993 年にはシアトルで非公式首脳会議が開催され，1994 年のボゴールでの

首脳会議では,「先進経済は 2010 年までに, 発展途上経済は 2020 年までに貿易自由化を実現する」というボゴール宣言を発表した。1995 年の大阪での首脳会議はボゴール宣言実現のガイドラインである「大阪行動宣言」を採択し,1996 年のマニラ首脳会議で各国の個別自由化計画をまとめた「マニラ行動計画」を発表し, APEC による貿易自由化への期待が非常に高まった[12]。

しかし, APEC の貿易自由化の進展は期待を裏切るものだった。個別自由化計画は実質的な内容が薄く[13], 個別計画を補完するために 1997 年に導入された早期自発的分野別自由化 (EVSL) は日本が水産物と林産物の自由化に反対し頓挫した。APEC の貿易自由化は協調的自発的自由化であり, FTA のような拘束的なものでなかったことが失敗の理由である。そして 1997 年に起きたアジア通貨危機に対し APEC が全く無力だったため APEC への期待は急速にしぼんでしまった。ただし, APEC の貿易自由化への動きが全く消えてしまったわけではないことに留意が必要である (後述)。

第 2 節　アジアの広域 FTA 構想と 2 つの潮流

1. 課題となる広域 FTA

東アジアでは 2 国間 FTA と ASEAN＋1 FTA ネットワークが出来た。しかし, 各 FTA の内容, ルールは異なっていた。FTA のルール, とくに原産地規則が異なっていると FTA 利用の手続きが煩雑になり時間, コストなどの企業の負担が大きくなる。FTA の自由化措置を利用するためには, 企業が原産地規則を満たしていることを証明する原産地証明書を添付して税関に申請せねばならないからだ。また, たとえば, 日本から ASEAN の 1 カ国に部品を輸出し製品に加工してインドに輸出する場合, ASEAN インド FTA の原産地規則を満たせないと ASEAN からインドへの輸出に FTA を使えなくなる。こうした事態を避けるには, 日本, ASEAN, インドをカバーする広域 FTA を創り, 累積原産地規則を導入すればよい。

現代のサプライチェーンは 2 国間で完結せず, 多数国間で形成されている。したがって, 2 国間 FTA だけでは多国間の生産ネットワークを活用している

企業の要望に応えることができないのである。多くの国に生産拠点，販売拠点を設置し，多数国から調達を行なっている企業のニーズに応えるには広域であることだけでは不十分であり，投資，サービス貿易，規格・基準，貿易円滑化など幅広い分野を含む包括的な FTA が必要である。広域で経済規模が大きく，対象分野が包括的な FTA はメガ FTA と呼ばれており，TPP，RCEP，TTIP（米 EUFTA）が代表的なメガ FTA である[14]。

2．東アジアの広域 FTA の2つの潮流

東アジアの広域 FTA には2つの流れがある。1つは APEC ボゴール宣言を源流として環太平洋パートナーシップ協定（TPP）に至る流れであり，もう1つはアジア通貨危機後の東アジアの地域協力から構想が生まれ東アジア地域包括的経済連携（RCEP）として具体化した流れである。

(1) TPP

APEC の協調的自発的自由化は頓挫してしまったが，自由化の準備と意思を備えたエコノミーが先行して参加するパス・ファインダーアプローチ（先遣隊方式）により APEC の FTA を模索する動きが 1998 年の P5（チリ，ニュージーランド，シンガポール，米国，豪州）から始まった。しかし，2国間 FTA を進展させることが容易との判断から，P5 は進展せず2国間 FTA 交渉が開始された[15]。まず，シンガポールとニュージーランドが 2001 年に FTA を締結し，2002 年の APEC 首脳会議でチリが加わり，P3 として交渉が開始された。2005 年4月にブルネイが創設メンバー国として加わり P4 となり，2006 年に発効した。

2008 年3月には P4 の投資と金融サービス交渉が開始され，米国が交渉参加を表明，9月には全分野の交渉への参加を表明した。2008 年 11 月に豪州とペルーが参加を表明し，ベトナムは将来における参加を前提とした準メンバーとして参加を表明している。P4 には8カ国が交渉参加を表明し，TPP と呼ばれるようになった。オバマ新政権は 2009 年 12 月に TPP 交渉参加を表明し，第1回 TPP 交渉は 2010 年3月にメルボルンで8カ国により開始された。その後，マレーシア（2010 年），カナダ，メキシコ（2012 年），日本（2013 年）が参加し交渉参加国は 12 カ国となった。TPP 交渉は難航したが，2015 年 10 月

5日に合意した。

(2) RCEP

アジア通貨危機の起きた1997年に初めてのASEAN＋3首脳会議が開催され、毎年開催されるようになった。ASEAN＋3首脳会議で設置された東アジアスタディグループ（EASG：政府関係者が参加）は2002年に東アジア自由貿易地域の創設を提案した。2003年には中国がEAFTA（ASEAN+3）を提案、2006年に日本がCEPEA（ASEAN+6）を提案し、併行して研究が続けられたが、日中の主導権争いの中で交渉は始まらなかった。しかし、米国主導でTPP交渉が開始され、東アジアの広域FTAがTPPにより米国主導で進むことを警戒した中国がEAFTAに固執するのを止め柔軟な姿勢に転じた。今まで対立していた日中は2011年8月にEAFTAとCEPEAを加速させるための共同作業部会設置の共同提案を行った。日中共同提案に対し東アジアの地域統合においてイニシアチブを握りたいASEANはRCEPを提案した。東アジアの地域経済統合で主導権を維持したいASEANがEAFTAとCEPEAを統合する構想としてRCEPを2011年に提唱し、2013年に交渉が始まった。RCEP参加国はASEAN+6の16カ国である。

(3) TPPとRCEPの特徴

TPPとRCEPの内容は大きく異なっている。参加国は7カ国が共通だが、TPPには中国、インドが不参加、RCEPはインドが参加し米国が不参加である。TPPは米国が主導し、RCEPはASEAN中心性を原則にしている。自由化の目標では、TPPは極めて高いレベルを目指し、RCEPは「既存のASEAN+1FTAを相当程度改善」したレベルを目指している。ASEAN+1FTAの中では、インドとのFTAの自由化率が75%程度と極めて低く、インドが自由化率の上昇への障害となっている。2014年8月のRCEP閣僚会議では、各国が80〜90%の自由化率を提案する中でインドは40%を提案したため自由化目標に合意できなかった。

対象分野はTPPが21分野と非常に包括的なのに対しRCEPは8分野と少ないが、これは分類が違うためである。TPPの対象分野でRCEPに入っていないのは政府調達、労働、環境、規制の調和の4分野のみであり、RCEPも包括的FTAである。大きな相違はTPPが知財権の保護強化や国有企業の規

制など新たなルール創りを目指しているが，RCEPではそうした動きはない。TPPは「生きた協定」と呼ばれており，途中から参加が可能である。RCEPはASEANのFTA相手国は参加が可能であり，香港とASEANのFTA交渉が合意すれば香港が参加する可能性がある。

　TPPは消費財の輸入市場として依然重要な米国が参加しルール創りを重視しており，RCEPは新興市場および生産基地である中国，インド，ASEANが入っており，サプライチェーン構築に極めて重要である。

第3節　ASEANの経済統合：AFTAと経済共同体の創設

　ASEANは東アジアの地域統合のフロントランナーである。AFTAは世界でも最も自由化率の高いFTAとなり，日本企業が最も良く利用し，大きな恩恵を受けているFTAとなっている。ASEANが2015年末に創設されたASEAN経済共同体は，サービス貿易，投資の自由化など「深い統合」を目指している。

1．AFTAの実現

　AFTAは，1992年にシンガポールで開催された首脳会議で承認され，1993年1月から関税削減スキームが開始されている。AFTAは2008年までに関税を削減することになっていたが，1994年と1998年の2回にわたりAFTAの加速（スケジュール前倒し）が行われ，先行6カ国は2002年までに0−5％に削減することになり，予定通り実現した。関税撤廃は，1999年の首脳会議で，ASEAN6は2010年，新規加盟国は2015年（センシティブ品目の一部は2018年）との約束が行われ，ASEAN6は約束どおり関税撤廃を実現した。2015年10月時点の関税撤廃率は，ASEAN6は99.2％，CLMVが90.9％，ASEAN全体で95.9％となっている[16]。

　AFTAの目的は，①ASEANの域内分業体制を構築しASEAN企業の競争力を高める，②統合により市場を拡大し外資の誘致を促進する，③世界的な自由貿易体制に備える，の3つである[17]。とくに，1990年代に入り投資ブー

ムが起きた中国への外資集中への危機感が背景にある。AFTAの特徴は，段階的で柔軟な自由化の実施であり，ASEAN＋1FTAに影響を与えている（後述）。

2．ASEAN経済共同体の創設

2015年末に創設のASEAN経済共同体（AEC）は，2002年の首脳会議でシンガポールのゴー・チョクトン首相（当時）がAFTAの次の段階の経済統合として提案した統合構想である。その狙いは外国投資の誘致であり，AFTAと同様である。

AECが目標としているのは，「単一の市場と生産基地（a single market and production base）」であり，「多様性をグローバルなサプライチェーンのダイナミックで強力な一部とする機会に転化する」としている。具体的な目標を示した2007年のAECブループリントによると，AECの4大戦略目標は，①単一の市場と生産基地（市場統合），②競争力のある地域（輸送・エネルギーインフラ整備，競争政策など），③公平な経済発展（格差是正と中小企業），④グローバルな経済への統合（域外とのFTA）である。

最も重要な目標は，「単一の市場と生産基地（市場統合）」であり，AECは「物品，サービス，投資，熟練労働者の自由な移動，資本のより自由な移動」の実現を目指している。つまり，貿易，サービス貿易，投資などの自由化である。物品，サービス，資本，人の移動が自由化される経済統合は「共同市場」と呼ばれる。共同市場が実現しているのは世界でもEUのみである。AECが目指すのは「共同市場」ではなく，色々な制約や制限付きの「自由な移動」である。たとえば，人の自由な移動は熟練労働者に制限されている。AECの統合のレベルと範囲はEUよりも低く限定されており，日本が締結しているEPA（経済連携協定）に近い（表3-1）。ただし，対象分野はEPAよりもはるかに広く，格差是正，輸送・エネルギー分野の統合・協力，域外とのFTA締結などを目標としている[18]。

2015年末にAECは創設されたが，どこまで目標を実現しているのだろうか[19]。物品の貿易では，前述のとおり関税撤廃が予定通り進んでいる。AFTAの自由化率（関税撤廃の比率）は99％を超える見込みで，世界でも最も高い

表 3-1 ASEAN 経済共同体（AEC）と他の地域統合の目標の比較

	EU	AEC	EPA
関税撤廃	○	○	○
対外共通関税	○	×	×
非関税障壁撤廃	○	○（*）	△
サービス貿易自由化	○	○（*）	△
規格・標準の調和	○	△	△
人の移動の自由化	○	△	△
貿易円滑化	○	○	○
投資の移動	○	○	○
資本の移動	○	△	△
政府調達の自由化	○	×	△
知的所有権の保護	○	△	△
競争政策	○	△	△
協力	○	○	○
共通通貨	○	×	×

（注）○は実現の可能性が高い，△は対象としているが内容は不十分，×は実現しない，あるいは，対象としていないことを示している。（*）は目標となっているが完全な実現は難しいことを示す。ただし，厳密なものではない。
（出所）石川幸一・清水一史・助川成也（2013）『ASEAN 経済共同体と日本』文眞堂。

水準となる。一方，非関税障壁の撤廃は全くと言ってよいほど進んでいない。非関税障壁撤廃には，基準・規格を各国がお互いに認め合う相互承認が効果的であり，実現には時間を要する。

　サービス貿易は全分野の自由化を目標にしているが，例外を容認しているため制限が残される。サービス分野の投資はサービス貿易に含まれる（サービス貿易の第3モードと呼ばれる）が，サービスの投資では外資出資比率70%制限が残る。人の移動は，熟練労働者が対象であり単純労働者は対象外である。一方，ASEAN とその他の地域との FTA では，日中韓印豪 NZ（ニュージーランド）との6カ国との間で5つの ASEAN＋1FTA が締結・発効している。広域 FTA として ASEAN と日中韓印豪 NZ の6カ国で交渉中の RCEP（東アジア地域包括的経済連携協定）は 2016 年に合意が持ち越された。

　2015年末までにブループリントの目標を全て実現するのは無理だが，関税

撤廃など相当の分野で自由化，円滑化が進展する見込みである。2015年末は通過点であり，2016年以降に自由化やインフラ整備を継続して実施することになる。ASEANは2015年11月にAEC2025ブループリントを発表した。

3．漸進的な自由化：ASEANの統合

ASEANの地域統合は次のような特徴を持っている。① 経済開発が目的となっている，② 高い目標を掲げるが時間をかけて段階的に自由化を進める，③ 経済発展の遅れている国に対して特別待遇と協力を行う，④ 対象分野と自由化のレベルは無理をしない，⑤ 実施面では柔軟である。

① については，ASEANは発展途上国による地域協力機構であり，統合の目的として経済開発を掲げるのは当然である。AFTA，AECはともに外国直接投資の流入促進が狙いとなっている。AECはASEANを「グローバルなサプライチェーンのダイナミックで強力な一部とする」ことを目標としている。グローバル企業の競争力はコストとスピード（リードタイムの短縮）で決まる。そのためには，原材料・部品の調達から生産，販売にいたる国境を越えたサプライチェーンを効率的に構築することが求められる。途上国から見れば，グローバル化が進展した今日，工業化による経済開発を進めるにはサプライチェーンに参加すること，すなわち生産ネットワークへの参加が決定的に重要となるのであり，AECの目標は極めて重要である。

② から ⑤ は漸進主義による統合を意味する。ASEANは，人材や資金などの制約が大きく，産業の競争力も弱い後発途上国がメンバーに含まれている。政治体制から宗教，文化まで極めて多様でありメンバー国間の経済格差が極めて大きい。無理に統合を進めると遠心力が働き，バラバラになりかねない。無理せず段階的に進めるASEANの地域統合が失敗ではなかったことは，実効性がないなど極めて低い評価だったAFTAがTPPに匹敵する高い自由化を実現していることが示している。

たとえば，関税削減・撤廃は，1993年から開始し，まず5％以下に削減（2002年と2003年）し，100％撤廃は，ASEAN6が2010年，CLMVは2018年としている。また，自由化品目（IL），一時的除外品目（TEL），センシティブ品目に大別し，TELからILに品目を移し，IL品目も関税率の高さに

より自由化スケジュールを決めている。CLMV には緩やかなスケジュールを設け，状況に応じ自由化を前倒しする，原産地規則では日系企業の要望を受け入れ関税番号変更基準を採用するなどの柔軟な実施も特徴である。

　AFTA は ASEAN と中国，韓国，インドとの FTA のひな型となっており，一部の規定は東アジアの他の FTA にも影響を与えている。その特徴は，①枠組み協定を締結し，物品の貿易の自由化を先行しサービス，投資の自由化は別の協定により行う，②自由化品目，一時的除外品目，除外品目に分類し，関税削減を段階的に行う，③新規加盟国を特別扱いする，である。また，原産地規則の付加価値 40% 基準は，インドを除き他の ASEAN プラス 1 FTA，あるいは 2 国間 FTA で採用されている。

第 4 節　アジア太平洋自由貿易地域（FTAAP）に向けて

　2014 年 11 月の北京 APEC では，アジア太平洋自由貿易地域（FTAAP）の実現に向けて APEC が育ての親（インキュベーター）として貢献することを確認し，「FTAAP 実現に向けた APEC の貢献のための北京ロードマップ（北京ロードマップ）」を承認した。

　北京ロードマップでは，2010 年の横浜 APEC の首脳宣言における「FTAAP の道筋」に言及し，ASEAN＋3，ASEAN＋6，TPP を進行中の取り組みとしてあげ，現在進行している地域的な取組みを基礎として出来るだけ早急に FTAAP を実現させることへのコミットを再確認すると述べている。

　ASEAN＋3 と ASEAN＋6 は RCEP（東アジア地域包括的経済連携）に統合されており，TPP と RCEP が FTAAP の道筋であるという構図は北京 APEC でも変わっていない。TPP は排除されておらず，FTAAP を目指して TPP と RCEP が交渉されていく状況は続くことになる。新たな点は，FTAAP の戦略的共同研究の開始である。戦略的共同研究は 2016 年に報告書を提出することになっている。FTAAP 実現への最大の課題は，TPP と RCEP をどのように統合して行くかになるだろう。

　TPP は高い自由化レベル，知財権の保護強化，国有企業規制，労働など中

国や途上国が参加するのには現状ではハードルが高い。一方，RCEP は自由化率が低くなる可能性があり，高い自由化率を求める米国には質が余りに低く参加できないだろう。TPP あるいは RCEP を拡大する，あるいは TPP と RCEP を統合して FTAAP を創るにはこれらの課題を克服せねばならない。

　中国が主導する第 3 の道筋は考えられるのだろうか。中国と ASEAN，ニュージーランド，チリ，ペルーとの FTA は発効し，韓国および豪州との FTA は締結されている。中韓 FTA をベースに日本を加えた日中韓 FTA を作り，インド，メキシコなどとの FTA を締結し，これらの FTA を統合・拡大していけば中国主導の FTAAP への道筋となるかもしれない。しかし，この構想では自由化レベルは低く[20]，新たなルール創りに消極的な FTA になるため米国が参加することはなく，米国不参加の FTAAP はありえない。

　TPP は高い野心を掲げて交渉が開始されたが，交渉の最終局面に入り合意を目指して譲歩と妥協が行われた。急進主義による自由化ではなく，高い目標を掲げつつ，時間をかけて段階的に自由化を進めるという ASEAN の体験を活かした漸進的な自由化が途上国を含む FTAAP の実現には必要である。

（石川幸一）

注

1　ジェトロ国際経済研究課「世界と日本の FTA 一覧（2014 年 11 月）」による（https://www.jetro.go.jp/world/reports/2014/07001093.html）。

2　1970 年代の 2 件，1980 年代に 2 件の地域統合があったが，主に太平洋地域で締結されたものである。

3　畠山襄国際貿易投資研究所理事長は，通産省時代に韓国政府関係者がメキシコ政府関係者に「メキシコは積年の米国への恨みがあるのになぜ NAFTA に踏み切れたのか。韓国は日本に対して積年の恨みがあるから，日韓自由貿易協定など絶対に出来ない」と発言したのを聞いている。畠山（1996）196 頁。

4　たとえば，IMD（Institute for Management Development）の発表する世界競争力指数によると，日本の競争力は 1992 年の 1 位から 2002 年には 30 位に急落している。

5　ほかに，外相会議，経済相会議など多くの閣僚会議が開催されている。早い時点での成果として，通貨協力としてチェンマイ・イニシアチブが 2000 年に合意された。

6　本格的な意味は GATT24 条に整合的な FTA という意味である。それ以前の FTA は GATT24 条ではなく授権条項による特恵貿易協定が多かった。GATT24 条は，地域貿易協定の条件として①実質的に全ての貿易の障害を除去すること，②一定の期間内（10 年）に成立すること，③成立後に協定不参加国に対する貿易上の制限を高めないこと，の 3 つを掲げている。途上国はこれらの条件に縛られずに FTA を締結できる（授権条項）。

7　寺田（2011），213-214 頁。

8 ソーレス，スターリンクス，片田（2011）では，FTAの拡散の要因として模倣と競争という2つのメカニズムを重視しているが，東アジアでは貿易転換効果による影響を回避するという動機で多くのFTAへの取組みを説明できる。
9 貿易創出効果，貿易転換効果および交易条件効果が静態的効果であり，動態的効果として市場拡大効果，競争促進効果などがあげられる。
10 浦田（2011），38-39頁。
11 山澤（2001），62-64頁。
12 山澤（2001），第5章による。
13 個別自由化計画の内容は。GATTウルグアイ・ラウンドの自由化約束に若干のプラスアルファというレベルだった。山澤（2001），82頁。
14 メガFTAについては，石川・馬田・高橋（2015）を参照。
15 同上，10-11頁。
16 ASEAN Secretariat (2015), *ASEAN Economic Community 2015: Progress and Key Achievement*, p.10.
17 青木（2001），36頁。
18 AECの対象分野の具体的な内容については，石川・清水・助川（2013）を参照。
19 AECの進展状況については，石川（2015）を参照。
20 中韓FTAの自由化率は10年目で韓国79.2%，中国71.3%である（百本和弘（2015）「韓国のFTA政策」国際貿易投資研究所研究会での配布資料）。

参考文献

青木健編著（2001）『AFTA　ASEAN経済統合の実情と展望』ジェトロ。
石川幸一（2015）「ASEAN経済共同体」『海外事情』2015年4月号，拓殖大学海外事情研究所。
石川幸一・清水一史・助川成也編著（2013）『ASEAN経済共同体と日本』文眞堂。
石川幸一・馬田啓一・高橋俊樹編著（2015）『メガFTA時代の新通商戦略』文眞堂。
石川幸一・馬田啓一・国際貿易投資研究会編著（2015）『FTA戦略の潮流』文眞堂。
浦田秀次郎（2011）「東アジアにおける排除の恐怖と競争的地域主義」ミレヤ・ソーレス，バーバラ・スターリングス，片田さおり編著『アジア太平洋のFTA競争』勁草書房。
梶田朗・安田啓編著（2014）『FTAガイドブック』日本貿易振興機構。
清水一史（2015）「ASEAN経済共同体とメガFTA」石川幸一・馬田啓一・国際貿易投資研究会編著『FTA戦略の潮流』文眞堂。
助川成也（2015）「AFTAと域外とのFTA」石川幸一・朽木昭文・清水一史編著『現代ASEAN経済論』文眞堂。
寺田貴（2011）「東南アジア域内外の競争的地域主義：シンガポールとASEANの役割」ミレヤ・ソーレス，バーバラ・スターリンクス，片田さおり編著（2011）『アジア太平洋のFTA競争』勁草書房。
畠山襄（1996）『通商交渉国益を巡るドラマ』日本経済新聞社。
山澤逸平（2001）『アジア太平洋経済入門』東洋経済新報社。

第4章
オフショアリングとアジア経済
― 世界経済のサービス化 ―

はじめに

　先進国を中心とするサービス経済化がアジア地域に新たな成長のダイナミズムをもたらしている。インドのコールセンターなどで知られる先進国向けサービス輸出の拠点形成は，今日フィリピンや中国，マレーシア，ベトナム，スリランカなどアジア全域に広がり，サービス輸出を通じた成長メカニズムを作り出している。サービスの輸出拠点となった国々には多くの雇用が生まれ，消費と輸出の拡大を伴って経済成長を支える重要な原動力となっている。

　このようなアジアにおけるサービス輸出拡大の背景には，情報通信技術（ICT：Information and Communication Technology）革命がもたらしたサービスの「貿易可能化革命」と，欧米系多国籍企業を中心に進められたサービス業務のオフショアリング戦略がある。そこで本章では，ICT革命と「貿易可能化革命」といったタームをひもときながら，世界経済のサービス化とアジアにおけるオフショアリング産業の発展について考察していく。

第1節　オフショアリングの拡大要因

　アジアにおける新たな経済成長メカニズムの胎動は，とりわけ先進国で進展しているサービス経済化という世界経済の構造変化を母体としている。1991年に先進国の産業別雇用者シェアは農業が6.7％，工業が30.6％，サービス業

が 62.5％だったが，2010 年にはそれぞれ 3.4％, 21.9％, 74.1％へと変化した。各産業の付加価値シェアでも 1997 年の 2.0％, 27.8％, 70.1％から 2010 年には 1.4％, 24.1％, 74.5％へとサービス業のシェアが増加した。同様の傾向は先進国だけでなく，中所得国においても確認できる[1]。また，産業間のシェア変動に加えて工業や農業の生産過程におけるサービス業務も増加している。とりわけ製造業では，製品の生産に直接携わる業務よりも販売やマーケティング，顧客サービスといったサービス業務の割合が上昇している。

さらに世界経済のサービス化は，このような供給サイドだけでなく，需要サイドにおいても強まっている。所得の増加とともに耐久消費財など財に対する需要が伸び悩む一方，旅行や教育，金融などのサービスに対する需要は増加している。生産活動においてもサービス業務の増加とともに，中間投入におけるサービス需要が上昇している。とりわけ，1990 年代以降に急速に進展する ICT の革新が，世界経済のサービス化を急速に押し進めると同時に，アジアに新たな成長メカニズムを生み出してきた（板木 2006 および中本 2004）。

1990 年代以降の ICT の急速な革新は，第 2 の産業革命と呼ばれるほど様々な影響を世界に及ぼしてきた。その 1 つがサービスの「貿易可能化革命」と呼ばれるものである（UNCTAD 2004 Chapter IV）。国際的な取引では長い間，モノの取引が中心であり，サービスの取引は限定的な水準にとどまってきた。その原因の大部分は，サービスそれ自体の属性から起因している。多くのサービスは実体のあるモノとは異なり，保存ができないという属性を備えている。例えば理髪店における散髪というサービスの提供は，理髪師と顧客が同じ時間に同じ場所にいなければ成立しない。多くの場合サービスの提供は，生産と消費の同時性を 1 つの成立要件とする。そのためサービスの多くは非貿易財としての性質が強く，サービス貿易も海外旅行や国際輸送を中心とするものだった。

しかし，ICT 革命が多くのサービス，とりわけ情報関連のサービスを貿易財へと転化した。文字や音声，画像といった各種の情報は，基本的には書籍や CD などの物的財に記録することで保管・移動されてきた。ところがデジタル化の進展が，それら情報の保管を劇的に容易なものへと転化した。さらに大容量高速データ通信網の普及が，情報の移動に伴う距離的，時間的，経済的制約

を大幅に引き下げた。物的財に記録することではじめて保管・移動されていた多くの情報が世界中に拡散・流通する「貿易可能化革命」は，ICT 革命によって実現されたのである。

　こうした ICT 革命によるデジタル化，貿易財化は，多様な情報を大量に処理する企業の経営戦略にも変革をもたらす契機となった。ICT 革命の原因でもあり結果ともいえる企業を取り巻く競争環境の激化は，選択と集中による経営資源の効率的運用を促した。それぞれの企業は利益の源泉となる中核事業を選択し，そこに経営資源を集中することで市場における競争優位を確立する必要に迫られたのである。中核事業への経営資源の集中は組織内に分散，重複していた総務や経理，人事といった競争優位に直接は結びつかない間接部門の業務を統合し，別の組織に移管する企業組織のリストラクチャリングを促した。さらに中核事業の選択と集中という経営戦略は事業全体へと広がり，国境を越えた企業の M&A（合併・買収）が繰り返されるなか，いかに組織をリストラクチャリングするかが競争力確保のうえで重要な経営指針となっていった。

　グローバル市場における競争激化という文脈のもと，情報のデジタル化が組織間のネットワーク構築を容易にしたことで，リストラクチャリングは国内にとどまることなくグローバルな規模で展開されるようになった。とりわけ，システム管理や会計といったデジタル化への転換が容易な業務やコールセンターなどの労働集約的業務において，当該業務を外部からサービスとして調達する組織再編手法が積極的に実施された。すなわち，オフショアリングとアウトソーシングと呼ばれるものである。

　ただし，オフショアリングが進展したのは企業側の要因だけでなく，オフショアリングの受け入れ拠点となった途上国に企業の要求に応じられるだけの環境が整っていたことがある。コンピューターの 2000 年問題対処のために欧米企業が数多くのインド人技術者を雇用したことは，2000 年代に入ってからのオフショアリング拡大の契機となった。だが，その背景には世界的にも有数な工科系大学が国内に点在し，植民地遺制としての英語を話す優秀で安価な人材をインドが数多く抱えていたことがある。受け入れ国側における条件と企業側の要因に ICT 技術の発展が結びついたことにより，オフショアリングは産業としての広がりを備えていったのである。

第2節　オフショアリング産業の構造

それでは，オフショアリング産業とはどのような構造を備えているのか。その点を明らかにするうえで，まずアウトソーシングとの対比を通じてオフショアリングの概要を確認していく。

図4-1はサービスを提供するベンダーに対するクライアントの支配形態と，ベンダーの立地場所を組み合わせた概念図である。アウトソーシングとは，ベンダーの立地場所にかかわらず，クライアントとは関係のない第三者組織からサービスを調達する手法を意味している。一方，オフショアリングとは，クライアントが関連会社（子会社やグループ会社など）であるか第三者組織であるかにかかわらず，海外に立地するベンダーからサービスを調達する手法を意味している。つまりアウトソーシングは，ベンダーに対するクライアントの支配形態に注目した概念であり，オフショアリングはベンダーの立地場所に注目した概念だといえる[2]。

今日，オフショアリングの対象となっているサービス業務の範囲は，バックオフィス業務（経理や人事など）からフロントオフィス業務（顧客サービスやマーケティングなど），ソフトウェアのプログラミングやシステムの保守・管

図4-1　オフショアリングとアウトソーシングの概念図

（注）　内部には自社，子会社，関連会社を含む。
（資料）　OECD（2005）p.5, Figure1.

理といった IT サービス部門など広範囲に及んでいる。そのためオフショアリング産業の構成や規模を正確に描くことは困難だが、ここでは国際価値連鎖の枠組みに基づいて作成された構成図を用いて産業の構造を確認していく。

ところで、製造業の場合、付加価値は生産工程の各段階で投入される製品と産出される製品との価格差から計測することが可能だが、サービスの場合、このような計測は難しい。たとえば、市場調査や顧客対応といったサービス業務の水準は、サービスを提供する個人の能力に大きく依存する。そのため同じサービス業務を提供しても、その水準が同じだとは限らない。さらに、サービスに対する評価はサービスの提供を受け取る側によっても変わってくる。同じサービスの提供を受けたとしても、すべての受け手がまったく同じ評価をするとは限らない。このようにサービスは評価基準の設定自体が難しいため、その価格を客観的に決定することも困難になっている（佐々波・浦田 1990 第 1 章）。

そこで図 4-2 は、各種サービスの提供に必要とされる教育水準や就労経験、専門能力から業務の付加価値水準を分類し、オフショアリング産業を構造化したものである。まず、オフショアリング産業は産業特化型と産業横断型に分類される。産業特化型の業務とは、金融業におけるリスク調査、製造業における設計業務、通信業における DSP[3] など産業の特性に特化した業務である。産業特化型に分類されるサービス業務の特徴は、当該産業に特化した専門知識が要求され、他の産業への適応性が限られていることである。一方、産業横断型にはバックオフィス業務を中心とする BPO (Business Process Outsourcing)、情報システム部門を中心とする ITO (Information Technology Outsourcing)、そして高度な分析能力や専門知識を必要とする KPO (Knowledge Process Outsourcing) に分類され、能力や技術に応じて反復型の業務（たとえば、事務処理やデータ入力）から発展型の業務（たとえば、ソフトウェア開発や法務サービス）まで含んだものとなっている (Gereffi & Fernandez-Stark 2010, p.5)。

なお、同図で示されている産業特化の配列は、各産業が生み出す付加価値水準によって配置されたものでなく、各産業の内部には様々な付加価値水準の業務が含まれている。また、全体的に付加価値水準が低いとされる BPO の業務においても、ベンダーの経験の蓄積に伴ってコスト削減だけを目的としたオフ

図4-2 オフショアリングの産業構造

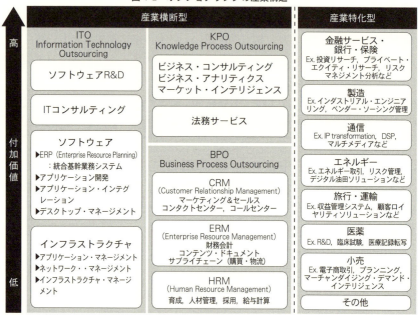

（資料）Gereffi & Fernandez-Stark（2010）p.5, Figure 2.

ショアリングから，専門化組織による学習，最適化による業務品質の改善を目的とするサービス業務へと深化している[4]。

　オフショアリング産業の国際的な市場規模については民間調査機関によって多くのデータが公開されているものの，それぞれ調査方法や対象内容が異なるため推計値には大きな開きが生じている。ただし，少し古い数値ではあるものの，UNCTAD が 2010 年の IT サービスと BPO（KPO を含む）の国際的取引額を 900 億ドルから 1000 億ドルと推計し（UNCTAD 2011, p.133, Table IV.4），インドのコンサルタント会社 Everest Group も，同年の市場規模を 1050 億ドルと推計している[5]。そのうえで Everest Group のデータを参照すると，オフショアリング産業の国際的な市場規模は 2009 年の 940 億ドルから 2014 年の 1510 億ドルへと拡大し，その間の平均成長率は 10% に達したとしている。世界的な景気後退期のなかにあっても，オフショアリング産業は 2 桁の

成長率を遂げていた。

第3節　オフショアリングとサービス貿易の構造変化

　国際収支統計のなかでオフショアリング産業におけるサービスの提供は，主に「その他業務サービス」と「通信・コンピューター・情報サービス」の輸出として計上されている。ただし，それらの項目にはオフショアリング以外のデータも含まれる。また，オフショアリングではベンダーが第三者組織とは限らず関連会社であることも一般的となっている。その場合，サービスの輸出入は企業内取引になるため正確なデータの捕捉は難しい。以上のようなデータ上の制約はあるものの，幾つかの統計を組み合わせることでオフショアリングによるサービス輸出の全体的な推移を捉えてみたい[6]。

　世界の総輸出（財・サービス貿易合計）に占めるサービス輸出の割合は，1991年に2割に達した後，今日までほぼ同じ水準を維持している。東アジアの域内貿易をはじめ，財の輸出もサービス輸出と同様の伸びを示したからである。しかし，輸出国のシェアや輸出構成に目を向けると1990年代以降の構造変化が確認できる（図4-3参照）。1980年代，2割をほとんど超えることのなかった途上国のサービス輸出は，1990年代に入って増加傾向に転じると，2013年には3割を超える水準に達した。また，1980年代に「輸送」と「旅行」で6割を占めていた世界のサービス輸出の構成は，1990年代に入ると「その他サービス」の輸出が急増し，2013年には55.6%（2兆6260億ドル）を占めるまで拡大した。

　そこで，「その他サービス」輸出を構成する10項目をまとめた表4-1から，途上国における推移を確認すると，「その他業務サービス」と「通信・コンピューター・情報サービス」が，シェアと成長率で他の項目を圧倒していることが見て取れる。「金融サービス」や「建設」など他にも10%を超える伸び率を記録した項目があるものの，上記2大項目が途上国の「その他サービス」輸出に占める割合は，ほぼ一貫して7割を超えている。なお表には記載していないものの，両者の輸出が世界の当該輸出項目に占める割合は，2014年にそれ

図4-3 世界のサービス貿易額（10億ドル）と途上国のシェア

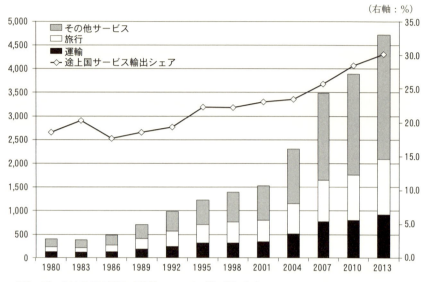

（注）　データはIMF国際収支統計マニュアル第5版による。
（資料）　UNCTAD「UNCTADstat, DATA CENTER」から作成（アクセス日：2015年8月26日）。

それ25％を超えるまで拡大している。したがって，サービス貿易における構造変化の1つの特徴は，オフショアリング産業のサービス提供が含まれている途上国からの「その他業務サービス」と「通信・コンピューター・情報サービス」の輸出が拡大したことにあるといえる。前節の最後にオフショアリング産業の市場規模が2桁の伸びを示していたことに触れたが，同様の傾向が輸出の推移からも読み取れる。

次に表4-2は，世界の新規直接投資プロジェクトを産業別シェアとサービス業の各業種別シェアの推移としてまとめたものである。サービス業のシェアが2000年代に急増し，そのなかでもオフショアリング拠点を形成する際の直接投資が含まれる「対事業所サービス」シェアが増加傾向にある。同表は世界全体の推移を示したものだが，途上国における新規直接投資のエンジンは，前年比3倍の伸び率を記録した対事業所サービスだったと指摘されている（UNCDAD 2014, p.10.）。したがって直接投資の推移からも，途上国においてオフショアリング拠点の形成が急速に進展していたことが伺える[7]。

表4-1 途上国のサービス輸出と「その他サービス」項目のシェア

	2005	2007	2009	2011	2012	2013	2014	平均成長率
サービス輸出額（10億ドル）	632	904	937	1,246	1,355	1,399	1,466	
途上国サービス輸出シェア	23.7	25.0	25.9	28.3	29.8	29.2	29.2	8.8
輸　　　　　　　　送	27.2	29.1	29.5	32.2	33.4	32.0	32.0	6.7
旅　　　　　　　　行	31.2	32.6	35.1	38.5	40.1	40.3	40.7	8.9
そ　の　他　サ　ー　ビ　ス	17.4	18.8	20.0	21.8	23.0	23.0	22.5	10.2
建　　　　　　　　設	6.2	6.9	8.9	8.4	8.2	7.7	7.6	12.5
保険・年金サービス	4.2	3.8	3.9	4.0	3.8	4.0	4.1	9.8
金　融　サ　ー　ビ　ス	8.1	10.3	9.4	10.0	9.9	10.3	10.1	12.7
知的財産権等使用料	2.0	1.4	1.9	2.1	2.0	2.6	2.1	10.8
通信・コンピューター・情報サービス	15.6	17.2	19.5	19.7	19.6	19.7	19.8	12.8
その他業務サービス	54.5	53.6	49.8	49.8	50.7	50.5	50.7	9.4
個人・文化・娯楽サービス	2.3	1.5	1.7	1.1	1.3	1.3	1.5	5.8
公的サービス等	7.1	5.2	5.0	4.9	4.6	4.1	4.1	4.3

（注）データはIMF国際収支統計第6版による。
（資料）UNCTAD「UNCTADstat, DATA CENTER」から作成（アクセス日：2015年9月2日）。

表4-2 世界の新規FDIプロジェクト総額とシェアの推移

	2003	2005	2007	2009	2010	2011	2012	2013
FDIプロジェクト総額（10億ドル）	771	703	944	1,042	901	914	612	672
農林漁業，鉱業	17.5	15.9	7.7	11.2	6.7	8.3	4.1	4.3
製　　造　　業	51.8	47.0	43.5	38.9	52.2	49.5	43.1	38.5
サ　ー　ビ　ス　業	30.7	37.1	48.8	49.9	41.0	42.2	52.8	57.2
サービス業プロジェクト総額（10億ドル）	237	261	461	520	370	385	323	385
電気・ガス・水道	10.8	10.6	19.0	29.2	22.6	24.6	21.2	24.3
建　　　　　　　設	10.7	9.9	19.7	18.4	11.9	10.6	18.6	10.1
商　　　　　　　業	12.9	10.9	5.8	6.4	9.0	7.2	6.2	6.6
ホテル・レストラン	14.5	9.8	9.2	7.1	7.2	5.1	4.6	4.9
運輸，通信，倉庫	23.2	26.7	13.3	14.1	16.9	19.1	14.9	15.4
金　　　　　　　融	9.0	10.5	10.6	8.5	11.6	12.2	11.1	8.4
対事業所サービス	13.9	17.5	19.4	14.3	16.9	18.9	17.8	28.5
教　　　　　　　育	0.1	0.4	0.2	0.0	0.5	0.4	0.6	0.2
保健衛生・社会事業	0.3	0.3	0.3	0.4	0.6	0.4	0.8	0.1
その他の社会・個人サービス	4.6	3.3	2.3	1.1	2.2	1.1	3.6	1.3
そ　の　他　サ　ー　ビ　ス	0.1	0.1	0.2	0.2	0.7	0.4	0.4	0.2

（資料）UNCTAD HP「World Investment Report 2014, Annex Table20-Value of greenfield FDI projects, by sector/industry, 2003-2012」から作成（アクセス日：2015年8月28日）。

2000年代に途上国では直接投資を通じたオフショアリング拠点の形成が進み，オフショアリング産業の成長を通じてサービス輸出が拡大していった。すなわち，サービス輸出主導型経済成長とも呼びうるメカニズムが確立されようとしている。

第4節　アジアにおけるオフショアリングの展望と課題

　世界のオフショアリング拠点として圧倒的な存在感を示しているのはインドである。オフショアリング委託先のパイオニアとして，インドでは2000年頃から欧米多国籍企業によるオフショアリング進出が本格化した。それ以来，組織対応や品質管理，システム保守やプログラミング等の幅広い業務で経験を積み重ね，欧米多国籍企業の期待を超えるサービスを提供してきたとされている。したがって，いくつものコンサルティング会社が公表しているほぼすべてのオフショアリング拠点ランクにおいて，バンガロールやムンバイ，デリーといったインドの都市が上位を占めている。また NASSCOM によれば，世界のオフショアリング市場におけるインドのシェアは，2009年の45%から2014年の55%に拡大している。その結果，インドの「通信・コンピューター・情報サービス」の輸出は2013年に528億ドルを記録し，世界最大の輸出国となっている。さらに，20年近い経験を持つインドには，すでに世界的にも有数のベンダー企業（Tata Consultancy Services, Infosys, Wipro）がいくつも存在しており，インド国内だけでなく海外拠点を設けるなど国際展開も進めている。

　そして，インドに次ぐオフショアリング拠点に成長したのがフィリピンである。東南アジアで最大の英語話者人口を抱えるフィリピンは，長年米国の植民地支配下にあったことからインドに比べて米国式の英語が普及している。初等教育から英語が用いられ，若年人口の増加が見込まれるフィリピンでは，2000年代半ば頃から米国多国籍企業によるコールセンター設立が相次いだ。その結果，コールセンターの売り上げでは，2010年にインドを抜いて世界第1位となっている。

さらにフィリピンは，米国の制度や慣習に対する親和性が高く，米国式の会計制度や司法制度に習熟した大学生を数多く輩出しており，付加価値水準の高いKPOでも成長をつづけている[8]。何よりも，政府と民間部門が協力して産業の育成に向けた取り組みを全面的に展開しており，世界のオフショアリング市場に占めるシェアも2008年から2014年のあいだに2倍に拡大した。

　インドやフィリピン以外にも，中国は日本企業のコールセンターやソフトウェア開発などで特に強みを発揮している。またベトナムもインフラ整備や人材育成などを進めており，今後の成長が期待されている。

　それでは，アジアにおけるこのようなオフショアリング産業の成長は，各国の経済やアジア経済にどのような影響を及ぼしているのだろうか。再び，インドとフィリピンのデータを取り上げると，オフショアリング産業の正規雇用者数は2014年にインドで350万人を超え，フィリピンでも2013年に92万人に達したとされている。さらに飲食，運輸をはじめとする間接的な雇用者は，直接的雇用者の2倍から3倍に及ぶと推計されており，5億人近い労働力人口を抱えるインドでの影響力はともかくとしても，4000万人のフィリピンでは雇用創出に重要な役割を果たしているといえる。また，オフショアリング産業の収益がGDPに占める割合はインドで9.5%，フィリピンが5.6%，サービス輸出に占める割合はそれぞれ56.3%と60.7%となっている[9]。

　これらのデータからだけでも，オフショアリング産業がインドやフィリピンなど受け入れ拠点となっている国々の経済成長に及ぼす影響は，きわめて大きいものと推察される。加えて第1節で触れたように，オフショアリング産業のダイナミズムは先進国を中心とするサービス経済化を基盤としている。この動きはICTの更なる革新とグローバル市場における競争の激化と相まって，今後も加速していくことが予想される。したがって，多国籍企業を中心とする先進国のオフショアリング市場が，今後急速に縮小する可能性は低いといえる。2008年の世界同時経済危機がいくつもの企業にオフショアリング戦略の採用・促進を選択させるきっかけともなったように，途上国のオフショアリング産業は今後も経済成長に対して重要な役割を果たしていくことになるだろう。ただし，オフショアリング産業が今後も受け入れ拠点の経済成長に貢献していくためには，いくつかの解消すべき課題が控えているようにも思われる。

まず，オフショアリング産業の成長が継続していくとしても，企業のオフショアリング戦略の多様化や市場を巡る途上国間の競争は，今後もますます深まっていくと想定される．欧米多国籍企業のなかには市場の近接性やコミュニケーションの容易さなどから，欧米市場に近い国々にオフショアリング拠点を移転・新設するニアショアの動きも認められる．また世界同時経済危機以降，一部の製造業分野で本国回帰が進んだように，今後，企業のオフショアリング戦略が転換される可能性も排除しきれない[10]．

　さらに，クライアントとベンダーとの関係も決して安定的なものとは限らない．必要な労働力と情報通信インフラさえ備えていれば，オフショアリング拠点の形成が比較的容易であることから，製造業などの直接投資に比べて投資側の負担は軽く，一般的にサンクコスト（埋没費用）も少ないとされている．多くの途上国がオフショアリング産業への進出を進める理由でもあるが，反面，クライアントにとってはベンダーを変更するうえでの制約を引き下げているともいえる．その結果，クライアント側の交渉力が強まり，ベンダーのクライアントに対する依存が強まる可能性も指摘されている[11]．

　このようなオフショアリング産業に付随する不安定性を軽減するためには，アジア域内市場の育成を図って欧米市場に依存した産業構造を改善していくことが必要だろう．国内で人材が不足していることや様々な側面でソフトウェアの重要性が飛躍的に高まっていることなどから，日本でもICT人材・技術が豊富なインドや中国，ベトナムなどに，ソフトウェアの開発委託や開発拠点を設置する動きが進展している．またフィリピンへも，デジタルデザイン作成過程を日本から移管するなど，各種の技術移転が進められている．ICT人材の育成と技術の向上は，アジアの国々がこれから国内の産業構造の高度化を進めていくうえで重要な基盤となるだろう．そのような動きはアジア域内市場の成長を促し，「中所得国の罠」を抜け出すための鍵になるとも思われる．

　だが，オフショアリング産業だけでは人材の育成と技術の向上を確実なものとし，各国の産業構造を高度化していくためには不十分なようにも思われる．振り返ってみれば，NIESの成長においても産業育成策が果たした役割は極めて大きなものだった．当初，労働集約的製品に特化していた国内産業の高度化は，政府が輸出による所得と海外からの技術移転を産業高度化に振り向ける方

向へと誘導したことによる．必ずしも大規模な設備投資を必要としないオフショアリング産業だけに頼るのでなく，産業の成長を図ると同時にその成果を一次産業や製造業とのあいだの連関効果が生まれるように役立てる多様な政策を立案・実施していくことが求められているといえるだろう（ADB 2013）．

（森元晶文）

注
1 数値は世界銀行 HP「World DataBank」から算出．また就業者と付加価値におけるサービス業の比重増加，すなわち経済のサービス化の一因は製造業とサービス業との生産性上昇率の格差が要因となっている（中本 2004 および関下・板木・中川 2006，第 1 章）．
2 国内の関連会社をベンダーとする場合，シェアードサービスセンターという用語を用い，海外関連会社をベンダーとする場合，Captive という用語が使用される傾向がある．ただ，Captive という言葉には「捕虜」や「囚人」といった意味が含まれるため，インドのコンサルタント会社 Everest Group は 2012 年 7 月以降，Captive に代わって GIC（Global In-house Center）を用いている．フィリピンの業界団体である IPBAP（IT & Business Process Association Philippines）も GIC へ変更している（本章で Everest Group や IPBAP について参照している箇所は，すべてそれぞれの HP に依拠している）．ただし，海外の関連会社をベンダーとする場合にも GIC ではなく，グローバル・シェアードサービスセンターという用語が用いられるなど，オフショアリングやアウトソーシングに関連する多くの用語は現在もなお変化の最中にあるといえる．
3 DSP（Demand Side Platform）とはオンライン広告で広告主にとっての効果を最大限にするための支援作業を意味する．
4 インドの業界団体である NASSCOM（National Association of Software and Services Companies）は，国内当該産業の成熟化と高度化は単なるサービス業務のアウトソースにとどまらず，委託企業の事業プロセス全体にまで及び，提供するサービスの付加価値も高水準なものになっていることから，現在の産業の実体を反映していない BPO に代わり，BPM（Business Process Management）という用語に変更している．フィリピンの IBPAP も同様の理由から BPM に変更している．
5 本章で NASSCOM について参照する箇所の内容は，すべて NASSCOM の HP に依拠している．
6 サービスに関する定義が確立していないため，統計データを収集する方法についても国際的なコンセンサスは定まっていない．急速な産業の成長は産業分類を困難にし，適切な定量評価を可能にする公的統計も存在しない．一般に，国家はこのようなサービス輸出に関するデータを収集しておらず，実際のサービス活動に比べて貿易統計上のデータは限定的なものとなっている（Gereffi, Fernandez-Stark, p. 6）．
7 途上国における対事業所サービス向け直接投資の拡大には，1995 年に WTO の GATS が成立したことも強く作用している．GATS でサービス貿易は 4 つのモードに分類されるが，その第 3 モードは，海外子会社などの在外拠点を通じたサービス提供を，本社の所在国からのサービス輸出と規定している．国際収支統計は，居住者と非居住者とのあいだの取引を原則としているため，第 3 モードに該当するサービス提供が居住者同士の取引となるなど，GATS が規定するサービス貿易の統計的把握には各種の困難がつきまとう．なお，サービス貿易に関する統計マニュアルとしては，国連が *Manual on Statistics of International Trade in Services 2010* を発行している．

8 この数年のあいだにアメリカン・エキスプレスやシティバンク, JPモルガン, ウェルズファーゴが次々とフィリピンにオフショアリング拠点を設置した。また, フィリピンには看護師資格を有していながらも勤務先が見つからない人が20万人以上いるとされており, レセプトや関連書類の作成など医療分野でのオフショアリングも拡大している。
9 インドの数値についてはNASSCOM HP参照。フィリピンの数値については, (Bangko Sentral ng Pilipinas, 2013) 参照。
10 The Economist (2011) & (2013)。
11 UNCTAD (2011), Chapter IV。

参考文献

佐々波楊子・浦田秀次郎 (1990)『サービス貿易　理論・現状・課題』東洋経済新報社。
関下稔・板木雅彦・中川涼司編 (2006)『サービス多国籍企業とアジア経済　21世紀の推進軸』ナカニシヤ出版。
関下稔 (2012)『21世紀の多国籍企業　アメリカ企業の変容とグローバリゼーションの深化』文眞堂。
田中祐二・板木雅彦編 (2008)『岐路に立つグローバリゼーション　多国籍企業の政治経済学』ナカニシヤ出版。
中本悟 (2004)「アメリカにおけるビジネス・サービスの発展」大阪市大『季刊経済研究』Vol.27 No. 1, 2 September, 3-30頁。
ユーベル・エスカット・猪俣哲史編著 (2011)『東アジアの貿易構造と国際価値連鎖　モノの貿易から「価値」の貿易へ』アジア経済研究所, 独立行政法人日本貿易振興機構。

(英語)

ADB (2013), *Developing the Service Sector as an engine of growth for Asia*, Mandaluyong City, Philippines, Asian Development Bank.
Bangko Sentral ng Pilipinas (2013), *Results of the 2013 Survey of Information Technology-Business Process Outsourcing Services*.
Gereffi, Gary & Fernandez-Stark, Karina (2010), "The Offshore Services Value Chain: Developing Countries and the Crisis", *Policy Research Working Paper*, 5262, The World Bank Development Research Group, Trade and Integration Team, April.
OECD (2005), *Potential Offshoring of ICT-Intensive using occupations*, Working Party on the Information Economy, OECD, April.
The Economist (2011), "The trouble with outsourcing", Jul 30th.
The Economist (2013), "Reshoring manufacturing Coming home", Jan 19th.
UNCTAD (2004), *World Investment Report*, United Nations Publication.
UNCTAD (2011), *World Investment Report*, United Nations Publication.
UNCTAD (2014), *World Investment Report*, United Nations Publication.

(ホームページ)

Everest Group : https://research.everestgrp.com
IBPAP : http://www.ibpap.org
NASSCOM : http://www.nasscom.in
UNCTADSTAT : http://unctadstat.unctad.org/EN/
World DataBank : http://databank.worldbank.org/data/home.aspx

第 5 章
老いるアジアと国際労働力移動

はじめに

　日本は人口減少社会に突入し，2014 年には総人口に占める 65 歳以上の人口の割合（高齢化率）が過去最高の 26.1％となった。少子化が進み労働人口が減少するなかで，社会保障費負担が増えており，高齢化は日本社会・経済の将来を考える上で大きな不安材料となっている。政府や産業界は女性や高齢者の活用等，労働人口を増やすべく様々な施策を進めているが，大幅な減少を食い止めることは難しい。人口減少により市場の拡大も期待できず，低迷する経済の立て直しを模索している。そのような中，中国を含むアジア周辺国は目覚しい発展を遂げている。莫大な人口を背景とした潤沢な労働力と巨大市場のもつ活力を自らの成長に取り込むことが，日本経済活性化への最重要課題である。しかし，これらのアジア周辺国が日本と同様，またはさらに速いスピードで高齢化して行くとしたらどうであろうか。

　中国では 2011 年に生産労働人口がピークを迎え，ルイスの転換点に達したとの議論がある。日本と経済連携の深いタイやベトナムでも人口成長が鈍化し，高齢化が早いスピードで進んでいる（吉川・小原 2007）[1]。一方で，フィリピン，インドネシア，インドなど依然として高い出生率を維持している国もある。これらの国では増え続ける労働力が国内で十分に吸収されず，高い失業率を記録している。海外に流出する人材も多く，非熟練から高度技術者まで幅広い職種の労働者が海外で就労しており，労働者送金が母国の経済を下支えしている。

　このように，アジアには異なる人口プロファイルの国が混在している。少子

高齢化が進み労働力減少が急速に進行する国々がある一方，労働人口の増加が続く人口大国も点在しているのである。地域経済提携が高度に進み，情報伝達や移動がさらに容易になった今，この人口偏在は，アジア域内の労働力移動をさらに活発化させると予想される。本章は，アジアにおける人口構造の変化，特に少子高齢化と労働力の需要供給の変化をまとめた上で，それが今後の国境を超える労働力移動にどのような影響を与えるか，検討する。

第1節　アジアの人口

1．人口爆発

　1960～80年代にかけて，当時の開発途上国を中心に，アジアは早い速度で人口増加を経験した。表5-1はアジア各国の人口規模とその成長率（年率）を示したものである。いち早く経済成長を遂げた日本を除くアジアの多くの国で，1960～80年代の平均人口成長率が2％を超えている。1960年のフィリピンと韓国の人口成長率は3.39％，1970年の中国は2.7％，インドネシアは同年で2.57％となっている。成長率2％とはその状態が22年間継続すると人口がおよそ1.5倍，成長率3％では，25年で2倍となる高い数値である。この歴史上経験したことのない人口増加は「人口爆発」と称され，研究者や開発援助実務者らは，食料，燃料などの地球資源確保と保全が困難になると警笛を鳴らした。経済開発が進んでも，人口が増えると1人当たりの所得は下がる「貧困の罠」に見舞われ，経済は一向に成長できない状態が続く可能性が高い。アジア諸国は対応を迫られることとなった。

　人口爆発の背景には，医療や保健・公衆衛生サービスの普及による，乳幼児死亡率の低下と寿命の大幅な伸びがあった。当時出生率の高かった開発途上国は，伝染・感染症予防のための公衆衛生サービスを，援助や技術移転といった「外部要因」により享受した（Hayami and Godo 2008）。しかし多産を支える価値観，文化，宗教，社会制度が変化し，少子化に転換するのは，経済成長が進んだ1980，90年代以降である。その間数十年に渡り，死亡率の急激な低下と多産が続いたことが，人類史上稀にみる人口増加を引き起こした。

表 5-1　アジア主要国の人口成長率（％）と総人口

(単位：1,000人)

	人口成長率*							総人口	
	1960	1970	1980	1990	2000	2005	2010	1960	2010
日本	0.91	1.27	0.90	0.37	0.20	0.20	0.06	92,501	127,353
中国	1.59	2.70	1.49	1.85	0.68	0.58	0.62	650,680	1,359,821
韓国	3.39	2.04	1.52	1.18	0.58	0.45	0.60	25,074	48,454
インドネシア	2.27	2.57	2.37	1.90	1.47	1.44	1.39	88,693	240,676
マレーシア	3.02	2.62	2.33	2.89	2.45	1.97	1.80	8,161	28,276
ミャンマー	2.17	2.46	2.36	1.78	1.33	0.70	0.69	21,486	51,931
フィリピン	3.39	2.94	2.76	2.63	2.19	2.00	1.70	26,272	93,444
タイ	2.92	2.95	2.25	1.68	1.11	1.01	0.26	27,362	66,402
ベトナム	3.00	2.75	2.20	2.22	1.24	0.98	0.94	32,912	89,047
インド	1.89	2.18	2.33	2.11	1.73	1.57	1.35	449,595	1,205,625
バングラデシュ	2.78	2.96	2.65	2.60	1.99	1.56	1.09	49,537	151,125
ネパール	1.63	2.03	2.22	2.30	2.38	1.74	1.19	9,545	26,846

(注)　＊成長率＝過去5年の平均成長率（年率）
(資料)　UN, *World Population Prospect 2012 Revisions* から作成。
　　　2010年以降の数値は中位予測を使用。

2．進むアジアの少子高齢化

　アジアにおける人口増加のスピードは1970年代後半から鈍化の兆しがみえる（前掲表5-1）。1970〜80年で中国の人口成長率は2.7％から1.5％へと大幅に減少し，インドネシア，タイなどの東南アジア諸国でも成長率の減少が始まる。人口成長がやや遅れて始まったインドなどの南アジアで諸国では，80年代以降から成長率が鈍化しはじめる。2000年に入ると，成長率はさらに低下し，先進国・中進国では1％を割る国が中心となり，開発途上国でも多くが2％を大きく下回るレベルにまで鈍化している。

　人口増加に大きく歯止めをかけたのが少子化である。表5-2は各国の合計特殊出生率（1人の女性が生涯に出産する子供の平均数）を示している[2]。多くの国で出生率が70年代初頭から緩やかに下降しているが，これは乳幼児死亡率が低下したことで，多産多死から少産少死への変化が徐々に促されたからである。出生率は一般的に，経済成長が進むと顕著な低下がみられる傾向にある

表 5-2 アジア主要国の合計特殊出生率(人)

	1960-1965	1970-1975	1980-1985	1990-1995	2010-2015	2020-2025	2030-2035
日本	1.99	2.13	1.75	1.48	1.41	1.54	1.63
中国	6.11	4.77	2.69	2.05	1.66	1.72	1.76
韓国	5.63	4.28	2.23	1.70	1.32	1.46	1.57
インドネシア	5.62	5.30	4.11	2.90	2.35	2.12	1.98
マレーシア	6.03	4.56	3.73	3.42	1.98	1.85	1.78
ミャンマー	6.10	5.74	4.73	3.10	1.95	1.79	1.72
フィリピン	6.98	5.98	4.92	4.14	3.07	2.74	2.49
タイ	6.13	5.05	2.95	1.99	1.41	1.38	1.48
ベトナム	6.42	6.33	4.60	3.23	1.75	1.62	1.62
インド	5.82	5.26	4.47	3.67	2.50	2.25	2.08
バングラデシュ	6.80	6.91	5.98	4.11	2.20	1.93	1.76
ネパール	5.99	5.93	5.65	4.96	2.32	1.96	1.79

(資料) UN, *World Population Prospect 2012 Revisions* から作成。
2010年以降の数値は中位予測を使用。

(大泉 2007：26)。アジア諸国でも，女性の高学歴化や社会進出，教育費の上昇など，所得の上昇に伴うライフスタイルの変化が起き，人口増加に歯止めがかかり始めた。タイの出生率は70年代前半には5.05あったが，10年間で2.95にまで低下した。また中国の一人っ子政策など，大規模な家族計画が各国で実施されたことが少子化に拍車をかけたといえる。しかし宗教上の理由などから家族計画が浸透しにくいマレーシア，インドネシアやフィリピンなどでは少子化の進行速度は遅い。よって，アジアの中でも比較的多産を維持する国と少子化が進む国が混在し，域内の人口プロファイルが多様化している。

人口爆発に続く少子化は，アジア各国の人口構造の大きな変化を生んだ。急速な高齢化である。高齢化率とは65歳以上の高齢者人口（老年人口）が総人口に占める割合をさす。国連の推計では，中国では2010年から30年の間で高齢化率が8.4から16.2に，タイでは同期間で8.9から19.5にそれぞれ上昇すると予想される。アジアは「高齢人口爆発」の時代（大泉 2007：36）を迎えたといえよう。図5-1は，日本，中国，フィリピンの3カ国の人口ピラミッドの変化を2000，2025，2050年の3時点を使って示したものである。2000年には

図 5-1 人口ピラミッド，日本，中国，フィリピン
■男性（左）■女性（右）　　　　　　　　　　　　　　　　（単位：1,000人）

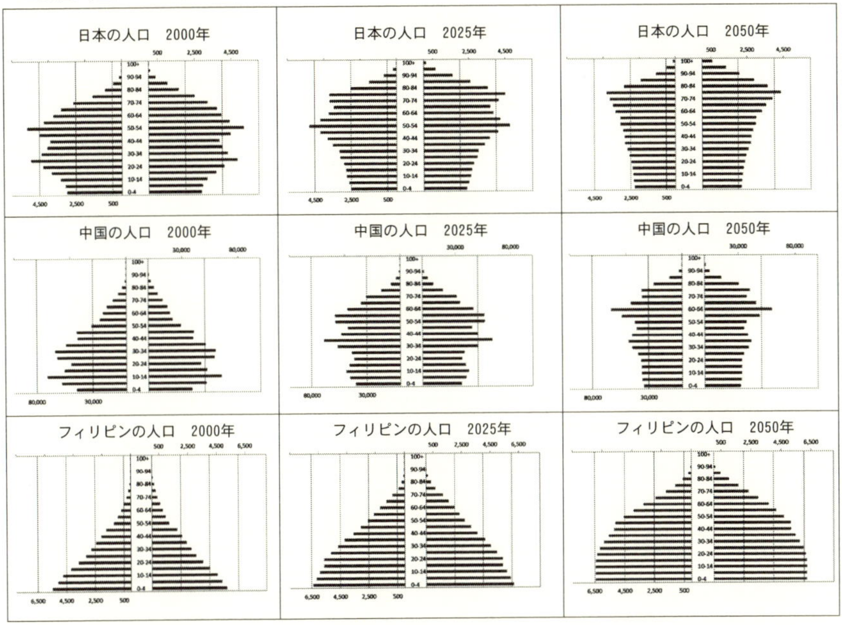

（資料）UN, *World Population Prospect 2012 Revisions* から作成。
2010年以降の数値は中位予測を使用。

　三角状の構造を持つ中国の人口も，2025年には中年から老年層の厚い人口構造になり，ピラミッドの原型をとどめない。日本は2050年までに出生率がやや回復するものの，団塊ベビー世代が高齢化すること，寿命がさらに延びることが予想されることなどから，逆ピラミッド化がさらに進み，世界一の高齢国の地位にとどまるとされる。一方，少子化のペースが緩やかな国は2050年に入っても人口構造がピラミッド型の原型をとどめており，フィリピンがそのよい例である。

　今後のアジアにおける人口トレンドの特筆するべき点は，高齢化・少子化が，非常に早いスピードで起ると予想される点である。国連の定義では，65歳以上の人口の割合が7%を超えると「高齢化社会」，14%超で「高齢社会」，21%超で「超高齢社会」とされる。図5-2は，高齢化の進行状況について，高

図5-2 アジア各国の高齢化の進行速度（年）

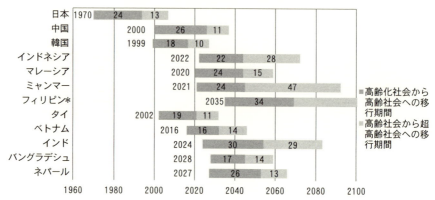

（注）フィリピンの高齢社会から超高齢社会への移行期間は2100年以降も継続。
（資料）UN, *World Population Prospect 2012 Revisions* から作成。
2010年以降の数値は中位予測を使用。

齢化社会から高齢社会，さらに超高齢社会にそれぞれ移行する期間（予測値）を示している。日本では高齢化社会から高齢社会へ24年で移行したが，アジアの多くの国ではそれより速いスピードで高齢化することがわかる。膨大な人口を抱える中国は26年，ASEAN諸国も20年を切る速度で高齢社会に転換する。さらに高齢社会から超高齢社会への移行期間は，日本の13年に比べ，中国は11年，韓国では10年と短い時間で起きると予測されている。

第2節　アジアの少子高齢化と経済成長

1．人口ボーナスの終焉

アジア諸国の経済発展は，人口増加とともに歩んできた。日本や韓国は，若い人口構成と潤沢で安価な労働力を背景に労働集約的な産業を興し，それを基に高度技術産業の育成にこぎつけた。80年代後半以降はタイ，インドネシアなどのASEAN諸国が，アジアの新たな製造拠点として，安い労働力をてこに製造業を誘致し発展を遂げた。香港，台湾，マレーシア，シンガポールなど

の人口規模の小さい国も外国人労働者に頼りながら，労働集約的な産業を興して発展してきた。

　人口構造の変化が生産性に及ぼす影響については様々な議論があるが，全人口に占める生産年齢人口（15～64歳の人口）の割合が増すことで生産性や経済発展に大きな恩恵を及ぼすというのが人口ボーナス論（demographic dividend）である。人口ボーナス時期とは人口のうち，労働人口が総人口に占める割合が増加する期間をさす。労働人口が量的に増えるだけでなく，現役世代による貯蓄が増え投資資金が潤沢になることや，少子化で1人当たりの教育投資額が増えることによる生産性の向上といった質の変化が起き，経済成長を大きく後押しするといわれる（大泉 2007：41-90）[3]。

　図5-3は，アジア各国の人口ボーナス期の始点と継続期間を示している。日本を除いた多くの国のボーナス期は1960年代後半から始まり，2010年以後終点を迎え始める。中国では2011年に人口ボーナスが終了しており，労働人口の減少が始まっている。労働力減少が中国経済に与える影響については，農村から都市への人の移動が継続するため現在の都市型成長が期待できる（大泉 2007：108-112）とする見方もあるが，農村地域の労働力供給潜在能力や失業率は網羅的に調査されておらず，実情が掴みにくい。国内賃金は急上昇してお

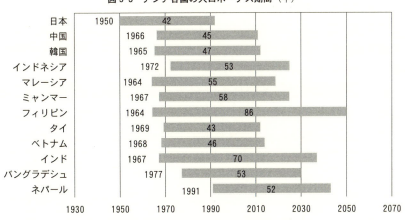

図5-3　アジア各国の人口ボーナス期間（年）

（資料）　UN, *World Population Prospect* 2012 *Revisions* から作成。
　　　　2010年以降の数値は中位予測を使用。

り，人件費削減を求めて生産拠点を中国国外に移す企業も増えているのも事実である。若い労働力を都市部に提供してしまった農村部の経済についてはその将来が危ぶまれるのは確かであろう（大泉 2014）。しかし今日のグローバル企業が開発途上・中進国への投資を行う決定要因は，国の労働供給能力だけではなく，その巨大な潜在市場規模にある（平川 2014：11）。よって労働人口が減っても，他の地域と比較してより大きな市場規模（人口規模）を保つ間は盛んな投資が継続するため，経済活動が大きく後退することはないとも考えられよう。

　労働力の減少が経済成長の鈍化を直接的に示唆するものではないとしても，高齢者の生活を支える社会保障費が増加することは簡単に想像できる。アジア域内で高齢化する国の中には中・低所得国も多くあり，生活保護などのセーフティーネットが十分に整備されておらず，年金制度は不存在または非常に脆弱である。増えつづける高齢者の生活を支える社会保障制度の整備・拡充が必要となるが，そのコストが経済発展の足かせになる可能性も否めない。特にタイなど「中所得国の罠[4]」から抜け出せずにいる国は，少子高齢化が早いスピードで進んでいることからこのリスクを受け易く，予断を許さない。

2．人口ボーナス継続のシナリオ

　ここまで，主に少子高齢化のシナリオを追ってきたが，アジア地域には，数十年間先まで人口ボーナスの恩恵を享受する国も少なからずある。その規模，期間からボーナスが最も顕著なのは南アジア諸国である。12億の人口を抱えるインドの生産年齢人口の割合は2037年まで上昇を続けると予想されている。1億越えの人口規模を誇るパキスタンやバングラデシュも同様にボーナスが継続するとされる。東南アジア諸国で人口ボーナスが続くのが，2014年には人口が1億人を超えたフィリピンで，2050年まで続くと予想される（図5-3）。国際労働機関は，労働人口が2012－20年の8年間で，インドでは13.7％，パキスタンでは22.9％，バングラデシュでは17.6％，フィリピンでは20.4％増えると予測している（ILO 2011）。

　労働人口が増え続けるこれらの国だが，それに見合った雇用が十分に提供さ

れていないのが現状である。国民の多くが従事する農業は，1人当たりの耕作可能な土地が減少し，機械化も進んだことで，増え続ける労働力を吸収できていない。余剰労働力が都市部に流出しているが，大量雇用を生み出す製造業が未成熟で失業率も高い。そういった中，バングラデシュの縫製業は，400万人の雇用を創出している数少ない成功例であろう。インドやフィリピンは，近年ソフトウエア開発やコールセンターなどのオフショアサービスが牽引役となって経済成長が続いてきた。しかしこの産業は，主に高学歴で英語が堪能な労働者に，限られた数の働き口を提供するにとどまっている（大塚 2014：222-4）。よって，労働人口増加が継続する多産の国では今後も余剰労働力が存在する可能性が高く，海外就労に拍車がかかることが予想される。

第3節　変わる域内労働力移動図

1．域内労働力移動：現在と未来

　日本，韓国など少子高齢化により労働人口の減少が進行している国，中国，タイやベトナムなど労働力減少が始まった国，そして南アジア諸国やフィリピンなど今後数十年にわたって労働人口が増え続ける国－アジアはこのように異なる人口プロファイルをもつ国が混在する地域である。域内では既に国境を越えた活発な労働力移動が起きているが，地域経済提携が高度に進み，情報通信や輸送技術がさらに進化・普及してくる中，人口の地理的な偏在は，アジア域内の労働力移動をより活発化させるであろう。

　今後，アジアの多くの国が加速的に少子高齢化することで，域内の労働力移動は質，量ともに変化する。具体的には，中東に多くが流れていた様々な職種のアジア人労働者が労働環境と賃金の比較的良いアジア諸国に逆流すると予想される。高齢化が特に進んだ日本や韓国，シンガポールや台湾などでは，すでにある産業ベースの労働力需要に加え，介護，看護，家事サービスなどの分野で人材需要が大きく増えると予想されるためである。またイノベーションに欠かせない高度技術を持つ人材は，先進国のみならず，経済の高度化に力を入れたいアジアの中進国でも需要が増えるとみられる。労働者の供給サイドをみる

と，高まる需要に対応する準備のある国が多い。前述のとおり，フィリピンや南アジア諸国など比較的人口規模があるものの国内で雇用が十分確保できない国では，高度人材から非熟練労働者まで幅広いスキルレベルの労働者が海外就労を希望する可能性が高い。また，絶対数は少ないものの，ミャンマー，カンボジア，ラオスはまだ潜在労働力がある。これらの国の労働者はすでに多数が地域内で急速に高齢化するタイやベトナムに出稼ぎしているが，そのペースが衰えることは，短期的には考えにくい。また，アジアの中進国を中心に，人材の高学歴化による国内労働力受給のミスマッチが起きており，教育水準の高い人材が，アジア内で移動する確率も高い。先進国で高等教育を受けたアジア人留学生の帰国数に増加もみられ，高度人材の確保口もより幅広になってきている（井口 2013：91-92）。以上のとおり，労働者受給の状況を総合すると，アジア域内でより多くの人材が還流するという構図がみえてくる。

　アジア最大の人口抱える中国が，労働者送り出しから受け入れ国に転換するかどうかが注目される。発展を続ける都市部が，減少する労働力を農村から十分に確保しつづけることができるかがカギとなるが，この点については十分なデータや確証がない。高度人材について中国は華僑や留学組などの帰国を盛んに促してきた。未だ留学のために出国する人数が帰還する数を大きく上回っているが，海外留学生の数が急速に増えていることもあり，帰還する人数は増えてきている（井口 2013：90-91, 103）。中国政府は，外国人に永住権，国籍を付与する優遇策を導入し，その雇用を積極的に行う姿勢をみせはじめている。しかし，共産党政治体制の維持も念頭におけば，中国政府の照準は世界で活躍する華人にあるのではないかと思われる。

　ここまで人口増減によるアジア域内労働力移動の変化についてみてきたが，より厳密に言うと，労働力移動は様々な（人口増減も含めた）背景から生まれる「賃金格差」によって引き起こされる。同じ労働をしても賃金が大きく異なることが海外就労の原動力である。図5-4はアジア・中東各国の平均月額給与をドルベースで示している。それぞれの国の産業構造や労働者の生産性が異なるので一概には言えないが，最貧国のネパールの月額73ドルから先進国シンガポールの3694ドルまで賃金レベルの差は明白である。アジア諸国の賃金格差の推移から労働者移動の将来図も見えてこよう。少子高齢化や経済成長で，

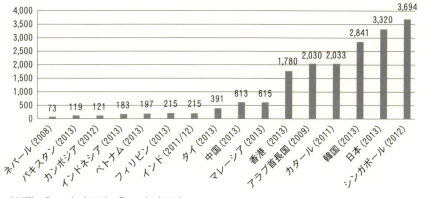

図5-4 アジア，中東各国の平均月額賃金（US ドル）

（出所）Baruah (2015), Baruah (2014).

　中国，ベトナムなどの労働者送り出し国で労働需要が増し国内賃金が上がれば，海外就労希望者が減少する可能性がある。一方で賃金の高い先進国がさらに深刻な人材不足に陥れば，賃金が上昇し，引き続き海外からの労働者を引きつけることになる。

　より長期的視点でみれば，今後アジア各国で堅調な経済成長が続き，域内で十分な人材確保が難しくなれば，域外の労働力供給国に頼らざるをえない。注目されるのが2030年ごろから人口ボーナス期を迎えると予測されるアフリカ諸国である。すでにヨーロッパでは多くのアフリカ人労働者が多岐に渡る分野で就労しており，定住化も進んでいる。2025年の予測で人口が5千万人以上のアフリカ諸国を挙げると，ナイジェリア（2.4億人），エチオピア（1.2億人），エジプト（9700万人），コンゴ共和国（9200万人），タンザニア（6900万人），ケニア（5900万人），南アフリカ（5700万人）などがある。アフリカ全体では人口ボーナス期が2080年代末まで続き，中東やヨーロッパなどで就労する労働者の数も増えると予想される。しかし，アフリカ人労働者のアジアでの就労実績は乏しく，言語や文化の大きな違いがあり，移動コストも高い。アフリカから労働者を迎えるにあたっては，様々な課題を乗り越える必要がある。

2．日本と外国人労働力

　日本の労働力は 1998 年の 6793 万人をピークに減少をたどり，2013 年の 6577 万人からさらに 2030 年には 5678 万人まで減少すると予測される（厚生労働省 2014）。2014 年の日本の人口に占める在留外国人の割合は 1.67%（212 万 1831 人）と，先進国の中でも非常に低い。しかしここ数十年で，外国人労働力は特定の産業分野で欠かせない存在となってきた。おおよそ 20 万人の日系人が在留しており，多くが製造工場などで就業している。コンビニエンス・ストアや飲食店などのサービス産業は外国人留学生（約 20 万人）に大きく依存している。また，17 万人近い外国人実習生が農業，漁業，製造業や建設業などで貴重な労働力を提供している。今後，外国人労働者の数は日本人労働者と反比例して増え続けると予想される。

　さらに人材不足が深刻なのが，医療介護分野である。介護分野では，団塊の世代が 75 歳を超える 2025 年に 30 万人が不足すると試算されている（厚生労働省 2015）。看護・介護従事者については，2008 年より，経済連携協定（EPA）の一環として，インドネシアやフィリピン，ベトナムから看護師・介護士候補生の受け入れを開始している。しかし資格試験の合格率は特に看護師では非常に低く，受け入れ・研修コストも膨大で，大量採用を望めるスキームではない。これを受け，政府は既存の外国人技能実習制度を活用し，介護分野でも実習生の受け入れを可能にする決定をしている[5]。また，震災復興と 2020 年のオリンピック需要のため人手不足が深刻な建設業でも，実習期間の延長を可能とする措置を講じた。アジア人労働者にとって，労働法や最低賃金が外国人労働者や実習生にも原則適用される日本は，実習制度自体が様々な問題を抱えているとしても，他の就労国と比べて魅力のある就労先である。ただ，現在 17 万人ほどいる外国人技能実習生の半数が中国出身で，近年希望者の先細りがみられるなど将来の見通しに不安が残る。南アジア諸国やミャンマーなど制度対象国の拡大が急がれるが，実施団体はこれらの国で信頼できる斡旋業者を探すことに苦戦しており，いまのところ募集は慎重にならざるをえない。

　日本で働く高度技術を持つ外国人人材は，現在のところ半数近くが中国出身者で占められている。中国経済が成長する中，今後人材獲得競争が日中間で激しくなるのは必須である。日本企業が給与や昇進など十分な待遇を提示しない

限り母国で働くメリットは捨てがたい。また，アメリカ，オーストラリアなどの移民国家は，市民権の取得要件が明確で比較的容易なこと，英語が公用語であること，移民コミュニティーが根付いた多文化社会であることなどから，中国を含めたアジアの労働者にとって非常に魅力的な移住先である。日本はポイントシステムを2012年より導入し，高度人材には通常より長い在留資格（5年）の付与，永住許可要件の緩和などの優遇策を導入した。しかし，日本企業が外国人社員に対して十分なキャリアパスを提供できているとは言えないのが現状である。

さらに日本は，外国人が安心して働くための生活・社会環境の整備が他の先進国に比べて非常に遅れている。文科省の調査によれば日本語指導が必要な児童生徒のうち2割ほどは必要な指導を受けられていない（文部科学省 2015）。また，外国人子女の高校進学率は半数程度にとどまっているとされ，二世，三世の職業選択の幅が狭まり，ひいては外国人労働者家庭の底辺化が危惧される（井口 2013：104-110）。ヨーロッパ諸国の経験から，問題を放置すれば高い社会費用となってはね返ってくることは明らかなため，受け入れ拡大にあたっては外国人労働者と家族の社会・生活基盤の整備が急務である。

3．アジア地域レベルでの人材育成と活用

本章では，アジアにおける人口推移と今後の国境を超える労働力の流れについて，各国の状況をみてきた。おわりに，国際労働力移動の今後について，アジア域内各国の経済連携・協力という視点から考えてみたい。域内の経済・賃金格差が継続し，少子高齢化が進む国では外国人労働者の登用がさらに進むことから，域内を還流するアジア人労働者が増加すると予想される。アジアの経済成長と発展のため，必要な労働力を各国間で円滑に補完し合えるプラットフォームが求められよう。域内移動の大半が非熟練労働者であるが，まず受入国が自国の労働需給状況を正確に把握し，現実的な外国人労働者政策を実行することが求められる。非現実的な障壁の撤廃，不法就労や劣悪な労働環境の是正，搾取的な海外就労斡旋業者の取り締まり等，課題が山積するのがこの労働市場の特徴である。これらの取り組みは，送り出し国との協力が欠かせない。また，地域で必要な人材を協力して育成，活用する体制の構築も有益であろ

う。日本や韓国の外国人実習（研修）制度は，残念ながら非熟練労働者の受け入れ制度に成り変わってしまったが，先進国で実習を含めた技術研修を行うという本来の趣旨は再考の価値があるように思える。

2015年末に発足予定のASEAN経済共同体（ASEAN Economic Community: AEC）は，高度人材労働移動の自由化も想定しており，アジアに移動の自由な労働市場が出現するのも時間の問題である。しかし，そもそも高等教育を受けた人材が少ない開発途上国からの労働力移動は「頭脳流出」と呼ばれ，母国の開発に悪影響を及ぼすと懸念されてきた。その反面で労働者が母国へ送る労働者送金は多くの途上国で重要な外貨収入源となっており，ネパールではGDP比で25％，フィリピンやバングラデシュなどでは10％を超える額に相当し，母国経済を大きく牽引してきたのも事実である。特に低開発国に配慮し，一定の頭脳流出防止策，例えばEUの推進している還流型の労働者移動などの対策が求められよう。

アジア人労働者にとって，地域内でよい仕事やビジネスの環境を手に入れられるならば，大陸を越え遠方まで出稼ぎに行くインセンティブはそう大きくはない。他方，近隣国での就労は文化・言語的な類似などで生産性のアドバンテージも見込める。アジア地域経済が台頭し，成熟していくなかで，社会・経済活動を支え，イノベーションを創り出すのは人材である。アジア各国間で切磋琢磨するような人材育成・活用のための健全な競争と協調の施策が求められる。

（吉川愛子）

注
1 ASEANを中心に送り出しと受け入れ政策をEUと比較した研究。
2 合計特殊出生率が約2.1で，人口数が安定推移（増加ゼロ）する。
3 逆に生産人口比が減ることは人口オーナスと呼ばれる。日本の経済停滞やデフレはこの人口オーナスによるところが多いと指摘する研究者も少なくない。
4 中進国経済が先進国への移行ができずに停滞する状態を指す。
5 労働者不足が明白であるにもかかわらず，本来実習生の技術向上を目的とした制度を介して外国人の労働力を補填する方法には疑問の声が多い。実習制度といっても，送り出し国でその事業を担っているのは海外就労斡旋業者である。法外な斡旋料の徴収の問題が起きており，借金を抱えた実習生が逃亡する例も後をたない。

参考文献
井口泰（2013）「国際的な人の移動をめぐるアジア戦略」『ファイナンシャルレビュー』平成25年第5

号。
大泉啓一郎(2007)『老いていくアジア』中央公論新社。
大泉啓一郎(2014)「中国の一人っ子政策の規制緩和をどう見るか──効果は期待出来ず,「未富先老」が現実化」『環太平洋ビジネス情報 RIM』第14巻第52号。
大塚啓二郎(2014)『なぜ貧しい国はなくならないのか』日本経済新聞社出版。
吉川愛子・小原篤次(2007)「国境を越える労働力移動と地域経済」平川均・石川幸一・小原篤次・小林尚朗(2007)『東アジアのグローバル化と地域統合』ミネルヴァ書房。
厚生労働省(2014)『平成24年雇用政策研究会報告書』。
厚生労働省(2015)『社会保障審議会福祉部会福祉人材確保専門委員会 介護人材需給推計(暫定値)の検証結果』。
平川均(2014)「構造転換の世界経済と東アジア地域統合の課題」『SGRAレポート』第67号,6-22頁。
文部科学省(2015)『日本語指導が必要な児童生徒の受入状況等に関する調査(平成26年度)』。

(英語)

Baruah, Nilim (2014), "Labour Migration Landscape in Asia: Recent Trends in Migration and Policie," presentation made at the ADBI-OECD-ILO Roundtable on Labour Migration in Asia, Tokyo 27-28 January 2014.

Baruah, Nilim (2015), "Labour Migration Landscape in Asia: Recent Trends in Migration and Policies," presentation made at the ADBI-OECD-ILO Roundtable on Labour Migration in Asia, Shanghai, 28-30 January 2015.

Hayami, Yujiro and Godo, Yoshihisa (2009), *Development Economic; From the Poverty to the Wealth of Nations*, Third Edition, Oxford University Press.

ILO (2011), *Economically Active Population, Estimates and Projections*, 6th edition.

United Nations (2012), *Population Divisions World Population Prospect 2012 Revisions*.

第6章
アジアにおけるイスラム消費市場

はじめに

　アジア地域には,全イスラム教徒の3分の2（約10億人）が居住し,2050年にはアジア地域の3人に1人がイスラム教徒となることが予想されている。
　これまで日本企業がアジア市場での事業展開に際して,宗教的な配慮を「前面に」押し出してきたことは稀であった。しかし,上記のようにイスラム教徒の消費者の存在感が増し,その市場の大きさが認識されるにつれて,日本企業でもイスラム教徒の消費者を意識した対応の重要性が認識され始めてきた。その結果,この数年間でハラール認証を取得する日本企業と日本国内のハラール認証機関が急激に増加している。
　本章では,アジア地域のイスラム消費市場,特にイスラム教徒向けのハラール製品・サービス（イスラム法（シャリーア法）で「許されたもの」を意味する）の市場について整理を行う。そして,アジア各国（マレーシア,インドネシア,タイ等）と日本のハラールに関する政策,動向を比較した。最後に,アジア地域内のイスラム消費市場の共通点や相違点を明らかにし,各国がハラール対応を行うことによる,アジア域内の宗教・文化多様性への理解,日本企業が今後とりうべき方向性などを示すこととする。

第1節　アジア地域におけるイスラム消費市場及びハラール市場

1．アジア・太平洋地域におけるイスラム教徒の人口

　Pew Research Center（2015）の統計によると，アジア・太平洋地域におけるイスラム教徒の人口は，約10億人と推計され，同地域の4人に1人がイスラム教徒となっている。

　一般的にイスラム教徒といえば，中東地域に多く居住しているイメージが強いが，表6-1の通り，イスラム教徒が最も多く居住する地域はアジア・太平洋地域であり，全イスラム教徒の6割以上を占めている。

　世界の宗教人口の割合は，2010年時点で1位がキリスト教徒（21億6833万

表6-1　イスラム教徒の人口の割合

（単位：%）

地域	2010年	2050年（推計）
アジア・太平洋	61.7	52.8
中東・北アフリカ	19.8	20.0
サブ・サハラアフリカ	15.5	24.3
欧州	2.7	2.6
北米	0.2	1.4
南米・カリブ	0.1	0.1

（出所）　Pew Research Center（2015）The Future of World Religions: Population Growth Projections, 2010～2050から作成。

表6-2　イスラム教徒の人口推移

年	イスラム教徒の人口数（推計，人）	全人口に占めるイスラム教徒の割合（%）
2010	15億9,970万	23.2
2020	19億711万	24.9
2030	22億927万	26.5
2040	24億9,783万	28.1
2050	27億6,148万	29.7

（出所）　Pew Research Center（2015）The Future of World Religions: Population Growth Projections, 2010−2050.

人，31.4％）次いで2位がイスラム教徒（15億9970万人，23.2％）であるが，イスラム教徒の人口数は，出生率の高さから今後も増加すると見られ，表15-2の通り，2050年には世界及びアジア地域の3分の1がイスラム教徒となると予想されている（Pew Research Center 2015）。

2．アジア地域におけるハラール市場

このようにアジア地域に存在する大きなイスラム消費市場に対してアプローチをするためには，当然ながら宗教上の配慮が必要である。それらの配慮がなされた商品・サービスのことを，「ハラール」と呼ぶ。食肉であれば，シャリーア法に則った方法でと畜処理され，保存，輸送，流通，販売に至るまでハラール性を担保した形で管理されたものを意味している。食肉以外の食品に関しても，豚肉，アルコール・関連成分等が含まれていないもの，または接触していないものを意味する。

ある商品・サービスが，シャリーア法に適切に処理・対応されたものかどうかを第三機関が審査，監査し，ハラールであることが認められることを，ハラール認証と呼ぶ。ハラール認証を受けた商品・サービスには，図6-1の通り，ハラール認証マークが付与される（BtoBの原料等には表示されない場合もある）。

従来は，ハラール認証の適応範囲は，食肉や食料加工品等が中心であったが，現在では，飲料，医薬品，サプリメント類，スキンケア製品，化粧品，ヘアケア製品，ヘルスケア製品，サニタリー製品，外食産業，流通・運送産業，アパレル産業等にも及んでいる。

ハラール商品・サービスに対応するいわゆる「ハラール産業」が注目を集め始めたのは，2000年以降であると言われている。これまでアジア地域の消費者市場の文脈において，イスラム教徒の消費者市場に特別焦点を当てられることは一部の日本企業を除いて，稀であった。初期の段階でハラール対応を行っていた数少ない日本企業は，現地の消費者向けに現地のハラール認証マークを取得し，商品にマークを付与していた。それまでハラール対応した食品（特に食肉）は，イスラムマーケットの中において販売され，ことさらハラールであることを異教徒にアピールすることなく販売されて来た。

第6章　アジアにおけるイスラム消費市場　79

図6-1　マレーシアとインドネシアのハラール認証マーク

マレーシアのハラールマーク
（スーパーの広告：鶏肉）

インドネシアのハラールマーク
（冷凍食品：唐揚げとポテト）

インドネシアのハラール化粧品
（左：口紅，中：ファンデーション）とシャンプー（右）

マレーシアのファーストフードチェーン
の入り口のマーク

インドネシアの喫茶店の看板
（右下にハラールマーク）

（出所）筆者撮影。

　アジアにおいてイスラム教徒の消費者市場が「産業」として強く意識されるようになった背景には，いくつかの要因が挙げられる。

1つ目は，アジア地域の経済発展が進み，食品の加工技術が進んだことから，ハラーム（「禁じられたもの」の意）な成分が含まれた商品も，見かけや成分一覧表を確認したりするだけでは，ハラールかどうかを判断することが難しくなり，簡易にその商品・サービスがハラールであることを示すハラール認証マークに対するイスラム教徒からのニーズが高まったと考えられている。

2つ目は，イスラム教徒の人口の増加と，イスラム教徒の所得水準が向上したことにより，イスラム消費市場が拡大し，収益性の高い市場として非ムスリムの人々に認識されてきたことが挙げられる。

3つ目に，多民族が共存しているというアジア地域の特徴がある。例えば，民族の融和を謳うマレーシアにおいては，約6割のイスラム教徒のマレー人（ブミプトラ），3割の中華系の仏教徒，1割のインド系のヒンズー教徒が居住している。多民族が共存する社会を目指すマレーシアとって，他宗教を尊重することが重要であり，共存のための「工夫」として，ハラール認証マークや，スーパー・小売市場における「ハラールコーナー」の設置へのニーズが存在していた[1]。つまり多民族国家ゆえのハラール認証ニーズの高まりがあったと考えられている。

その他にも，近年では「倫理的消費」がクローズアップされ，9.11の同時多発テロ後，イスラム教徒のムスリムとしての宗教的アイデンティティが高まっていることも大きく影響しているだろう。例えば，アパレル業界においては，インドネシアを中心に「ムスリムらしさ」を追求した「モデストファッション（ムスリムにふさわしい慎ましいファッション）」の流れが強まり，世界的な多国籍ブランドでさえ，モデストファッションを意識した商品展開を行っているケースも見られる（坂本 2015）。

3．アジアの主要な国におけるハラール関連の制度と市場状況

では，アジア地域の国々においてハラールはどのように捉えられているのであろうか。下記の表6-3にて，マレーシア，インドネシア，タイ，シンガポールのハラール制度・市場等に整理を行った。

表6-3に示されたとおり，同じアジア地域内であっても，その制度や市場は大きく異なっている。大きな特徴として，マレーシアはハラール産業振興の

表6-3 東南アジア主要4カ国のハラール制度及びハラールを取り巻く環境

	マレーシア	インドネシア	タイ	シンガポール
イスラム教徒人口（全人口に占める割合）	約1,914万人（約65%）	約2億人（約80%）	約300万人（約5%）	約50～70万人（約15%）
ハラール認証機関及び関連機関	・マレーシアイスラム開発局（JAKIM） ・ハラール産業開発公社（HDC）はプロモーションを担当	・MUI（インドネシアウラマー協議会） ・（LPPOMは検査機関，ハラールロゴ認証機関）	・タイイスラム中央委員会（The Central Islamic Committee of Thailand：CICOT） ・タイハラール基準局（HIT）	・シンガポールイスラム評議会（Islamic Religious Council of Singapore / Majlis Ugama Islam Singapura：MUIS） ・SPRING Singapore（国家基準局）
規格及び特徴	・マレーシア工業規格であるMS1500-2004/2009にて規格化されており，システム化されている ・医薬品や化粧品，物流にもハラール規格が定められている	・HAS23000：1-3 ・ハラール食品及びハラール包装・ロゴに関してはFood Regulation ITP 302にて規定	・食品に関してはThai Agricultural Standard：TAS 8400-2007にて規定 ・ハラール全般に関してはCICCのNATIONAL HALAL STANDARD：General Guidelines on Halal Products：THS 24000：2552にて規格化	・The Singapore Muis Halal Standards（SMHS）：加工食品とその取り扱いについてのガイドライン（MUIS-HC-S001）及びハラール品質管理システム開発と実施に関するガイドライン（MUIS-HC-S002）食品関連企業の事業にて規定
認証取得企業数	約3,646社（2013年）	約3,000社（2013年）	約3,500社（2012年）	約2,650施設（2010年）
有効期間	2年	2年	1年	1年または2年
メリット	・政府がハラール産業の推進・誘致に力を入れている ・マレーシアの消費者は親日的，日本食品への信頼が高い ・都市部を中心に，外資系総合スーパー（General Merchandise Store：GMS）等，近代的な小売流通業が浸透している	・内販市場としての市場規模が大きい ・日系企業の進出も多い ・都市部を中心に，外資系GMS等，近代的な小売流通業が浸透している	・食品産業のグローバル拠点としてのメリットが多い（ハラール食品輸出国の世界第7位） ・日系企業の進出も多い ・都市部を中心に，外資系GMS等，近代的な小売流通業が浸透している ・親日的，日本食の人気が高い	・消費者の所得水準がASEANでも最も高い ・日系企業の進出も多い ・一部の業種を除き，外資規制がない
デメリット	・人口が少なく，人件費も高水準 ・食品メーカーの進出は低位安定	・地方では特にインフラの整備がまだ不十分 ・外資系企業によるハラール産業進出へのインセンティブや支援が十分ではない	・タイ国全体でみるとイスラム教徒人口が少ない ・タイ投資委員会（The Thai Board of Investment：BOI）によるセミナー等は開催され，関心は高まりつつあるものの，外資系企業によるハラール産業進出へのインセンティブや支援が十分ではない	・人口が少ない ・参入企業が多く，熾烈な競争

（出所） 森下・武井（2014）52-53頁を一部修正。

ため，ハラールのマニュアル化や工業規格化にいち早く取組み，世界のハラール・ハブとなるための戦略を講じている。また，ハラール認証に関する広報・啓発機関（Halal Development Cooperation：HDC）を認証機関とは別に設立し，英語で多数の情報・統計を公表するなど，非ムスリムにもマレーシアのハラール制度を理解しやすい環境を作り出している。さらに，世界でも数少ない政府認証制度を敷いていることや，政府がハラール産業の投資誘致や産業支援制度を提供している点が他の国とは大きく異なる。

　他方，インドネシアでは人口2.4億人のうち，イスラム教徒が8割を占め，1人当たりGDPが3000米ドルを超え，急速なハラール製品・サービスに関する内需拡大が期待されている。インドネシアは，これまでマレーシアほど戦略的なハラール対応を行っていなかったが，インドネシアの認証団体であるMUIは，マレーシアとは異なり第3国の工場に対しても審査員を派遣しており，近年では日本にMUIの支社を立ち上げるなど，海外の企業・工場のMUIハラール認証の取得にも注力している。

　タイは，非イスラム教国であるため，マレーシアやインドネシアに比べると，柔軟性の高い認証制度であるといわれている。また，世界各国の食品工場が集積しており，ハラール・サプライチェーンを構築しやすいこと，また東南アジアの貿易拠点・ハブとして中東や別の東南アジア地域への市場も見込めるという特徴がある。

　最後に，シンガポールは，国内販売というよりも，東南アジアの貿易拠点・ハブとして中東や別の東南アジア地域への市場も見込めることが大きな特徴である。

　近年，日本においても多数の企業がハラール認証を取得している。ハラールメディアジャパンの調査によれば，2015年末で200以上の日本企業がハラール認証を取得し，日本国内のハラール認証機関・関連団体も20を超えている（三菱UFJリサーチ＆コンサルティング 2015）。かつては日本企業でハラール認証を取得する事例としては，世界各地に事業所や工場を有する大企業が中心であったが，近年日本国内でハラール認証を取得する企業の多くが中小・零細企業であり，主にアジアのイスラム教国の市場への輸出を目指して認証を取得している。

【ハラール対応の好事例】 味の素株式会社

　味の素社は，日本企業の中でもハラール対応の先駆けと言える存在である。同社のハラール対応の歴史は古く，1980年代から，マレーシアを中心としたイスラム市場でのハラール対応を行って来たといわれる。マレーシアの現地法人であるAjinomoto (Malaysia) Bhd. は，1961年に創業し，JAKIMからハラール認証を受け，「味の素」や「アジシオ」等の調味料の生産を手掛け，マレーシア国内のみならず，湾岸協力機構（GCC）加盟国を中心に中東向けに輸出している。

　同社においては，2000年代初頭にインドネシアの事業所において，生産工程で豚ベースの酵素が使用されていたことが問題となった。当該酵素は触媒として使用されていたため，最終生産物内には発見されなかったが，生産方法の変更を余儀なくされた。結果的に生産には非豚ベースの酵素を触媒として使用する生産方法へ変更した。味の素本社の迅速な対応により，同企業は「責任ある会社」として再認識されている。

　現在，同社内には全世界の同社グループ企業で使用されているハラール対応のマニュアルを有しており，各事業所，各工場にハラール責任者を置き，定期的な会議での情報交換や情報のアップデート等を行っている。

　このように，ハラールへの対応に関しては，同じ宗教の戒律であってもその市場の特徴や制度は各国多様であり，単一のものではないことがわかる。また，アジアの各国のハラールに対する環境や，政策等の変化，消費者の意識の高まりと，日本国内のハラール市場に対する期待の大きさと，グローバル化の流れが，今日のハラールブームを生みだしていると考えられる。

第2節　アジア地域のイスラム消費市場と日本，今後の行方

　このような日本での「ハラールブーム」に対しては，主にイスラム研究者や宗教団体から警戒する声も上がっている。その理由は，適正な活動を行っていないハラール認証機関が急増しても，それを規制・統一する機関が存在しないこと，またモラルハザードが起きた場合に，日本のハラール認証マークの信頼が低下するのではないかというものである。また，イスラム法では，ある行為を誰が，どのような状況でなすかということを考慮しているにもかかわらず

（八木 2015），ハラールの認証取得さえすればイスラム対応はそれでよし，というような間違った企業や人々の理解に繋がることが懸念されている。

　今後，アジア地域のイスラム消費市場は大きく拡大することが予想され，日本企業にとってもビジネスチャンスが増加するであろう。そういったビジネスチャンスの機会を捉えるには，イスラム教やイスラムの文化がそれほど身近ではない日本において，イスラム法やイスラム文化の理解のみならず，各国の政策・制度・市場の特徴の違いなどを理解することが非常に重要となってくる。また，ハラール認証の取得は，企業にとってのイスラム文化理解，多様性への理解の第 1 歩に過ぎず，変わりゆく市場環境との関係性も踏まえ，常に新しいハラール動向やイスラム消費市場動向を把握し，現地の消費者のニーズに合った商品，サービスを提供する必要があるだろう。

（武井　泉）

注

1　それに対してインドネシアでは，人口の約 8 割がイスラム教徒であるため，市中の商品・サービスにハラール認証マークが付与されていなくても，消費者は自然に「この商品はハラール対応しているだろう」と認識していたと考えられる。

参考文献

ハラールメディアジャパンウェブサイト（www.halalmedia.jp）
坂本佐和子（2015）「グローバルに広がる『ムスリムファッション』とは何か？」『国際金融』2015 年 1 月号，外国為替貿易研究会。
三菱 UFJ リサーチ＆コンサルティング株式会社（2015）「平成 26 年度ハラール食品に係る実態調査事業」（農林水産省委託事業）。
森下翠惠・武井泉（2014）『ハラール認証ガイドブック』東洋経済新報社。
八木久美子（2015）『慈悲深き神の食卓－イスラムを「食」からみる』東京外語大学出版会。

（英語）

Dahlam (2013), "Halal Science and Technology for backing up Halal standardization and certificatin in Thailand," presented at The 1st Internatinal Symposium on Food Halalness, in Tokyo University of Technology on 8 May, 2013.
Dwi P., E. Gumbira-S., Anas M F., Khaswar S., Muhammad, Tasrif (2011), "Indonesia Halal Agro-industry Competitiveness Development Strategy", The University Malaysia Terengganu 10th International Annual Symposium.
Frost and Sullivan (2011), "Halal Logistics Business Potential in Indonesia". (http://www.frost.com/sublib/display-market-insight-top.do?id＝236707916)
Nor Azman Ngah (2009), "The Global Halal Market－Opportunities and Challenges", Halal Industry Development Cooperation.

Pew Research Center (2011), *The Future of the Global Muslim*. (http://www.pewforum.org/2011/01/27/the-future-of-the-global-muslim-population/)

Pew Research Center (2015), *The Future of World Religions: Population Growth Projections, 2010-2050*. (http://www.pewforum.org/2015/04/02/religious-projections-2010-2050/)

第Ⅱ部

膨脹する中国とアジア

第7章

中国の経済成長
─党主導型開発は格差を解消するか？─

はじめに[1]

　日本にとって中国は海洋を通じた隣国であり，歴史・文化，貿易から人的交流など多様かつ重要な関係を構築してきた。日中間の経済交流も賃金ギャップを前提とした労働力から，大学・大学院留学，観光，さらには不動産・国債・株式への投資家と多様化している。日中の初期条件を比較すると，人口（世界最大）で約10倍，面積（世界4位）で約26倍と大きな違いがあるほか，経済成長率や経済格差に限定しても，両国は国際比較の対極にあるということも相互理解を阻む要因になっている。

　中国は2010年，日本を抜いて名目GDPで世界2位になり，IMFの購買力平価GDPでは2014年には，欧州共同体（EU），米国を越えて世界一になっている。中国は労働過剰経済から労働不足経済（ルイスの転換点）にシフトし，購買力を高め，世界にとって「工場から市場」へと変化している。李克強首相はOECDで「中国は世界最大の発展途上国にとどまっている」と表明し，「われわれの目標は今世紀半ばまでに中程度の先進国入りを果たすことだ」と述べ[2]，また習近平主席[3]は2020年に2010年比でGDPを倍増し，米国に並ぶことを目指しているとされている[4]。

　毛里[5]は現代中国に関する研究アプローチについて，1.普通の近代化モデル，2.伝統への回帰モデル，3.東アジア・モデル（開発独裁），4.中国は中国モデル国家資本主義の4つに分類した。経済成長や経済発展について，a.途上国を対象とする開発経済学，b.中国の独自性を強調するアプローチ，c.

アジア NIES や東南アジアの成長を踏まえた開発独裁型，d. ロシアやベトナムなどと比較する移行経済論などがある。本章は b を念頭に置きながら，アジア諸国を中心とする国際比較も加味して中国の成長の特性を示したい。土地の公有制，不動産開発に依存する地方財政，戸籍制度などをキーワードにして，中国共産党主導型の経済開発について考察していきたい。

第1節　中国独自の政治経済体制

1．分析のフレームワーク

　中国共産党一党支配の下，経済の市場化を推し進め，長期間にわたり高い経済成長率という結果を伴っている点で，中国の経済発展，経済開発モデルは十分，独自性が強い政治経済体制と考えている。中国は，OECD 諸国はもちろんのこと，開発独裁とされた東南アジアのインドネシアのスハルト体制，フィリピンのマルコス体制，シンガポールのリー・クアンユー体制，マレーシアのマハティール体制とも異なる政治経済体制を保持している。OECD 諸国は民主主義+資本主義，中国は社会主義+資本主義である。かつて東南アジアで，卓越した政治指導者とその取り巻き（クローニー）による支配的な体制があったとはいえ，一党支配とは異なると考えるべきものだろう。中国共産党は 1949 年以来，中華人民共和国を一党支配し，2014 年末で 8779 万人もの党員を抱え，全国各地の地方組織，民間企業含めて党委員会や党支部を設けている。党員のほか 14 歳から 28 歳を対象とする中国共産主義青年団が 2013 年末で 8950 万人[6]いる。党の役割は民主主義国家と異なり，議員を輩出する政党にとどまらない。中央および地方政府，企業，各種団体など広範囲かつ日常的に指導・管理する立場にある。江沢民が 2000 年，「三つの代表」論を打ち出し，国民に開かれた政党を標榜し，企業家など事後的な成功によって党員になることも可能となった。中国共産党は農民や労働者の利益を代表する政党から決別し，私営企業家や不動産・株式の投資家の利益をも代表することになる。階級政党から国民政党への脱皮との評価やイデオロギーで統一された政党ではなくなったとの指摘もある。毛里は経済開発を第一課題にしている中国を「政府党

体制」国家と表現し，中国共産党とインドネシアのゴルカルの類似性を指摘している[7]。

党幹部は中央，地方政府，時には国有企業や国有商業銀行もまたいだ人事を経験しながら昇進していく[8]。中国共産党が経済開発を優先する集団とみなしても，改革開放政策から40年近く経過した継続性や拡大する党員とその親族なども含めた規模を考えると，世界的にも比較する事例を選定し難い開発体制と位置づけることも可能だろう。

2．中国の経済体制・制度

中国政府を日本的な3権分立で換言すれば，中国にも行政府＝国務院，立法府＝全国人民代表大会，司法府＝最高人民法院という組織が存在する。ただし，国務院や地方政府が法令制定や改正に先駆けて行政規定で対応することが少なくなく，行政権力は極めて強力である。そして中国共産党は3権および人民解放軍を指導する立場にある。

経済との関係で党・政府・行政権力の強力さは財政問題でも端的に表れる。国務院や地方政府が年度開始前に，詳細な歳出案を公開された議会審議を経て承認するシステムではない。ただし中国システムはリーマン・ショック直後の2008年11月に発表された4兆人民元規模（2007年の名目GDP比15％）の大型緊急経済対策のように，他国が追随できない規模でも機動的な財政対応を実現した。大型経済対策には中央政府の財政だけではなく，地方政府，国有企業実施（政策性銀行や国有商業銀行など融資を伴う）分も含まれており，高速鉄道，高速道路，地下鉄などが当初の計画を大幅に前倒しで建設された。機動的である半面，歳出の詳細な開示に乏しいことで，景気低迷に見舞われると，経済対策事業が不良債権化するリスク（シャドーバンキング問題）もはらんでいた。

1978年の改革開放以来，中国は「社会主義」体制の大枠を堅持しつつ独自の漸進的な経済改革を実行し，集権的計画経済体制は経済のあらゆる分野で溶解を始め，代わって市場メカニズムがその役割を次第に増大させてきたとの評価がある[9]。確かに和諧社会を掲げた胡錦濤体制下，2004年の憲法改正で私的所有権が規定され，2007年には物権法，労働契約法が制定され，経済制度の

法規定が整備された。また三農問題に関しても，1958年に導入された農民税が2006年から廃止されている。

　ただし経済体制が溶解し始めた一方で，変わらない経済制度の存在も大きい。投資主導の経済開発，土地の公有制は続き，地方財政が不動産開発に依存している。さらに戸籍制度は都市と地方，農民か否かで，まるで異なる経済圏のごとくに国民をセグメントしている。戸籍制度は本来，最低の生活を保障すべき社会福祉においても格差を生じさせている。

　中国は紛れもなく政治的には統一されているものの，戸籍によるセグメントは経済社会制度として共通する経済圏として論じるには制約や障害になっていると言える。1955年に，現在に通じる戸籍制度が創設され，1958年の「戸口登記管理条例」制定以降，農村と都市間の移動が制限されている。戸籍は公安部が管理する。1979年の改革開放後，大学進学のほか，出稼ぎにより期限付きながら都市滞在が許容されるものの，農村戸籍者は都市戸籍に転換しない限り，都市における定住・永住は制限され，教育や福祉制度など社会生活の違いに直結してきた。都市人口は2011年以降，農村人口を上回り，2010年の人口センサスでは本土人口13億7054万人のうち戸籍地以外で半年以上滞在した人口が2億6139万人にのぼり，2000年比で81％増加している。

　若者にとっては，大学進学と大学卒業後の就職が戸籍を変更できる機会となっている。例えば，家族が農村や地方都市から北京や上海市の大都市に移住を計画するとき，子女に北京や上海市内の大学に進学を求めるケースがある[10]。

　また2004年の中国人民共和国憲法改正により私有財産権が規定された後も，土地の公有制は堅持され，不動産開発は地方財政に直結する。地方政府が土地使用権（40年，50年，70年）を開発主体に売却され，そこで建設されるオフィスビルやマンションの所有権が売買されている。日本の権利関係では定期借地権付きマンションに近いものである。日本では通常，部屋のほか土地も区分所有しているため，日中間でマンション価格を比較するときには土地所有の違いに注意する必要がある。

　地方政府を担当する党幹部の「勤務評価」に，環境指標も含められてきているものの，とりわけ相対的に低水準な地域ではGDP成長率を優先しがちになる。

第 2 節　党・政府主導の経済成長

1．所得格差の国際比較

　改革開放後の中国は，沿岸部の経済特区が成長を牽引することが計画されていた（先富論）。中国は世界に比類ない GDP 成長率を達成したわけだが，2000 年代，とりわけ胡錦濤体制に入ると，経済成長の恩恵の分配，つまり所得格差是正が課題として浮上した（和諧社会）。実は世界銀行など国際機関も長らく，発展途上国を評価する経済指標は成長率のほか，海外政府や銀行からの債務返済能力を重視してきた。国連開発計画（UNDP）が，1 人当たり GDP のほか，平均余命，識字率，就学率などを加えた人間開発指数（HDI）を公表するようになったのは 1990 年からである。ただし日米のような先進国の大半も現在も，成長率重視の政策を続けている。このため融資や国債を通じて対外借り入れが大きく，しかも返済が遅滞した国や地域では，IMF や世界銀行からの支援を受け，モニタリングのため開示される経済指標[11]が増える。中国は国内の貯蓄率が高く，債務の対外依存が低く，このケースに当てはまらない。

　次にノーベル経済学賞を受賞しているクズネッツの業績に逆 U 字仮説がある。経済発展の初期段階では所得分配が比較的平等であるが，発展が進むにつれて不平等化が進み，ある段階になると再び平準化するというものである。クズネッツの逆 U 字仮説も経験則から生まれたものである。所得格差を示す統計（家計調査など）を継続的に実施・公表している国・地域は限られており，しかも大半は 1980 年代以降に限られる。この不連続性を埋めたのがピケティらの研究である。彼らは税務資料を用いて長期間の所得が推計され，世界的な経済格差の拡大が確認されている。最上位 10％所得層が全所得に占める割合は世界的には 1980 年代に最も縮小し，その後，上昇傾向にある。ただしピケティらの中国に関する研究も 1986 年～2003 年に限られている[12]。

　図 7-1 は，人口 5000 万以上で，かつ世界銀行でデータが入手できる 22 カ国について，所得格差を示すジニ係数と 1 人当たり実質 GDP の成長率を示している。ジニ係数で数値が増えるほど格差が大きいことを示す。2008 年～2012

図 7-1 1人当たり GDP 成長率と所得格差の拡大

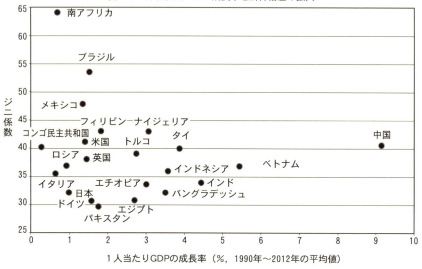

(注) 対象は 2013 年で人口 5,000 万人以上。ジニ係数は 2008-2012 年の平均。ただしフランス、イラン、韓国、ミャンマーはこの期間、ジニ係数が入手できない。
(資料) 世界銀行（http://data.worldbank.org/）より作成。

年の間でジニ係数が入手できるのは 109 カ国・地域で中央値は 36.5 で、格差の目安は 40 程度と考えられる。南アフリカなどアフリカ諸国、ブラジルなど中南米諸国が高い。アジアでは、フィリピン、中国、タイのほか、マレーシアが高い。所得格差を抱えながらも長期にわたり高い 1 人当たり GDP 成長率を維持している点で中国は特異な経済成長と言える。可能な者から先に裕福になり、そして後れた者を助けるという先富論は一部経済学者がいうトリクルダウン理論に通じる点があるが、中国でもその効果が確認できたとは言えない。ただし中国の経済成長率が今後、鈍化していけば中高所得層は低所得者層より影響が大きく、その結果、ジニ係数の縮小要因となり、逆 U 字仮説のように「再び平準化」する可能性がある。同時に所得税、相続税、固定資産税など累進性のある直接税を整備・徴収力を強化し、農村や内陸部への社会福祉など所得再分配制度の確立が必要だろう。

2．投資が牽引するGDP

　経済成長を総固定資本形成が牽引したのかを確認したい。名目GDPに占める総固定資本形成の割合は改革開放政策以前の1970年代から30％台で推移し，2003年以降は40％台にある（図7-2）。日本や韓国のピークは30％台[13]のため，中国の総固定資本形成の割合は突出している。広東省をはじめとする沿岸部の開発は輸出専用の工業団地と関連するインフラ整備で始まった。その後の開発政策も年代や地域は異なっても，発電・送電，港湾，道路，鉄道などの経済インフラ，低層住宅が密集した伝統的市街地の再開発（高層ビル化，商業ビル化），さらに農村部，臨海部，丘陵地帯などを国内向けの工業団地や研究開発（R&D）拠点，大型病院施設，大学城など投資（総固定資本形成）が牽引してきたことになる。インフラ整備の中では，外部不経済な施設（下水道，ゴミ焼却施設など）は課題となってきた。

　中国共産党が推進した改革開放政策や社会主義市場経済とは，経済用語で置換すると，開発優先政策と言える。1990年代後半まで人民解放軍も系列企業を保有が許されていたほどである。

　実質GDP成長率は1978年～2014年の37年間で10％以上が16回ある（図7-2）。政府は2000年代になると，7～8％程度の成長目標を掲げてきた。上記の37年間で成長率7％を下回ったのは1981年，1989年，1990年の3回しかなく，その後は7％以上を維持している。1989年は高い物価上昇も伴っており，天安門事件が起きた年でもある。

　連続する設備投資や不動産開発は各年のGDPに寄与するものの，各地の工場，マンション，オフィスビル，ショッピングモールの増加，つまり投資優先の開発政策は需給ギャップを増大させうる。工業製品は海外経済の景気後退も重なると，国際貿易の経路（輸出低迷）を通じて需給ギャップが拡大し，物価下落圧力にもさらされる。中国の輸出依存度[14]は日米よりは高いために，海外経済の変調は中国の生産現場を直撃してきた。米国とアジア諸国の実質GDP成長率との相関係数を見ると，中国は米国経済との連動性はアジア諸国[15]の中で相対的に低いという結果になる。例えば，アジア通貨危機の影響が確認される1998年～2014年の期間では，米中の成長率の相関関係は，逆相関となっている。外需の落ち込みを固定資産投資の拡大や積極的な財政政策で補っていること

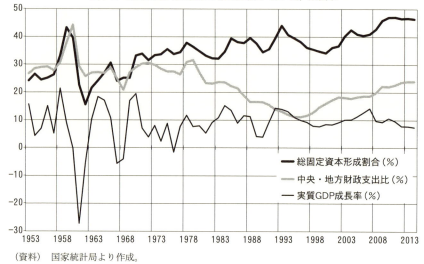

図 7-2　総固定資本形成および財政支出の GDP 比，成長率

凡例：総固定資本形成割合（%）／中央・地方財政支出比（%）／実質GDP成長率（%）

（資料）　国家統計局より作成。

を示している。海外経済の大きな調整はこの間，アジア通貨危機とリーマン・ショックが発生したため，海外経済が変調したにもかかわらず，GDP 成長率を維持し，その後，シャドーバンキングなど不良債権問題の拡大につながった。

中国の産業構造もペティ・クラークの法則のように経済発展とともに，第 1 次，第 2 次から第 3 次産業へとのシフトが見られる。毛沢東時代，各地で第 2 次産業，とりわけ重工業へ積極的に投資されていた。現時点では生産性の低い国有企業が各地に点在して立地していることになる。鉄鋼，セメント，ガラス，石炭，アルミニウムで胡錦濤体制以降，過剰を指摘され再編が求められている。近年，造船，太陽光電池，風力発電，石油化学でも過剰が懸念されている。

3．地方政府の GDP 競争

中国経済には「先進国と途上国」の水準が共存し，戸籍など制度の違いのほか，沿岸部の上海と，山岳や砂漠地帯を抱える内陸部と地形や気候も大きく異なる。こうした差異は巨大な 1 国経済を理解するのを難しくしてきた。

経済水準は 1 人当たりの GDP や GNI[16]で判断される。世界銀行は毎年 7

月，前年の1人当たりGNIを基準に世界各国の所得階層分類を公表する。2015年基準では1万2736ドル以上が高所得経済，4126ドル以上1万2736ドル未満が高中所得経済と分類されている。アジアではシンガポール，日本，香港，韓国が高所得経済，マレーシア，中国，タイ，モンゴルなどが高中所得経済に含まれる。中国の高所得経済入りや米中のGDP逆転は2026年ごろとの予測もある[17]。

改革開放後，農民工は農民戸籍[18]のまま沿岸都市部の製造業，建設業，サービス業など労働集約的な産業に従事し，経済成長や経済発展を支えた。農民工は不動産の保有，社会保険料の支払い状況などから都市戸籍への転換も可能になってきた。

図7-3の1人当たりGDPの増減は鄧小平による南巡講話[19]があった1992年と比較した。31の省および直轄市別の統計では，天津，北京，上海市がすでに高所得経済の水準で，台湾に迫っている。香港やマカオと隣接，直接投資受け入れ実績が大きい広東省の深圳市や広州市なども高所得経済の水準にあ

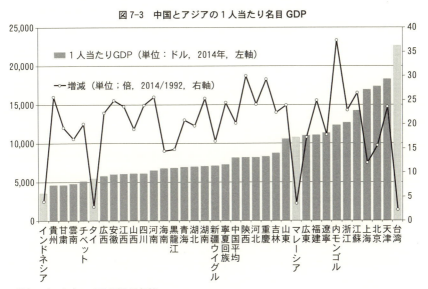

図7-3　中国とアジアの1人当たり名目GDP

（注）インドネシアはIMF予想値。
（資料）国家統計局，IMF, World Economic Outlook Detabase April 2015, より作成。

る。他方，貴州省，甘粛省，雲南省，チベット自治区はタイの水準を下回るものの，インドネシアを越える程度であり，中国経済には「台湾とタイ」の水準が共存していることになる。なお2014年で人口5000万人を超える省が広東省や山東省など10[20]あり，1982年の人口センサスと比較すると，北京市で1229万人，上海市で1240万人，天津市で740万人増加した。広東省から1988年，海南省が独立した行政区になったため，広東省に海南省も加えて比べると5697万人増加している。以上の3直轄市および広東省は32年間で2倍程度に人口が増大している[21]。戸籍制度で管理しながらもダイナミックな人口移動が起きている。

　経済開発のモデル都市を1つ上げるとしたら深圳市が最善である。同市は1980年に経済特区に指定され，現在，スマートフォン，パソコンなど内外の電子・電機工場が集積している。証券取引所も有し，大型国有企業が上場する上海証券取引所に対して中堅企業・ベンチャー企業の資金調達の場所である。人口3万人程度の漁村から2014年で人口1078万人（69％が深圳市戸籍以外の人口）の都市に成長し，1人当たり名目GDPは2万4431ドルで台湾を超え韓国に迫る水準にある[22]。全国から農民工，エンジニアなどが集まる新興都市ゆえ，広東省にありながら北京語が主流である。他都市にとって深圳に追いつき追い越すことが目標だったと言っても過言ではない。なお改革開放政策当初の経済特区は東南アジアなどの輸出専用の工業団地が参考にされている。地方を選別した先駆的なプロジェクト（特区，新区など）が試行（パイロットプロジェクト）となり，成否を見極めながら中央政府が全国的な計画に拡大させていくことが少なくない（漸進主義）。

　さて地域間のGDP競争は地方政府が実施する開発政策の結果，人口移動も伴い，1人当たり名目GDPの順位さえ入れ替える。省市別の格差是正はインフラ整備，住宅開発，内外の工場誘致などの投資政策（総固定資本形成）によってかなり縮小したと言える。長らく1位にあった上海市が2011年から天津市，2012年以降は北京市にも抜かれている。天津市では2000年代以降，沿岸部の大型開発（濱海新区[23]）が実施された。天津市濱海新区がGDPで上海市浦東新区[24]を超えたとの報道[25]もあり，地域間のGDP競争を伺うことができる。

一方，貴州省が1人当たり名目GDPで最下位が続いている。だがGDP最上位市との格差は確実に縮小している。最上位との格差は1975年～1982年は10倍以上，また上海市が高い経済成長期にあった1996～2004年には再び10倍台の格差が付いていた。しかし2012年以降は5倍以内である[26]。貴州省は海抜1000メートル級高地に位置し，石炭やボーキサイトなど資源開発のほか，西部大開発の「西電東送」で水力発電が整備され，広東省への電力供給地として位置づけられた。省都の貴陽市では不動産開発が進み，地下鉄も建設されている。同市を含め地方都市の不動産開発は実需を伴わない「ゴーストタウン」との指摘も絶えない。そもそも空室率など需要を示す住宅統計が不足し，客観性ある量的な分析を困難にしてきた。中高所得層にとってマンションは居住用や賃貸用ではなく投機対象である。

第3節　分配システムの課題

1．地方財政に占める不動産収入

　これまで経済体制・制度の特徴として戸籍制度と土地の公有制について言及した。後者は地方財政を支えており，地方財政と関係付けながら土地の公有制の問題について説明を加えたい。改革開放前の住宅政策は国営企業が低価格の賃貸住宅（低層階のアパート）を提供することが中心だった。その後，住宅は居住者に売却され，都市部の住民は住宅価格上昇の恩恵も受けている。土地オーナーである地方政府は土地使用権を入札で開発業者に販売する方式が採用された。立ち退く住民の反発もあり，代替地や費用が支払われるようになっているものの，公有制によって工事の遅延を防ぐ効果もある。そして地方財政の狭義の不動産収入は都市土地使用税・土地増値税・房産税・耕地占有税・契税（不動産5税）で構成される。不動産5税が地方収入に占める割合は20%近い。さらに「土地出譲金」を参入すると，2010年で地方収入の46%に相当するという[27]。すべて財政負担で建設・運営される日本的な公共工事ではなく，民間に譲渡して低所得者向けの住宅供給をも可能にしてきた。成長率とは前年比という短期的な経済活動を示す基準に過ぎない。地方政府幹部が在任中の

GDP成長率向上を考え，近視眼的な判断に傾きやすい。公有制は機動的な財政出動を可能とし，事前に投資案件を費用対効果で吟味する制度や機会が乏しい。将来的な不良債権化のリスクより足元の経済開発を優先してしまう。例えば，地下鉄は距離当たりの建設費用が多大であるが，地下鉄を保有する都市は建設中も含めて約40都市にものぼる。都心と郊外を結ぶものの，郊外の住宅・商業開発を伴っていないケースも散見される。他方，社会インフラに対する公共性や分配の視点が経済成長に対して劣位する傾向が顕著だった。民間に委託しにくく財政負担が継続する社会インフラ整備が遅れたと言える。四川や雲南の震災で明らかになったように農村の学校や病院など公共施設の耐震化は急務であり，1人当たりGDPが低い省や，農村部で下水道整備が遅れていた。全国都市の下水道普及率は2006年の55.7%から2014年には90.2%と急激に上昇している。

2．教育投資の効果「チャイナドリーム」

改革開放から40年近く経過し，格差が世代を越えて社会階層を固定化させるリスクを顕在化させつつある。陸（2002）は刊行前，発売禁止になるとの観測もあったが，現在では中国の社会階層研究の重要文献となり，階層分類でその後の研究にも影響を与えている。こうしたなか，社会学や経済学から教育とキャリア形成に関連するミクロな実証研究が増えている[28]。重回帰分析では，親の職業，学歴および階級出身といった家庭要因と，戸籍，出身地，就職地の都市化水準，本人学歴，性別は，本人の職業達成に影響を及ぼす主要要因であり，家族要因より本人の学歴が地位達成にあたって重要になりつつある。また共産党員身分の影響は近年，低下しているという研究[29]がある。

大学進学率[30]は1991年の3.5%から8年後の1999年で10.5%となり初めて10%台の後，2005年以降，20%台，2012年以降，30%台に上昇し，40%の政府目標達成も時間の問題である。日本の大学進学率と大差はないと考えてよい。党幹部，企業経営者など富裕層，北京，上海，広州，深圳など大都市部の中間層であれば，大学院や海外留学[31]まで含めると，日本以上に高等教育への投資が重視されているのかもしれない。文化大革命などで大学進学の機会を奪われた世代は成人後，大学や大学院の学位を得て，党・政府・国有企業の幹部

に就いた。他方,農民や内陸部の住民は大都市での大学進学や卒業の職業選択の機会が設けられていた。教育によって社会階層を乗り越える「チャイナドリーム」の可能性だった。その実現性が低いとしても,農村戸籍の若者が上海や深圳など先進国並みの経済発展を遂げた大都市で,将来のキャッチアップを夢見ることはできた。豊かな中国人「紅三代」や「富二代」は今後,ワークライフバランスなど生活や環境の質的な豊かさを求めていくだろう。最後に彼ら,彼女が中国にとどまり,個人や家族・親族の単位を超えて社会全体の変革や改革をどの程度,希求し,行動するのか。当面する重要な研究・調査テーマである[32]。

(小原篤次)

注
1 本章は小原(2015)をベースとして加筆修正している。
2 『ロイター』2015年7月1日。
3 江沢民の中国共産党総書記は1989年〜2002年,中国国家主席は1993年〜2003年。続く胡錦濤の総書記は2002年〜2012年,主席は2003年〜2013年。習は2012年に総書記,2013年から主席にそれぞれ就任している。江と胡はともに主席は任期2回の10年間で交代した。習もこれに従えば,2024年まで主席を務める。
4 『日本経済新聞』2015年9月1日。GDPの米中逆転が政治的な目標であれば習の主席任期が意識される可能性がある。
5 毛里(2012)1-16頁。
6 『新華社』2014年5月3日。
7 毛里(2012)11頁。
8 例えば,収賄罪などで無期懲役となった周永康は中国最大の石油ガス国有企業,中国石油天然気集団(CNPC)総経理,国土資源部長(大臣級),四川省党委書記,公安部長などを経て中央政治局常務委員。同様に無期懲役となった薄熙来は大連市長,遼寧省長,商務部長などを経て重慶市長。
9 大塚・劉・村上(1995)9頁。
10 例えば,北京市内の大学を受験するとき,北京市の戸籍を保有する高校生はそれ以外の高校生より合格点が低い傾向がある。1990年代後半,最有力大学の清華大学(北京市)に入学した学生は北京市戸籍の有無で,10%程度合格点が違うと語っていた。
11 中国の統計精度について多数,研究がある。ただ,中国は2014年11月,IMFが定めた統計基準を,一般データ公表システム(GDDS)から特別データ公表基準(SDDS)への変更を表明し,統計制度の改善も目指している。2015年3月27日現在,SDDS準拠は63カ国,GDDS準拠は113カ国。
12 The World Top Incomes. Database <http://topincomes.g-mond.parisschoolofeconomics.eu/>
13 日本総合研究所(2012)1頁によると,日本の最高は1973年の36.4%,韓国は1991年の38.0%。
14 世界銀行によると,2013年で米国13.4%,日本16.1%,中国23.3%,インドネシア23.9%,インド25.1%,フィリピン27.9%,韓国53.8%,タイ73.5%,マレーシア81.6%,ベトナム83.6%。
15 アジア諸国は中国のほか,シンガポール,日本,香港,韓国,台湾,マレーシア,タイ,インド

ネシア，フィリピン，ベトナム，インド。

16 対内直接投資が対外直接投資に先行した中国ではGDPがGNIを上回る傾向がある。世界銀行統計（2010年～2014年，現地通貨ベース）では中国の1人当たり名目GDPは1人当たり名目GNIを0.2%～1.0%程度上回っている。

17 丸川（2013）26頁。なお筆者独自の長期予想を明示していないが，購買力平価GDPで中国がすでに米国を上回っているように，国際比較ではGDP成長率もさることながら為替相場（人民元対ドルレート）の影響が大きいことに留意したい。

18 国民にとって戸籍問題のデメリットは多いが，東南アジアの首都圏で見られたようなスラム化など急速な都市化に伴う問題を抑制した点で，政府にとっての統治上のメリットはあった。

19 鄧小平が1992年1月～2月，武漢，深圳，珠海，上海などを視察し，改革開放の加速を支持した重要な談話である。江沢民も同年10月，第14回共産党大会で「社会主義市場経済」が改革の目標に正式に掲げられた。鄧が市場化を加速させた背景には，ソビエト連邦が前年の1991年に崩壊していることや，1989年の天安門事件がある。

20 広東省1億724万人，山東省9789万人，河南省9436万人，四川省8140万人，江蘇省7960万人，河北省7384万人，湖南省6737万人，安徽省6083万人，湖北省5816万人，浙江省5508万人。世界で2014年，5000万人を超えるのは26カ国。他方，1000万人未満は海南省，寧夏回族自治区，青海省，チベット自治区の5省。

21 日本では東京都人口が1948年～1980年の間に2.1倍に増加している。

22 『Bloomberg』2015年5月12日によると，深圳市の全体の名目GDPは2015年にも隣接する香港を超すと予想されている。

23 2010年の人口センサスで天津市の常住人口は1293万人に対して濱海新区は19%を占める293万人。2014年の濱海新区のGDPは天津市GDPの56%にあたる。なお2015年8月12日，濱海新区で大規模な爆発事故が発生した。

24 浦東新区は1990年代から開発が進み，国際空港から世界初の商業リニアモーターが走り，中国最高の高層ビル上海環球金融中心もあり，2010年の上海万博の開催場所でもある。日本との関係では，流通業のヤオハンが1995年に上海第一八佰半百貨店（現在は国有企業の百聯集団傘下）を出店している。

25 『新華社』2010年10月28日。

26 日本の1人当たり県民所得格差は最高の東京都と最低の県を比較すると，2倍程度である。

27 劉（2013）3頁。

28 呉（2008），牧野・羅（2012）。

29 厳・魏（2014）。

30 中国教育部（2013），中国教育部（2014）。

31 薛・園田・荒山（2008）227頁によると，2005年に深圳市で実施した調査（有効回答数499人）では，子どもの教育に対する期待は，大学55.3%，大学院22.8%，海外留学16.2%。

32 中国共産党体制，とくに，メディアやインターネット検閲，公安部などによる治安管理体制，中国人が持つ歴史・文化も考えると，社会改革を実現する行動に拡大する可能性は，筆者はあまり高くないとみている。社会改革とは，欧米が普遍的な価値とみなす表現の自由や複数政党による普通選挙を想定している。もちろん中国共産党内部からの変革の可能性を排除しなければならない理由はないと思うが，見解は筆者の力量や関心を越えている。

参考文献

大塚啓二郎・劉徳強・村上直樹（1995）『中国のミクロ経済改革』日本経済新聞社。

小原篤次（2015）「強靭な一党支配下の中国型市場経済」『国際情報学部研究紀要』第16巻，長崎県

立大学.
厳善平・魏萍 (2014)「中国の大都市における階層形成と世代間階層移動の実証分析」『アジア経済』第55巻第3号, 9月号.
呉志強 (2008)「中国における新規大卒者の職業達成に関する地域要因の実証研究」『神戸大学大学院人間発達環境学研究科研究紀要』第1巻第2号.
薛進軍・園田正・荒山裕行編著 (2008)『中国の不平等』日本評論社.
中国教育部発展規画司 (2014)『中国教育統計年鑑2013』人民教育出版社.
中国教育部 (2015)「2014年全国教育事業発展統計公報」.
日本総合研究所調査部 (2014)「中国経済展望」2月, 日本総合研究所.
牧野文夫・羅歓鎮 (2012)「中国の経済格差, 階層分化と教育」『経済科学』第60巻第2号.
丸川知雄 (2013)『現代中国経済』有斐閣.
毛里和子 (2012)『現代中国政治 第3版』名古屋大学出版会.
陸学芸 (2002)『当代中国社会階層研究報告』社会科学文献出版社.
劉家敏 (2013)「土地・不動産依存の中国地方財政」みずほ総合研究所.

第 8 章
中国の膨張を支える対外戦略

はじめに

　冷戦終結から 21 世紀初頭に至るまでの間，国際経済秩序は大きな変貌を遂げた。その要因の一つとして挙げられるのが，30 年以上にわたって高度経済成長を続けてきた中国の台頭である。その中国は 2010 年に GDP で日本を抜いて世界第 2 位の経済大国に上り詰め，2013 年からは 2 年連続で世界一の貿易大国となり，今や世界経済の先行きを左右するほど重要な存在となっている。

　しかし，驚異的な速さの経済成長に伴う中国の台頭に対しては，巨大な成長市場チャンスと捉える考え方がある一方，急速な軍事力増強の問題や領有権を巡る周辺国との政治的摩擦などを懸念する見方もある。こうした中で中国は，周辺諸国に高まる「中国脅威論」を払拭するために，対外的な経済開放の姿勢を維持しつつ，対外貿易の一層の拡大，「走出去」（対外進出）の加速，自由貿易試験区（Free Trade Zone：FTZ）の設立，「自由貿易協定」（Free Trade Agreement：FTA）の交渉推進などを図りながら，2 国間・多国間協力の枠組み作りにも積極的に取り組んでいる。

　そして 2012 年 11 月に発足した習近平政権が最も力を入れているのは，「一帯一路」戦略である。この戦略の内容は，中国から中央アジアを経る陸路の「シルクロード経済ベルト」（一帯）と，東南アジアを通る「21 世紀海上シルクロード」（一路）によって中国と南アジア，中東，アフリカ，欧州を結ぶというものである。加えて，「一帯一路」戦略によるインフラ整備を中心とした周辺国との地域経済統合を金融面で支援する「アジアインフラ投資銀行」

(AIIB) の創設という新たな動きもみられる。

これらを背景に本章では，中国の経済的膨張の歴史的経緯を振り返りながら，それを支える対外経済戦略の変化とその特徴，また具体策として「一帯一路」戦略および AIIB についての考察を加えることとしたい。

第1節　中国の経済的台頭とグローバル化

中国は 1978 年に従来の計画経済体制から政策を方向転換し，鄧小平主導の改革・開放路線に舵を切り，市場メカニズムを漸進的に導入してきた。それから 30 年間，急激な勢いで経済成長を続けた結果，世界経済の牽引役としての中国の存在感が増しつつある。中国の経済規模は名目 GDP の推移でみると，1980 年には世界第 11 位に過ぎなかったが，2010 年には米国に次ぐ世界第 2 位の経済大国に躍進し，現在に至っている（図 8-1）。本節では，中国が市場経

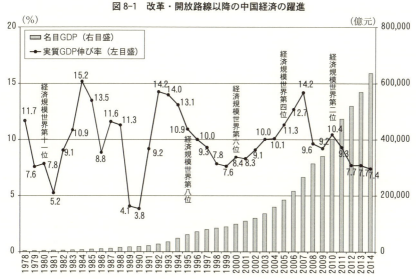

図 8-1　改革・開放路線以降の中国経済の躍進

（注）　経済規模の順位は，名目 GDP に基づき算出されたもの。
（資料）　『中国統計年鑑』2014 年版，世界銀行および中国国家統計局の統計資料から作成。

済体制へ移行してきた歴史的経緯を概観し，グローバル化に伴い，中国の貿易構造に起こった変化の特徴をみていきたい。

1．市場経済への移行と貿易大国化

中国経済の対外開放の重要な特徴として，外国直接投資（Foreign Direct Investment：FDI）に基づく加工貿易中心の輸出主導工業化が挙げられる。まず1980年に対外開放のモデル地区として，深圳，珠海，汕頭，厦門の4カ所が経済特区に指定され，その後1988年に海南島が5番目の経済特区として追加された。次に行われたのが，1984年の上海，寧波，福州，広州，天津，青島，大連など14の「沿海開放都市」の指定である。これらの沿海開放都市には，外国資本の誘致や技術導入などに対して多くの自主権をもつ「経済技術開発区」が設置された。

経済特区や経済技術開発区に進出する外国企業に対しては，企業所得税（日本の法人税に相当）の減免，輸出入関税の免除，土地使用権の付与といった優遇措置が講じられた。その結果，低コストで豊富な労働力を提供する生産拠点として立地上優位な経済特区，沿海開放都市への外国企業の投資が次第に増加した。1980年代後半からは，中国経済はすでに部分的に加工貿易国としての貿易構造を形成したのである。

また，「社会主義市場経済体制」（社会主義の条件下での市場経済）への転換が確立された1992年を境として，中国では市場経済体制への移行および資本の自由化が一層進んだ。またこの時期に労働集約型産業を中心に多国籍企業による中国への工場進出が進み，中国の外貨獲得，雇用確保，技術・経営術の習学，工業品輸出の競争力向上につながった。

さらに2001年末，15年来の念願だった世界貿易機関（WTO）への加盟を果たしたことをきっかけに，FDIの拡大が一層加速した。これに伴い，世界貿易における中国の存在感は飛躍的に拡大し，日本，韓国，ASEANを含む東アジア域内貿易における中国のシェアは，輸入で2001年以降日本を抜き，2005年には26.8％に上昇して日本の15.1％を大きく上回った。輸出においても2005年の同地域における中国のシェアは22.8％と日本の20.6％を凌駕し，東アジア域内で「磁場」の効果を果たしている[1]。

国連貿易開発会議（UNCTAD）の統計データによれば，中国の貿易総額は1980年の380億ドルから，1985年の696億ドル，1990年の1154億ドル，1995年の2809億ドル，2000年の4742億ドル，2005年の1兆4219億ドル，2010年の2兆9740億ドル，2014年の4兆3017億ドルへと113倍以上に膨脹した。さらに輸出額に限っていえば，2009年から6年連続で世界最大の輸出国の座を維持している。

2．「世界の工場」から「世界の消費市場」へ

1990年代以降の貿易大国化に伴い，中国の輸出入総額に占める多国籍企業（外資系企業）の輸出入比率が急伸し，その存在感が増大している。1990年にはその比率は18.1％（輸出12.6％，輸入23.6％）であったが，1995年には39.6％（輸出31.5％，輸入47.7％），2000年には50.0％（輸出47.9％，輸入52.1％），2005年には58.5％（輸出58.3％，輸入58.7％），2010年には53.8％（輸出54.7％，輸入52.9％），2013年には46.1％（輸出47.2％，輸入44.9％）に上っており，中国の対外貿易を躍進させる原動力となっている（図8-2）。

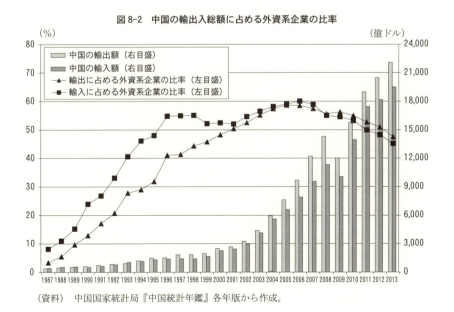

図8-2　中国の輸出入総額に占める外資系企業の比率

（資料）　中国国家統計局『中国統計年鑑』各年版から作成。

外資系企業の輸出入額が急伸した理由は，中国での加工貿易の割合が大きく，加工・組み立てに必要な技術集約度の高い部品，コンポーネントなどの中間資材の輸入が多かったからである。いわばこれは，中国が素材や原材料，部品を輸入して最終製品（消費財）の組み立てを行い，それを日米欧などの先進国に輸出するという仕組みから導かれた結果でもある。

また貿易大国として台頭してきた過程で，中国の輸出構造にも大きな転換がみられた。1980年時点では食料品などの1次産品が輸出全体の50.6％を占めていたが，そのシェアは次第に低下し，1990年には14.4％，2010年には5.3％，2013年には4.9％まで減少した。中国は1995年に1次産品の純輸出国から純輸入国へと転換する一方で，工業製品の純輸出国として台頭するに至った。工業製品の中でも単純加工型製品より電機製品・情報機器（貿易統計では，機械および輸送設備に分類）などの精密加工型製品の輸出が急増したという特徴がある。輸出に占める機械および輸送設備の比率は，1980年の2.8％，1990年の21.1％，2000年の35.7％から2013年は47.0％まで上昇し，輸出品目のトップとなっている（表8-1）。

これまでみてきたように，経済のグローバル化が叫ばれる時代を背景として，中国経済は高成長を成し遂げた。その過程で中国が享受した便益は大きかった反面，経済開発に伴う「影」も増大した。特に，高度経済成長は公正さを欠き，中国の社会構造には大きな変化が生じている。改革・開放路線は経済条件が優れた沿海部を優先的に発展させたため，経済成長および所得における地域間，都市・農村間の格差を拡大させたのである[2]。さらに，足元では図8-1に示したように，ここ数年，中国経済の減速が鮮明になっている。投資・輸出主導の経済から消費主導型の安定成長への移行には，所得分配制度の改革，住宅価格高騰と過剰設備問題の解消などの課題が依然として残されている。

2014年8月以来，習近平政権の経済政策運営の基本方針として，安定的な中成長の実現を目指す「新常態（ニューノーマル）」が定着している。今のところ，中国政府は難しい舵取りを迫られているが，今後は内需拡大によって経済安定成長を維持できれば，中国市場の需要拡大が世界の消費市場の重要な牽引役となり，日本企業にも大きな恩恵をもたらす可能性がある。また，近年日本を訪れる中国人観光客の「爆買い」と呼ばれる旺盛な消費ぶりが話題となっ

表8-1 輸出入の品目からみる中国の対外貿易の変化　　　　　　　　（単位：％）

	年	1980	1985	1990	1995	2000	2005	2010	2011	2012	2013
輸出品目	1次産品	50.6	25.6	14.4	14.5	9.9	5.5	5.3	4.9	4.9	4.9
	食品および食用活動物	13.9	10.6	6.7	6.8	4.8	2.7	2.7	2.5	2.5	2.5
	飲料およびタバコ類	0.4	0.6	0.9	0.9	0.3	0.1	0.1	0.1	0.1	0.1
	非食用原料	9.7	5.7	2.9	2.7	1.6	0.8	0.8	0.7	0.7	0.7
	鉱物燃料・潤滑油・関連原料	26.1	8.4	3.6	3.9	3.2	1.8	1.7	1.5	1.5	1.5
	動植物油脂および蝋	3.8	4.8	5.8	6.8	7.8	12.8	17.8	18.8	19.8	20.8
	工業製品（完成品）	49.4	74.4	85.6	85.5	90.1	94.5	94.7	95.1	95.1	95.1
	化学品および関係製品	5.0	6.0	6.1	5.9	5.0	4.6	6.0	5.5	5.4	5.4
	繊維製品,ゴム製品,鉱物冶金製品	16.4	20.3	21.7	18.9	16.5	18.0	16.8	16.3	16.3	16.3
	機械および輸送設備	2.8	9.0	21.1	23.4	35.7	47.1	47.5	47.1	47.0	47.0
	その他類製品	12.7	20.4	36.7	37.4	32.7	24.6	24.2	26.1	26.3	26.3
	未分類のその他製品	0.1	0.1	0.1	0.1	4.1	9.1	14.1	15.1	16.1	16.1
	合計	100.0	100.0	100.0	100.0	100.0	100.0	100.0	100.0	100.0	100.0
輸入品目	1次産品	34.8	12.5	18.5	18.5	20.8	22.4	31.1	34.7	34.9	33.7
	食品および食用活動物	14.6	3.7	6.3	4.6	2.1	1.4	1.5	1.7	1.9	2.1
	飲料およびタバコ類	0.2	0.5	0.3	0.3	0.2	0.1	0.2	0.2	0.2	0.2
	非食用原料	17.8	7.7	7.7	7.7	8.9	10.6	15.2	16.3	14.8	14.7
	鉱物燃料,潤滑油・関連原料	1.0	0.4	2.4	3.9	9.2	9.7	13.5	15.8	17.2	16.2
	動植物油脂および蝋	1.2	0.3	1.8	2.0	0.4	0.5	0.6	0.6	0.7	0.5
	工業製品（完成品）	65.2	87.5	81.5	81.5	79.2	77.6	68.9	65.3	65.1	66.3
	化学品および関係製品	14.5	10.6	12.5	13.1	13.4	11.8	10.7	10.4	9.9	9.8
	繊維製品,ゴム製品,鉱物冶金製品	20.8	28.2	16.7	21.8	18.6	12.3	9.4	8.6	8.0	7.6
	機械および輸送設備	25.6	38.4	31.6	39.9	40.8	44.0	39.3	36.2	35.9	36.4
	その他類製品	2.7	4.5	3.9	6.3	5.7	9.2	8.1	7.3	7.5	7.1
	未分類のその他製品	1.7	5.8	16.9	0.5	0.7	0.3	1.3	2.8	3.8	5.4
	合計	100.0	100.0	100.0	100.0	100.0	100.0	100.0	100.0	100.0	100.0

（資料）　中国国家統計局『中国統計年鑑』2014年版より作成。

ている。2015年1～10月の中国人訪日客数は，前年同期比112.9％増の428.4万人となり，初めて年間累計で400万人を超えた[3]。このように，中国の中間層・富裕層の拡大に伴い，日本にとっても確実にインバウンド需要増加の効果が現れているといえる。

第2節　対外戦略の転換と多国間地域協力への関与

　1990年代以降のグローバル化の動きに対しては，中国経済が一方通行的に取り込まれてきたわけではない。経済のグローバル化の進展とともに，中国政府は経済成長を最優先課題としながら，鄧小平時代から続く「韜光養晦[4]」という方針に基づき，対米外交に力を入れると同時に周辺諸国との協調関係を図っている。これはいわば中国の対外戦略の核心的な理念である。本節では，近年における周辺外交の展開を概観した上で，中国通商政策の柱に位置付けられるFTAの推進過程をみていきたい。

1．周辺外交の展開

　1982年の中国共産党第12回全国大会では，胡耀邦総書記（当時）が特定の国と同盟関係を結ばず，協調外交を追求する「独立自主外交」（全方位外交）を打ち出し，これが改革・開放路線以降の中国対外戦略の基本原則となった。1980年代後半になると国際環境が大きく変化し，相次ぐ東欧社会主義体制の崩壊を経て，1989年12月に開催されたマルタ米ソ首脳会談において冷戦の終結が宣言された。その後，中国を取り巻く国際政治・経済環境が大きく変化する中で，かつて「西側陣営」にあった日本，韓国，東南アジア諸国連合（ASEAN）と中国との経済的な結び付きが強まってきた。とりわけ1997年のアジア金融危機を契機に，中国がASEANを含む近隣諸国との相互依存関係の重要性を強く認識するようになった点は特筆に値する。

　近隣諸国との外交方針としては，2002年11月の中国共産党第16回全国大会において「与隣為善，以隣為伴[5]」が決定された。この方針をもとに，「睦隣，安隣，富隣[6]」という言葉に集約される，周辺外交重視のメッセージを近隣諸国に発信し続けてきた。

　1990年代以降の中国の周辺外交を振り返ってみると，まず中国はインドシナ半島で国境を接し，イデオロギーや南沙諸島（スプラトリー諸島）の領有権問題などで対立した東南アジア諸国との対話を重視するようになった[7]。具体

的には，1990年にインドネシア，シンガポールと国交正常化を果たし，1970年代からしばしば軍事衝突があったベトナムとの2国間関係も正常化した。また1994年に中国は，アジア太平洋地域の政治と安全保障分野での政府間フォーラムである「ASEAN地域フォーラム」(ARF) に正式メンバーとして参加し，2002年11月にはASEANと「包括的経済協力枠組み協定」(ACFTA) 締結に合意した。さらに，2003年にはASEAN域外国として初めて「東南アジア友好協力条約」(TAC) を締結した。

南アジアでは，中国はパキスタンと政治・経済分野における多面的な協力を通じて，緊密な関係を築いてきた。また領土紛争で長年敵対してきたインドに対しては「実利主義」に基づき，貿易・投資分野における相互に重要なパートナーと位置付けている。

中国にとって最も重要な隣国関係は，4000km以上の国境が陸続きで接するロシアとの関係である。1990年4月，軍事衝突を回避するための「国境地域兵力削減および信頼醸成協定」がまず締結された。そして翌年5月には「中ロ東部国境協定」，1994年9月に「中ロ西部国境協定」，2001年に「中ロ善隣友好協力条約」が締結された。また，2004年の中ロ首脳会談では，中ロ東部国境策定問題の解決が宣言された。さらに両国が最後まで対立した大ウスリー島（中国名・黒瞎子島）等の帰属問題についても，2005年に追加協定の批准文書が交わされ，外交的に決着がついた。

中央アジア諸国については，中国は1992年に旧ソ連から分離したカザフスタン，キルギス，タジキスタン，トルクメニスタン，ウズベキスタンの独立をいち早く承認した。しかし，中央アジア3カ国（カザフスタン，キルギス，タジキスタン）は当初，旧ソ連時代に中国との間で結ばれた西部国境に関する合意の一部が自国に不利になるという理由で，中国との国境交渉を拒否したが，中国の要請を受け，また旧中ソ西部国境地域の安定を重視したロシアによって調停が行われた結果，「ロシア＋中央アジア3カ国＋中国」の交渉の枠組みが形成された[8]。その後，1996年には中国と旧ソ連の国境策定問題，兵力の相互削減を含めた国境地域の安定確保の対話枠組みとして，中国とロシア，カザフスタン，キルギス，タジキスタンの5カ国で構成される「上海ファイブ」が創設された。そして2001年にはウズベキスタンも加えて政治・安全保障・経済

分野で協議を行う「上海協力機構」(Shanghai Cooperation Organization : SCO) という国際的枠組みへと発展した[9]。その流れを受けて，中国は2002年までにカザフスタン，タジキスタンとの国境策定問題を解決したのである。

　北東アジアでは，かつて朝鮮戦争で直接戦火を交えて敵対関係にあった韓国と，冷戦終結後に国交を樹立して経済的な相互依存関係を徐々に築いてきた。中韓経済がより緊密になる中，両国外交関係は「友好協力関係」(1992年) から，「21世紀に向けた協力パートナーシップ」(1998年)，「包括的協力パートナーシップ」(2003年) を経て，「戦略的協力パートナーシップ」(2008年) へ格上げされた。しかし中韓外交関係の強化を模索しながらも，対米関係や朝鮮半島情勢をめぐって関係を深めきれない状況が続いている。両国の関係は今後も経済分野を強化しようする実利的なものになろう。

　周辺諸国の中で中国にとって最も複雑なのは，経済的な相互依存関係を持ちつつ「政冷」の状態にある日本との関係である。歴史認識，領土・領海問題などにより日中間の緊張が高まる中，日中両国民の対日，対中感情が顕著に悪化している。中長期的な視野を持って対日関係の再構築を図ることが，中国の周辺外交における重要な政策課題である。

　これまでみてきたように，1990年代以降の中国の積極的な周辺外交は，経済のグローバル化に伴うチャンスとリスクに対応するため，あるいは国際関係の変化に応じた国際社会への参与と国内の政治的安定を図るため，近隣諸国との2国間関係の深化が強く求められたことの帰結である。

　そうした中で，経済成長による影響力の拡大に伴い，中国は経済と安全保障の両面から協調外交を展開し，周辺国を中心とした2国間外交の強化と同時に，1991年から参加している「アジア太平洋経済協力会議」(APEC)，1994年からのARF，1996年からの「アジア欧州会合」(ASEM)，2003年からの「6カ国協議」のような多国間協力の枠組みに参画する方向へと次第に変化していった。つまり，2国間外交重視から積極的な多国間外交重視への転換である。

2．FTAの積極的推進

　2000年以降の対外経済関係，通商政策の展開をみると，中国が積極的に取

り組むようになったのは，FTA の活用である．中国初の FTA は ASEAN との ACFTA である．ここでその締結経緯と意義を確認したい．

2000 年 11 月にシンガポールで行われた第 4 回 ASEAN＋3（日中韓）首脳会議の期間中，朱鎔基総理（当時）が初めて ASEAN 側に FTA 締結を提案した．その後，共同研究と協議を重ねた結果，2002 年 11 月の第 6 回 ASEAN＋3 首脳会議において，ASEAN と中国は，10 年以内に商品協定，サービスおよび投資協定を含む FTA 締結のための「包括的経済協力枠組み協定」に調印した．

この枠組み協定に基づき，中国は ASEAN が強い関心を示した農産物や生鮮品に関するアーリーハーベスト（一部品目の早期関税引き下げ）措置を認めた．また，中国は ASEAN の先行加盟 6 カ国（インドネシア，マレーシア，フィリピン，シンガポール，タイ，ブルネイ）に対して 2010 年までの関税の引き下げまたは撤廃の実現を目指す一方，新規加盟 4 カ国（カンボジア，ラオス，ミャンマー，ベトナム）に対しては最恵国待遇を与えた上，FTA 完成期限を 2015 年までとする配慮を行った．さらに ASEAN への経済的な配慮のみならず，「中国と ASEAN の非伝統的安全保障分野の協力に関する共同宣言」も発表し，南沙諸島の領有権に対して平和的解決と現状維持を求める内容を盛り込んだ「南シナ海行動宣言」(DOC) も締結した．さらに 2003 年には「平和と繁栄のための戦略的パートナーシップ共同宣言」にも調印した．

中国と ASEAN における政治的な相互信頼や，友好関係の実現に向けた枠組み作りが進行する中，ACFTA に基づき，2004 年 1 月からアーリーハーベストによる関税引き下げが開始された．その後，2005 年 7 月の商品自由貿易協定の発効に続き，2007 年 7 月にサービス自由貿易協定が発効され，金融，運輸，通信，教育，観光などのサービス分野の相互市場開放に至っている．そして 2010 年には ACFTA に基づく関税撤廃が全面実施された．中国からすれば ASEAN との FTA 締結によって ASEAN の経済関係の緊密化が実現し，国際環境の安定を図る上でも大きな成果が得られた．さらに，地域経済統合への参画に強い確信を持たせたといえる．

2015 年 10 月時点における中国の FTA 締結状況をまとめたのが表 8-2 である．中国は既に ASEAN，パキスタン，チリ，オーストラリア，ニュージーラ

ンド，シンガポール，ペルー，コスタリカ，アイスランド，スイス，韓国とFTAを締結し，香港とマカオとの間では「経済貿易緊密化協定」（CEPA），台湾とは「両岸経済協力枠組み取決め」（ECFA）を結んでいる。また，ノルウェー，スリランカ，モルディブとのFTA，日中韓FTA，「東アジア地域包括的経済連携」（RCEP），「南部アフリカ関税同盟」（SACU），「湾岸協力会議」（GCC）などの締結交渉を進めており，インド，コロンビア，モルドバ，ジョージア，フィジーとはFTA共同研究を行っている。

表8-2 中国のFTA締結状況

締結済のFTA	中国・ASEAN FTA（ACFTA），中国・パキスタンFTA，中国・チリFTA，中国・オーストラリアFTA，中国・ニュージーランドFTA，中国・シンガポールFTA，中国・ペルーFTA，中国・コスタリカFTA，中国・アイスランドFTA，中国・スイスFTA，中国大陸・香港CEPA，中国大陸・マカオCEPA，中国大陸・台湾ECFA，中国・韓国FTA
交渉中のFTA	中国・GCC FTA，中国・ノルウェーFTA，中国・スリランカFTA，中国・モルディブFTA，日中韓FTA，東アジア地域包括的経済連携（RCEP）
共同研究中のFTA	中国・インドFTA，中国・コロンビアFTA，中国・モルドバFTA，中国・ジョージアFTA，中国・フィジーFTA

(注) 2015年10月時点。
(資料) China FTA Network（http://fta.mofcom.gov.cn 2015年10月30日アクセス）より作成。

中国が活発にFTA推進を追求するようになった背景には，まず，難航するWTOドーハラウンドの交渉がある。2001年11月に開始されたドーハラウンドは先進国と発展途上国の対立により，2006年7月から交渉が一時中断された。その後，2007年2月に交渉が再開されたものの本質的な進展がみられず，結局2008年7月の閣僚会合まで合意に至らなかった。WTOの枠組みよりも2国間あるいは多国間でのFTAが世界の潮流となる中，中国はFTA推進に積極的な姿勢をみせるようになったといえる。

中国のFTA推進は経済的なメリットを求める通商政策としての一面もあるが，資源外交，安全保障問題での国益を最大限に確保する上で重要な役割を果たしている。たとえば，エネルギー・地下資源の産出国であるオーストラリア，チリとのFTAからは，資源外交におけるその戦略的な重要性が読みとれる。

もう一つの中国の FTA 推進要因は，東アジアおよび周辺国と FTA を優先的に締結することになり，アジア自由貿易圏という経済協力枠組みを構築していく上で主導権を握ることが可能な点である。2012 年 11 月には第 15 回 ASEAN＋3 首脳会議において RCEP の交渉開始が合意された。中国はこの RCEP を米国主導のより自由度の高い「環太平洋パートナーシップ協定」(TPP) への対抗手段と位置付けていたが，2015 年 10 月に TPP が大筋合意に至ったことから，中国が TPP に対して「静観」から「接近」へ戦略を転換する可能性があるのか，その動向が注目される。

第 3 節　「一帯一路」のうねりと AIIB の設立

習近平政権が誕生して以来，中国の対外経済戦略の軸として「一帯一路」戦略が定着しつつある。陸路と海路両方からのゴール地点を欧州に定めたのは，欧州連合（EU）が中国にとって最大の貿易相手であるということが要因の 1 つとして挙げられる。また，中国国内から欧州に至るまでの陸海を結ぶ沿線の国・地域におけるインフラ需要の囲い込みおよび国際市場での貿易・投資のシェア拡大も，中国が「一帯一路」戦略を通して目指すものである[10]。さらに，「睦隣，安隣，富隣」を実現するための周辺外交の強化という側面も看過できない。

そして「一帯一路」戦略を金融面で推進する役割を担うのが，AIIB という国際開発金融機関である。AIIB の創設は 2013 年 10 月の習近平国家主席の東南アジア歴訪の際に提唱されたもので，潤沢な資金力を背景に中国がアジア新興国・地域でのインフラ開発を主導していこうという考えの表れである。

中国の AIIB 創設の提案を受け，2015 年 4 月には創設メンバー 57 カ国が確定し，同年 6 月に AIIB の協定に正式に調印した。資本金 1000 億ドルのうち，中国は出資比率 30.34％に相当する 297.8 億ドルを出資し最大出資国となり，実質上の否決権を有することになった。初代総裁には金立群氏（中国の前財政次官）の就任が内定している。

表 8-3 に示したように，AIIB の創設国のうち 42 カ国は，アジア地域の貧困

表 8-3 AIIB の創設メンバー一覧

		ADB メンバー	非 ADB メンバー
アジア (25 カ国)		中国，韓国，モンゴル，アゼルバイジャン，ジョージア	
	東南アジア	インドネシア，カンボジア，シンガポール，タイ，フィリピン，ブルネイ，ベトナム，マレーシア，ミャンマー，ラオス	
	南アジア	インド，パキスタン，スリランカ，バングラデシュ，ネパール，モルディブ	
	中央アジア	ウズベキスタン，カザフスタン，キルギスタン，タジキスタン	
オセアニア (2 カ国)		オーストラリア，ニュージーランド	
中東 (9 カ国)		トルコ	アラブ首長国連邦，イスラエル，イラン，オマーン，カタール，クウェート，サウジアラビア，ヨルダン
欧州 (18 カ国)		イギリス，イタリア，オーストリア，オランダ，クルセンブルク，スイス，スウェーデン，スペイン，デンマーク，ドイツ，ノルウェー，フィンランド，フランス，ポルトガル	アイスランド，ポーランド，マルタ，ロシア
中南米 (1 カ国)			ブラジル
アフリカ (2 カ国)			エジプト，南アフリカ

（注 1） 2015 年 10 月 30 現在。
（注 2） フィリピン，デンマーク，クウェート，マレーシア，ポーランド，南アフリカ，タイの 7 カ国は 2015 年 6 月 29 日に行われた設立協定に署名せず。
（資料） 各種報道資料および中国財務部公表資料より作成。

を減らしアジア太平洋地域の経済開発を支えるために設立されたアジア開発銀行（ADB）の加盟国である。ADB は日米を中心に先進国が全体の出資比率の 6 割以上を占めることから，先進国側の意向を強く反映した国際開発金融機関ともいえる。高まるアジアの途上国，新興国のインフラ需要に対し，ADB は，融資の手続きが煩雑なうえに時間もかかるという途上国側の不満がある。これが AIIB 創設の重要な背景である。今後，アジア地域の社会資本整備を促すためには，ADB と AIIB が如何に棲み分けしていくことが重要な課題である。たとえば，ADB の経験と審査の実績を使い，AIIB の機動力を生かすことでよ

り資金需要に応じることができる。

　さらに「一帯一路」戦略を進める上で中国の通貨である「人民元」の役割が重要である。国際通貨基金（IMF）は，2015年11月30日の理事会で2016年10月から特別引出権（SDR）に人民元を新たに加えることを決定した。中国としては，SDR採用をきっかけに世界の主要な通貨として人民元建ての貿易取引を増やし，為替変動リスクを避けながらインフラ開発等に向けて対外投資を拡大させることが可能になる。

　ここまでみてきたように，世界第2位の経済大国に上り詰めた中国は，近年，周辺外交をはじめ，対外的な働きかけを積極的に推し進めている。アジア近隣諸国からみれば，中国の経済的膨張に伴う軍備増強，領土紛争などの問題を懸念する声がある一方で，中国との経済関係が緊密になることもまた大きなチャンスであるという見方もある。また中国の側からみても東アジア諸国との「共生」の道が開けるためには，域内協力を継続的に主導していくことが今後の外交政策の基軸となる。そして絶えず「相互理解のアジア時代」を目指すことがその第一歩である。

（朱　永浩）

注

1　青木（2008），22頁。ここでいう「磁場」の役割とは，中国は東アジアのHub & Spokeとなって，他の域内諸国の輸出を誘発していることである。
2　朱（2014），138-140頁。
3　詳しくは，日本政府観光局（JNTO）が2015年11月18日に公表した資料（URL：http://www.jnto.go.jp/jpn/news/data_info_listing/pdf/151118_monthly.pdf，2015年11月30日アクセス）を参照されたい。
4　「韜光養晦」とは，国力が整わないうちは国際社会で目立つことをせず，じっくりと力を蓄えておく戦略を指す。
5　「与隣為善，以隣為伴」とは，周辺諸国との善隣関係を構築してパートナーとみなすことである。
6　「睦隣，安隣，富隣」とは，周辺諸国との善隣友好，安定的な国際関係の構築，周辺諸国の経済成長の促進を図ることである。
7　2011年以降，中国はベトナムやフィリピンなどと領有権を争う南シナ海の南沙諸島（スプラトリー諸島）を巡って対立を深めている。さらに一部地域において軍事緊張も高まっており，今後，こうした紛争解決のための枠組み構築に関心が集まっている。
8　岩下（2003），224頁。
9　2015年7月，インドとパキスタンのSCO加盟が正式に決定され，これによりSCO加盟国は8カ国となった。
10　真壁（2015），144-148頁。

参考文献

青木健 (2008)「中国の台頭と東アジア貿易構造の変化」馬田啓一・木村福成編著『検証・東アジアの地域主義と日本』文眞堂.

岩下明裕 (2003)『中・ロ国境 4000 キロ』(角川選書 351) 角川書店.

伊藤亜聖 (2015)「中国『一帯一路』の構想と実態－グランドデザインか寄せ集めか？」『東亜』No. 579, 霞山会.

川島真 (2015)「中国外交の求めるもの－大国外交と周辺外交のあいだ」奥田聡・石川幸一・平野克己・川島真・藤森浩樹著『膨張する中国と世界』亜細亜大学アジア研究所.

朱永浩 (2009)「中国から見た東アジア地域協力」平川均・小林尚朗・森元晶文編著『東アジア地域協力の共同設計』西田書店.

―― (2014)「中国：貿易大国の光と影」小林尚朗・森元晶文・吉田敦編著, 福田邦夫監修『世界経済の解剖学－亡益論入門』法律文化社.

真壁昭夫 (2015)『AIIB の正体』(祥伝社新書) 祥伝社.

劉華芹ほか (2015)『絲綢之路経済帯－欧亜大陸新棋局』中国商務出版社.

龍永図 (2015)「新常態下的中国対外開放戦略」『探索与争鳴』No.304, 上海社会科学界聯合会.

第9章
中国の勃興とエネルギーを巡る諸問題

はじめに

　本章は，アジアが成長する中で，変化するエネルギー分野の概要（需給や物流面などの基本的な構造）とその中における中国の台頭とを関連させながら，その現状をまとめてみる。また，米国のエネルギー部門・対アジア政策や最近生じた原油価格の低下という変化がアジアに与える影響についても触れる。さらに，アジアの成長と環境問題を含むエネルギー分野の特性が抱える諸問題を指摘し，アジアにおける協力の枠組みやこれまでの日本の果たした役割を整理し，問題解消に向けた取り組みの方向性を簡単に考察してみた。

第1節　世界のエネルギー市場におけるアジアの存在感

1．需要面におけるアジアのシェア拡大と主要因
(1)　中国の台頭
　アジアは，2010年時点で世界のエネルギー需要の約3割を占め，経済成長に伴い今後もシェア拡大が確実視される。経済成長とエネルギー消費は密接に関係し，アジア全体にとって安定・安価なエネルギーの調達は経済活動を下支え，その安定的な調達こそが成長の基礎となっている。
　これまで一部の国は，必要なエネルギー資源を自国の生産で賄い，余剰分はアジア域内へ輸出してきた。しかし，今後も見込まれる旺盛なエネルギー需要に対し，最近，供給は需要を下回り，域内における増産もやや限定的で，エネ

表 9-1 アジア各国別のエネルギー消費量ランキング 2014 年

(単位:石油換算 百万トン／年)

	石炭	石油	天然ガス	原子力	水力	再生可能	合計	世界に占める比率(%)
中国	1,962.4	520.3	166.9	28.6	240.8	53.1	2,972.1	23.0
インド	360.2	180.7	45.6	7.8	29.6	13.9	637.8	4.9
日本	126.5	196.8	101.2	0.0	19.8	11.6	455.9	3.5
韓国	84.8	108.0	43.0	35.4	0.8	1.1	273.1	2.1
インドネシア	60.8	73.9	34.5		3.4	2.2	174.8	1.4
豪州	43.8	45.5	26.3		3.3	4.1	123.0	1.0
タイ	18.4	53.9	47.4		1.2	1.5	122.4	0.9
台湾	40.9	43.9	15.5	9.6	0.9	1.3	112.0	0.9
マレーシア	15.9	35.2	36.9		2.7		90.7	0.7
シンガポール		66.2	9.7				75.9	0.6
アジア合計	2,776.6	1,428.9	610.7	82.5	341.6	94.2	5,334.6	41.3
世界合計	3,881.8	4,211.1	3,065.5	574.0	879.0	316.9	12,928.4	100.0
うち米国	453.4	836.1	695.3	189.8	59.1	65.0	2,298.7	17.8

(出所) BP 統計 2015。

ルギー自給率の低下が続くことが予想される。また，インフレ抑制のために付与されてきた石油製品や電力料金向けの補助金は財政の重荷となっており，エネルギー政策の転換が課題となっている。

こうした中，エネルギー需要（消費）における中国の存在感が急拡大している。直近10年間（2000〜2010年）の1次エネルギー消費は年率8.5%の高い伸びを示している。世界全体のエネルギー消費量のうち石炭が50.5%（2014年）と極めて高いシェアを占める。中国は，2014年で石油は世界第2位，天然ガスはアジア最大，石炭は同第1位の消費国である。1993年に原油輸出国から純輸入国に転換した中国は，エネルギーの最大需要国（消費国），輸入国となっている。ただ，中国，インド，ASEAN のエネルギー消費量は増加しているものの，2010年の1人当たり1次エネルギー消費量で比べると，日本が 3.9 Toe[1]であるが，中国 1.8 Toe，インド 0.6 Toe と倍以上の差がある。アジアの経済成長がさらに進展するなか，そのエネルギー需要は今後も伸びる余地がある。

(2) アジアの成長

世界経済をアジアが牽引し，アジアのエネルギー需要が急増した。世界の中でアジアは突出してエネルギー消費量が多く，消費量の成長率も高く，今後も消費量は急増すると予想される。日本エネルギー経済研究所によれば，2005年から2030年までに，世界のエネルギー需要が年率1.5%で伸びを示すと予測されるが，アジアは，同2.4%を見込む。こうした成長とそれに伴うエネルギー需要の増大は，そのエネルギー事業やビジネス機会の増加も意味しよう。

図 9-1　世界の今後の石油需要はアジア太平洋地域が牽引

（資料）　Energy Insighls（2013年6月推計）Mckinsey & Company 佐藤委員提出資料より作成。

(3) モータリゼーション・電化の進展

アジアでは経済成長に伴い，1人当りの所得が上昇を続け，モータリゼーションが進行した。所得上昇は個人消費の堅調さを生み，自動車販売台数を増加させた。その増加は，2010年前後から加速し，2014年の世界の自動車販売台数約8700万台のうちアジアは約3900万台で約45%を占めている。同年の中国は2349万台で約27%を構成し6年連続で世界第1位の市場である。ただ一方で，環境汚染や交通渋滞（道路など交通インフラの未整備）を生じさせている。

また，電化も経済成長と比例し進行した。域内各国の電化率（最終エネルギー消費に占める電力消費の割合）は，成長の過程により変化する。相対的に所得水準の低い国は，まず，照明という電化から始まり，次に工業化による，産業部門での大口電力消費が加わり，同時に大規模発電と基幹の送電網が整備される。さらに工業化の進展で経済成長が中期的に持続し国民所得が向上すると，家計の電力消費（空調・家電の普及による）が上乗せされる。なお，世界人口の約半分を占めるアジアの人口約30億人であるがその人口が集中していく都市化もアジアのエネルギー消費を支えている一因であることに留意したい。

2．シェールオイル・ガスのインパクト：米国のエネルギー政策の変容
(1) シェールオイル・ガスとは

近年米国で生産が拡大したシェールオイル・ガスは大きな変化をもたらしている。シェールオイル・ガスとは非在来型原油・天然ガスの一種で，特に，固く薄片状に剥がれやすい頁岩（けつがん）に含まれる原油・天然ガスをいう。頁岩層は，広域（数十km～数百km）に分布し，頁岩層の浸透率は在来型貯留層の1/1,000～1/100,000程度と非常に低いため，在来型に比べ生産性が低くなる。このため，シェールオイル・ガスの存在は認識されていたものの，開発が難しいと考えられ，従来まで本格的な商業化に繋がらなかった。しかし，近年の技術革新により，経済的な生産が可能となったことから，米国では2000年代半ばから徐々に生産量が増加し，2008年以降加速している。

(2) エネルギー輸出を視野に入れる米国

米国で，消費量を上回るシェールオイル・ガスの生産が可能となり，その生産も急増している。BPによれば，2014年の米国の原油生産量は前年比15.9%増の日量1164万バレルで，前年まで首位だったサウジアラビア（同0.9%増の日量1150万バレル）を上回り，世界最大の産油国になった。近年のシェールオイルの生産急増で一気に首位に立った。天然ガスも，シェールガスの生産増により，2006年から米国の天然ガス生産量は増加し，2014年の生産量は24.3兆立方フィートに達し，米国は今や世界最大の天然ガス生産国である。

エネルギーの自給が可能となりつつある米国の変化は，世界のエネルギー需

給に多大の影響を与えている。特に，豊富な埋蔵量を誇るシェールガスの生産量が増大し，安価なガスに基づく安価な電力の供給が可能となった。この結果，化学品など製造業の米国への回帰も生じ始めている。米国の工業も再び産業競争力を高めると予想されている。米国自体の海外からのエネルギー輸入が低下し，中期的にはシェールガスを LNG（Liquefied Natural Gas 液化天然ガス）にして輸出することも想定される。米国はエネルギー輸出国に転じ，従来の財政・経常収支の赤字という「双子の赤字」の改善が視野に入り始めている。

(3) 米国のエネルギー外交とシェールオイル・ガスの影響

上述のように米国は，シェールオイル・ガスの産出により，その生産増や輸出といったエネルギー戦略を本格化させよう。アジアとの関連では，米国の同盟国が多いアジアの親米国に余剰エネルギーを輸出し，中国に対する外交的優位を確保したい意図を持つ。米国は，エネルギー政策を国家安全保障と一体化し，日本，韓国，台湾の同盟先へエネルギーを輸出し，中国を牽制する姿勢を垣間みせる。また，シェール関連技術輸出にて，マレーシアなどのエネルギー産出国を親米国として引き留めも狙おう。背景には，中国の石油・ガス輸入依存度が上昇傾向を示す一方で，米国は同依存度を低下させ，エネルギー面での自立性の向上を外交に活用していく戦略性がある。

3．エネルギー価格変動・地政学的な変化のアジアへのインパクト
(1) 変わらない中東依存度の高さ

2012年度の日本の原油の輸入国を国別に見ると，サウジアラビア（全輸入量の30.4%），アラブ首長国連邦（同22.1%），カタール（同11.4%），クウェート（同7.4%）の順となっており，この4カ国で全輸入量の約7割を占めている。この結果，日本の中東依存度（原油）は80年代後半に一時70%以下に低下したものの，その後再び80%台後半に上昇している。日本以外のアジアの中東依存度（原油）は，2012年で中国が約50%前後，韓国は日本と同様80%台，タイは同70%台である。アジア全体で原油生産の伸び悩みと原油需要増からエネルギー自給率は低下傾向にあり，中東への依存度も増していると推定できる。

(2) シェールオイル・ガスのアジアへの影響

前述した米国のエネルギー大国化をアジア外交に活かす（アジアにて中国に対し米国の優位性確保）戦略は現状（2015年前半）その意図と逆になっている。

最近の米国シェールオイル・ガス生産増は，中国のエネルギー供給増にプラス効果となり，供給源の多様化にとって追い風となっている。米国で余剰になった石炭は欧州に向かい，欧州の天然ガス需要が低下。このため，ロシア産の天然ガスに対する欧州の需要は減少し，ロシアはアジア市場に供給先を獲得せざるを得なくなっている。シェールオイルも，米国自国内の原油生産増で，アフリカ産原油の輸入量が低下したため，アフリカ産原油が欧州に向かいロシア産原油の行き場を失ったと指摘されている。これは，中国がロシアからエネルギー調達交渉をする上で買い手である中国に優位な状況を生じさせている。

しかも，ロシアのアジア攻勢に焦りを覚えたのがサウジアラビアである。米国のシェールオイルの生産にて需給が緩み，2014年後半から原油価格の低下に対し，生産増にて原油収入不足を補充したい意向を持つ。しかも長期的な輸出先としてアジア，特に中国の市場を確保し，販売を拡大させたい姿勢を示している。2014年後半以降2015年前半まで，一般にアジア全体のエネルギー調達は買い手サイドに有利な状況になりつつある。

4．アジアにおけるエネルギー協力の今後
(1) エネルギー分野におけるアジアの共通課題

アジアの石油などエネルギー需要は今後も増加を続ける。これは日本などを除き，アジア各国の共通課題である。しかも中東における紛争混迷などで供給途絶を想定した場合，アジア全体で対応力を向上させ，パニックなど混乱を防止することは，アジア全体のエネルギー安全保障を向上させる上で重要である。その一方策として，石油備蓄と緊急時の供給体制，地域内の各国間融通体制の確立が期待されよう。

(2) 協力の枠組みと日本の役割

アジアのエネルギー安全保障を支える多国間の枠組みは，ASAN＋3，EAS（東アジアサミット），APECにおけるエネルギー大臣会合とその関連枠組み

が存在する。しかし，例えば石油備蓄につき，一部の国しか備蓄しておらず，備蓄量は国際エネルギー機関（IEA）の基準（90日分）に比べ，低水準に留まる。2013年，石油を自主的，商業的に融通し合う旨が規定されたASEAN石油セキュリティ協定が各加盟国間で批准されたが，具体的な運用手続きまでは整備されていない。こうした制度設計やノウハウのほか，石油備蓄で150日分相当を持つ日本の経験を活用し，日本主導で従来以上に踏み込んだ整備が急がれよう。

第2節　アジアのエネルギー物流の概要と今後

1．エネルギー物流からの視点
(1)　世界のエネルギー物流の潮流
　エネルギー貿易は需給の増減の基調により変化するが，基本は供給側から需要への流れがその中心で，石油貿易と天然ガス貿易は異なる。主に石油貿易は基本的にタンカーで中東など主な供給地から消費地に輸送される。これに対し天然ガス貿易にはパイプラインとLNGの2種類がある。パイプライン方式は生産地と消費地をパイプで直結して輸送し，LNG方式は生産地で極低温で液化したガスを専用運搬船（LNG船）で消費地に輸送される。（詳細は後述）

(2)　オイルロードとチョークポイント
　石油貿易のうち，中東から日本への輸送路は「オイルロード」と呼ばれ，日本にとってエネルギー安全保障上，重要な輸送路である。タンカーは，中東の湾岸産油国のペルシャ湾を出て，インド洋から太平洋へ，シンガポールのあるマラッカ海峡を通過し，片道約1.2万kmを経て日本に至る。原油積み下ろしに要する日数を含め約45日間で往復している。
　米国エネルギー情報局は，国際石油輸送ルートの中で，7つの狭い海峡（運河含む）をチョークポイントに指定している。同ポイントは，多数の石油タンカーやLNG船などが通過するエネルギー安全保障上 重要な地点である。万一，同ポイントが通行不能になれば，代替ルートによる輸送距離と費用増で，エネルギー価格はたちまち高騰する。また石油流出などタンカー事故の危険性

と同時に,海賊やテロなどの懸念もある。アジアのチョークポイントはペルシャ湾出口に位置するホルムズ海峡とインド洋と太平洋を結ぶマラッカ海峡である。

2．オバマ米国政権の対アジア重視の外交政策との関連性
(1) 打ち出されたオバマ政権の対アジア政策

中国の台頭ならびに東南アジアの経済成長の安定性は,2000年台後半の米国経済の停滞と相俟って,米国の対外戦略の変化をもたらした。中国が経済力で米国と伍する多極化した世界で,「米国が主導した資本主義に代替し,国家資本主義といった中国の経済モデルに後進国が傾く可能性もある」という見方が米国政府内に流布した。こうした見方も受け,発足時のオバマ政権はアジア重視の姿勢を鮮明に打ち出した。「米国の軍事的プレゼンスを示すことにとどまらず,政治,貿易,投資,開発,価値といったすべての要素を包摂する取り組み」を進めていくとみられていた。例えば,軍事面では,米軍のプレゼンスを域内で一層強化するほか,アジアの同盟国との軍事協力を進展させるものである。政治面では,今後も東アジアサミット(EAS)やアジア太平洋経済協力(APEC)の枠組みに関与していくとし,経済面では,同地域においてTPPという高水準の貿易・投資ルール達成を掲げた。

(2) アジア・リバランス政策の限界

オバマ政権は,ブッシュ政権時代の中東への過剰な介入主義を唱え政権の座を掴んだ。しかし,2期目に入ると,「リバランシングの空洞化」が指摘されている。主な要因は米国の外交がシリアやイラク,ウクライナといったアジア以外の紛争に引き摺られてしまったことにある。「リバランシング」に内実を与える米軍展開も,財政制約によって限界が露呈,アジアから「リバランシング」は表面的なもので実体が伴わないといった不信感が浮上した。現実に米国によるアジアでの十分な軍事的展開は不可能と見た中国は,アジアの各海域で力の均衡を模索するかのような行動を開始した。このため,オバマ大統領は,アジアとの関係強化を目指し,2014年4月,韓国,マレーシア,フィリピンの外遊の一環で,皮切りに日本を訪れた。この歴訪で,米国のアジア重視政策に対する疑念を払拭することに同政権は注力した。

第 9 章　中国の勃興とエネルギーを巡る諸問題　127

(3) 米国からアジアへのエネルギー供給の可能性

米国は 2013 年，天然ガス（LNG 供給向け基地の建設を含む）の輸出を許容しているが，今後は原油禁輸の解除に動く公算もある。米石油協会は原油輸出解禁を政府と議会に求める方針を表明し，これを受けた米国エネルギー省長官も 2014 年，輸出再開を議会と議論する機が熟したとの見方を示した。米国産原油の輸出は，高成長に伴いエネルギー需要が拡大しているアジアが買い手になるとみられる。こうした，米国産原油や米国産シェールガスのアジア市場流入は，原油やガスの調達局面においてアジア全体の購入先の多様化に繋がろう。原発の稼働停止に直面し，中東依存度がアジアの中で高い，日本のエネルギー安全確保の向上に結び付く可能性もあろう。しかし，米国自体のエネルギー安全保障や国際市場への影響を懸念する声も一部にみられる。ただ，米国が輸出を想定しているのは生産がだぶつき気味の軽質原油で，重質原油は当面中東など輸入に頼る見込みである。

(4) TPP との関連性

米国の国益と結び付けた輸出解禁となる場合もあり得る。例えば，2015 年 7 月末に交渉がまとまらなかった TPP 交渉に取引のカードとして利用することも今後想定できる。主要輸出品目となる産品を同交渉に持ち出すことは十分にあり得ると考えられる。なぜならば，米国の原油や天然ガス輸出にはエネルギー省の認可が，輸出施設の建設には連邦エネルギー規制委員会（FERC）の認可が必要であり，例えば，天然ガスは，従来メキシコなど FTA 締結国に対してのみ，長期契約によるパイプライン経由で輸出されてきた背景がある。

3．アジアのシーレーン防衛に向けた協力と今後

(1) 日本のシーレーンにおける被害の現状

2014 年の東南アジア海域における海賊事件数は 141 件（前年比 13 件増）。発生件数は，2003 年より 2009 年まで，6 年連続で減少したが 2010 年以降は 5 年連続で増加に転じている。国別ではインドネシアが 100 件で 7 割近く，次いでマレーシア 24 件，マラッカ・シンガポール海峡 9 件が続く。全 141 件のうち，乗り込み事件 114 件，ハイジャックは 15 件，未遂は 10 件，銃撃 2 件。同海域の海賊事件の大部分は軽度の武装強盗であるも，小型タンカーがハイ

ジャックされ，積荷のディーゼル油などを盗取される事件も相次いでいる。

(2) 日本によるアジアにおける海賊対策とシーレーン防衛への取り組み

　海賊対策として，2001 年に日本主導の下，ASEAN，中国，韓国，インド，スリランカ，バングラデシュによる協議が開始され，2006 年にその成果として，アジア海賊対策地域協力協定が発効した。同年協定に基づきシンガポールに情報共有センターが設置された。日本は，同センターに人員を派遣するほか，財政支援も実施している。こうしたアジアにおける海賊対策に日本は 2014 年までに累計約 140 億円を支援している。

　また，ペルシャ湾やソマリア沖などでは，1980 年に生じたイラン・イラク戦争後半，外国船，主にタンカーが攻撃の対象となり日本の商船 400 隻以上が被害を受けた。この際日本は，護衛を米国などに依存せざるを得なかった。ただ 1990 年の湾岸戦争時，日本は米国などの多国籍軍に巨額の戦費 130 億ドルを提供した。戦争終了後には国連平和維持活動（PKO）への参加を可能にする PKO 協力法を成立させ，ペルシャ湾の機雷除去を目的に海上自衛隊の掃海艇を派遣，シーレーンの安全確保に回った。上記の経緯を踏まえ，特に海賊事件が頻発するソマリア周辺海域の沿岸国海上保安機関に対し支援を行っている。2001 年から，JICA が毎年「海上犯罪取締り研修」を行い，2008 年以降はソマリア周辺海域国のジブチ，ケニア，タンザニア，オマーン，イエメンから海上保安機関職員を招聘し，海賊対策などに必要な知識・技能に関する実務研修を実施している。

(3) 今後のシーレーン防衛：日本とアジアの課題

　日本にとってエネルギー補給の生命線である上述したオイルロードは，自国によるシーレーン防衛までに程遠く，他国に依存状態が長く続いた。アジア全体でもそのシーレーンを防衛しているとは言い難い。ただ，東南アジアやソマリア周辺で海賊対策のため，シーレーンの安全確保の活動が次第に行われつつある。アジア全体では，海上や港湾におけるテロ攻撃は，1999 年以降アデン港における米海軍艦船への爆破テロやフィリピンのゲリラによる欧州人の誘拐事件などが発生している。コンテナ船や原油タンカーや世界経済を支える中核的な港へのテロ攻撃が多数発生すればアジア経済に打撃となることに注意したい。

4．エネルギー物流の構造と変化：海上輸送と天然ガス貿易の特性
(1) タンカー建造とその大型化

　戦後の日本は，石炭中心から石油へのエネルギー源の代替を進めた。この中で，アジアの中でも日本は原油専門輸送のためにタンカーが導入された。石油消費量の増加により所要船腹需要が極端に増大し，多量のタンカーが建造された。こうして，1960年代半ば以降，タンカー新造ブームが起り，日本の造船産業の隆盛に繋がった。さらに，海上荷動き量の拡大・輸送効率の向上を狙い，タンカーの大型化も急速に進行し20万トン超30万トン未満の大型タンカーが多量に発注・建造され，30万トン超という大型のタンカーも建造された。輸送効率の向上を目指す大型化は，運航航路・積荷・荷揚げ港の喫水条件の変化により，さらに進み50万トン級超大型タンカーも登場した。しかし，1973年の第1次石油危機発生以降，タンカー新規発注は減少した。付記すべき点は，タンカーの多量建造や大型化の進展については船型・構造解析・溶接建造技術などを要し，日本はこれらの分野で高水準の技術を持つに至った点である。

(2) 天然ガス貿易の概要

　天然ガスは，利用時に発生する窒素酸化物や二酸化炭素（CO_2）の排出量が他の化石燃料（石油・石炭）に比べて少なく（CO_2は石炭の6割程度），また硫黄酸化物を発生しない環境負荷の小さいエネルギー源のため，世界で利用が拡大している。天然ガス貿易は，上述のように ① 主に欧米で発達している生産ガス田と需要地間をパイプラインで繋ぐ方法と，② 日本など東アジアで発展してきた，天然ガスをマイナス162 ℃に冷却・液化しLNGとしてLNG船により海上輸送した後，受入国で再び気化する方法がある。

　天然ガスは，石油と比較し，生産量のうち貿易に回る量のシェアが小さく，自国内で生産され消費される比率が高い。この点，原油が国際商品として市場で取引される点と若干異なる。天然ガスの輸送・利用は，元来，自国内や生産地周辺地域でのパイプライン輸送により開始され，進展してきたことが影響している。現在パイプラインによるガス輸出で最大シェアを占める国は欧州向けに輸出するロシアである。一方，天然ガス産出国から遠距離の日本は，輸入手段がLNGにほぼ限られる。日本は専用LNG船により大量の天然ガスを輸送

し，天然ガス貿易の拡大に貢献している。一般に LNG プロジェクトは「ガス田／液化プラント（開発・生産）→LNG 船（輸送）→LNG 受入基地（再ガス化）」と生産から消費までの一連の「LNG チェーン」が形成されている。

　世界の天然ガス消費量は，環境に優しいエネルギー源として増加傾向を示し，天然ガス貿易量も消費量の伸び率を上回っており，天然ガス貿易は伸長している。欧州では新たなパイプライン（中東・欧州間，ロシア・欧州間）が複数計画され，LNG 液化・受入基地が世界規模で建設が多数計画されている。現在，貿易量の面からはパイプライン貿易が世界の主流であるが，LNG の占める割合も高まりつつある。

第3節　アジアにおけるエネルギー産業の環境問題

1．石油産業におけるアジアの環境問題
(1)　大気汚染への日本の対応―石油産業の中心的な環境問題

　日本では，1950 年代後半以降，石炭から石油へエネルギー源が政策的にシフトされ，1960 年代には石油を利用した重化学を主体とした工業化の時期に入った。この工業化の急速な進展とともに多様な公害問題が発生した。エネルギー・石油産業に最も関連すると見られる公害は大気汚染であった。例えば，1960 年前後の工業化の過程で生じた，主に硫黄酸化物による大気汚染に対し，重質油脱硫装置の導入が促進され，大気汚染の解決に一定程度貢献した。

(2)　石油産業の取り組み～日本の経験と研究開発

　まず，ガソリンについては，原油を蒸留してできる LP ガス，ナフサ，軽油，重油などを原料に，様々な工程を経て生産される。一般的にガソリンは，軽質のナフサから脱硫装置によって硫黄酸化物を取り除いた直留ガソリン，軽質の脱硫ナフサから，オクタン価の高い留分だけを分留したイソガソリン，ナフサを改質してオクタン価を高めた改質ガソリン，脱硫した重質の軽油あるいは脱硫重油を分解した分解ガソリン，などの各種のガソリン基材に分けられる。これらガソリン基材を混合させたものが，いわゆる小売向けガソリンである。

日本は，原油を蒸留させ，分解装置で重油留分を分解，硫黄分を脱硫し，上記ガソリン基材を製造しそれを混合。その後も洗浄浄化剤や酸化防止剤などを添加し，環境に優しいガソリン生産技術を持つ。オクタン価を低下しないような脱硫反応を促進する新たな触媒やその触媒の性能を最大化するプロセスを開発してきた。現状，精製における硫黄分を取除く脱硫技術の進展，バイオ燃料の導入，環境保全自主行動といった取組みが進められている。こうした日本の経験や取り組み姿勢を今後のアジアのエネルギー関連の協力に活用させたい。

(3) 中国における環境問題とその主因

中国では，2013年1月，北京など多くの都市で，深刻な大気汚染が発生した。国土全体の約4分の1，総人口の約半分（6億人）が影響を受けたと見られる。主因として，発電所や工場での石炭の大量消費並びに近年の自動車の急速な普及が挙げられる。中国では，1次エネルギー総消費量における石炭の構成比が圧倒的に大きく，その構成比は1970年代以降から大きな変化がなく，7割前後を推移している。石炭の約半分は火力発電所に利用され，製鉄，セメント工場などにも大量に消費されている。しかし，中国産石炭は硫黄含有率が高く，脱硫装置が急速に導入されているものの，稼働コストが高く，脱硫装置の稼働率はやや低いと見られる。中国に対する日本の技術の活用や応用に今後着目したい。

2．エネルギーに関する海運における環境問題

(1) 油濁事故とその対応

1967年英国で発生した座礁事故により，大量の油が流出し，沿岸に多大な被害をもたらした。これを契機に，海洋汚染防止に対する国際世論が高まり，Inter-governmental Maritime Consultative Organization（IMCO）：政府間海事協議機構（後にInternational Maritime Organization：IMOと改称）により，1971年に始まり1973年，1978年，1992年に相次ぎ，油の船外への排出基準，油流出量を制限するタンクの大きさ，分離バラストタンク設置，二重船殻構造などに関する条約が制定された。

二重船殻構造規制に関しては，1989年米国で発生した座礁事故による大量油流出が契機となり，米国で油濁防止法が成立し，その後1992年にIMOも

新造船への全面適用，既存船への対応策を制定し，1996年以降の建造船への二重船殻構造が義務付けられた。条約制定・発効後には，それぞれの条約制定事項を織り込んだタンクの配置，必要機器の設置等を行った船型の建造が進んだ。

(2) バラスト水規制（IMOによる環境規制）の現状

船舶は，積荷が空（から）または少ない状態の航路では，航行時のバランスをとるために「重し」として出発地で海水を汲み上げ，専用バラスタンク内に貯留して航海，到着地の港で荷物の積載と同時に放水する。このように利用される海水は「バラスト水」と呼ばれIMOによると，全世界で年間約30〜50億トンの海水が運ばれる。到着地で放水されるバラスト水には，動植物プランクトン，海藻の断片や魚類の幼生や卵などが混入。バラストタンク中の水生生物の大半は航行中に死滅するが，一部生き残った生物は，到着港でバラスト水とともに放出される。こうして移動し，乃至は到着地で繁殖した生物は，本来到着地に生息していない「外来種」として生態系を攪乱するなど悪影響を与える。バラスト水による生態系破壊を防ぐべく，IMOにて1980年代から議論が進められ，2004年に「バラスト水管理条約」が採択された。

同条約では，船舶におけるバラスト水排出基準（排出する海水の品質）を示し，またバラスト水処理装置の搭載義務を定めている。その主な内容は，2009年以降に新たに建造され，バラスト水容量5千未満の船舶から順次，処理装置の搭載が義務付けられ，2017年までに全ての船舶に掲載義務が課せられる。

第4節　エネルギー・環境の諸問題へのアジアにおける協力

1．エネルギー・環境分野における協力のさらなる強化を

(1) 安全・効率利用や省エネルギーへの取り組み強化

アジアにおけるエネルギー需要の急増を踏まえ，アジア規模でのエネルギーの安全保障と持続可能性を確保するため，政策的な対話や協議が継続している。2004年より，ASEAN＋3エネルギー大臣会合（ASEAN，日中韓の13カ国代表が出席），2007年より，EASエネルギー大臣会合（ASEAN，日中韓，

豪，印，ニュージーランド，米，露の 18 カ国代表が出席）が開催されている。2014 年 9 月に，第 11 回 ASEAN＋3 エネルギー大臣会合及び第 8 回 EAS エネルギー大臣会合が開催されている。同会合では，高効率石炭火力を含むクリーンコール技術の導入推進に向けた協力の強化及び技術移転や公的金融支援の必要性，天然ガス市場の推進の重要性が確認された。こうした場で，日本による，石油備蓄推進，原子力及び省エネルギー分野の人材育成などの意見が歓迎され，協力推進の継続が合意されている。このように日本が主導して，域内の協力体制の強化を図りたい。

(2) 環境面

環境問題は，国境を越えた地域全体での対応が必要となっている。特にアジアは，その人口の多さと密度の高さに加え，急速な経済成長を実現したため，幅広い環境問題を抱えている。上述したように世界のエネルギー需要（消費）の大半がアジアであることも，温暖化ガス排出量削減につき，同排出量で世界一となった中国がその問題の中核に位置しよう。持続可能な社会の形成を目指した環境問題解消のための基盤整備が望まれる。日本はインフラ整備を通じ経済効率化・経済成長と環境負荷の低減を両立させてきた豊富な経験を持つ。これをアジア各国での環境計画の形成に活用したい。

(3) 今後の日本の役割

アジアは世界の成長センターとして今後も経済発展していこう。貿易・投資の自由度を高めた経済圏形成に向けた FTA/EPA のネットワークも整いつつある。経済面だけでなく，環境保全分野においても，共通の課題に対して共同で行動していくことが共存共栄，政治経済社会的な関係を持続させることになろう。こうした点から，環境と共生しつつ経済発展するアジアを主導する日本という立ち位置を確保し，アジアにおける日本の存在感を外交に活かすというアジアの中でリーダーシップを発揮していくことを期待したい。

2．エネルギー安全保障におけるアプローチ

まず，(i) エネルギー源の多様化・分散，(ii) 石油輸入源の多様化・分散，(iii) 石油備蓄の整備，(iv) 海外におけるエネルギー資源開発などが考えられる。こうした共同，共有化は 2 国間でなく地域の多国間における枠組みを形成しアプ

ローチをすることで政治経済的な共存共栄を繋がるものとしたい。

　また，経常黒字を維持している地域は世界の中でアジアと中東という2地域に限られる。エネルギーの供給者，購入者という立場を乗り越えた両地域間の関係強化も長期的な取り組みとして掲げるべきだろう。例えば，供給源である産油国が抱えるインフラ整備・産業多角化という問題の解消に，主な購入者であるアジアが，共同してアプローチしていくという姿勢を示しておきたい。これがアジア・中東関係の深化に繋がり，長期的にはアジアのエネルギー安全保障にも優位に働くことになろう。

（藤森浩樹）

注
1　Tonne of oil equivalent（原油換算トン）とは熱量の単位であり，41.868GJ（ギガジュール）に等しい。世界各国のエネルギー需給を測る際に一般的に用いられる。

参考文献
石井吉徳（2006）『石油最終争奪戦―世界を震撼させる「ピークオイル」の真実』日刊工業新聞社。
奥村晧一ほか著（2009）『21世紀世界石油市場と中国インパクト』創風社。
外務省ホームページ　http://www.mofa.go.jp/mofaj/gaiko/pirate/asia.html
　　東南アジア地域における海賊等事案の現状と日本の取り組み　平成27年8月7日。
佐々木　高成「米国のアジア政策：その重要要因とオバマ政権における変化の方向性」（Spring 2009/No.25）（財）国際貿易投資研究所　『季刊 国際貿易と投資』資源・エネルギー庁資源燃料部，石油・天然ガスの政策の動向について　平成26年12月25日。
須藤繁（2014）『日本の石油は大丈夫なのか？』同友館。
武石礼司編著（2007）『石油エネルギー資源の行方と日本の選択』幸書房。
堀善行（2014）『アジア新興国のエネルギー需給動向と今後の見通し～わが国企業にとってのビジネスチャンスに関する考察～』Mizuho Industry Focus，みずほ銀行，2014年1月10日，Vol. 145。

（英語）
BP社，BP統計2015年版。
Dan Blumenthal, Derek M. Scissors, February 24, 2015, AEI : More energy, more power: A new opportunity to pivot in Asia.

第 10 章
政治経済面で中国に接近する韓国

はじめに

　韓国と中国の往来は著しく増えた[1]。訪韓中国人数は2000〜2014年の間だけでも，44万人から613万人に増大し（訪韓日本人数は247万人→228万人），アジア地域にいる人たちが韓国に訪れる数は，398万人→1186万人となっている。他方で，訪中韓国人も134万人から418万人と記録され活発な人の動きがみてとれる（訪日韓国人は106万人→275万人）。1980年代半ばにおいては，訪韓中国人も訪中韓国人も年間100〜300人程度であった。

　戦後，韓国と中国との本格的な交流は，1992年の国交正常化（「1992年韓中外交関係樹立に関する共同声明」）からはじまる。ここに至るプロセスにおいては，1987年の韓国での民主化宣言，1988年のソウル・オリンピック，1992年の中国での南巡講話による対外開放政策の加速と社会主義市場経済の提唱などが，1990年代に両国を近づける契機となったのである。さらに，韓国では1997年アジア通貨金融危機に対応したIMF構造調整政策が全面的なグローバル化を促し，他方で中国では2001年のWTO加盟が韓中関係を一層深化させるものとなった。

　同時に，戦後世界を形づくってきた冷戦体制が1990年頃に崩壊し，韓国をとりまく国際政治経済環境が大きく変容したことも重大な画期であった。いわば対米関係から対中関係へのシフトは，1990年代以後の韓国政治経済構造の特徴となっている。

　韓国にとって大国中国がいかなる存在であるのか。本章では，1990年以降の韓中貿易投資動向と政治外交関係をめぐる形勢に焦点をあて，韓中関係の諸

相を検討する。本章を通して，膨張する中国の意義を明らかにし，韓国からの視座で「アジア・コンセンサス」への重要な課題を提起する。

第1節　韓中貿易投資動向の新展開

1990年代以降，韓中間の貿易および投資は急速に進展することになる[2]。図10-1に示したが，とりわけ対中輸出額の伸び（1990年6億ドル→2014年1,453億ドルで242倍，以下カッコ内は同期間推移）が，対世界輸出額の伸び（650億→5727億ドルで9倍）と比べても著しいことがわかる。また，韓国の輸出相手国を検討すると，その変化は一目瞭然である。この20年あまりで中国（0.9%→25.4%）やASEAN（8.0%→14.8%）を含むアジア（37.9%→56.5%）にむけた輸出が劇的に増大し，一方で（アジアに計上されるが）日本（19.4%→5.6%）と米国（29.8%→12.3%）への輸出が停滞している状況となっている。他方，輸入相手国としては，アジア（40.8%→42.2%）のうち中国（3.2%→17.1%）とASEAN（7.3%→10.2%）からの輸入がもたらされるようになり，日本（26.6%→10.2%）と米国（24.3%→8.6%）の落ち込みが見てとれるようになった。

特徴的な点は，これまでの韓国の経済発展（輸出主導型）を担ってきた日本と米国の役割が後退しつつあり，21世紀に最大の貿易相手国となった中国が大きな影響を及ぼすようになったことである。ただし，日本との貿易は，戦後から現在に至っても赤字でありつづけていることに留意しなければならない（後述する韓国の輸出主導型経済構造）。

韓中間の貿易品目としては，テレビ，パソコン，スマートフォン類に必要なDRAMや集積回路など，電気電子製品の生産に使われる原料・素材・部品が多い。そして，ここに強みをもつサムスン電子や現代自動車，LG，SKなどが多国籍企業として世界を席巻している。韓国企業（財閥）は，中国市場をどのように捉えているのであろうか。韓中海外直接投資の動向は[3]，韓国からの中国への積極的進出という一方的な関係（対外直接投資）になっており，対中対外直接投資額は1992年に1億ドルを超え，2007年には過去最大の54億ド

図10-1 韓国の対中国 貿易額および海外直接投資額の推移

(注) 単位は，貿易額，海外直接投資額ともに100万ドル。なお，貿易額は左軸，海外直接投資額は右軸である。
(資料) 韓国貿易協会（http://www.kita.net/），韓国輸出入銀行（http://www.koreaexim.go.kr/），産業通商資源部（http://www.motie.go.kr/）を参照，作成。

ルとなった。2007年には，中国だけで24.0％を投資先として占めるに至った。また，近年では，対ASEAN投資額が中国を上まわる年もある。1990～2000年代にかけて，対アジア投資額は全体の50.0％を超える年がつづく時期もあるほど，重要な市場となっているが，中国よりもASEANといったような地域内での変化もみられる。大企業の大規模投資はもちろんだが，中小企業の進出も活発で，件数や新規法人数では中国およびアジアにおいて，他国・他地域と比較にならないほど圧倒的である。いずれも主な業種は製造業となっている。さらに，財の調達・生産・販売において現地化戦略を明確に打ち出し，現地にあった製品開発，人材育成と雇用などを果敢に推し進めている。

例えば[4]，サムスン電子の製品の対世界市場占有率（2014年）については，LCD・LEDなどを使用したフラットパネルディスプレイの薄型テレビ28.3％，60インチ以上の超大型テレビ39.1％，UHDテレビ34.3％，携帯電話22.1％，スマートフォン24.7％，半導体メモリDRAM 40.4％，NAND型フラッシュメモリ36.5％，ディスプレイ起動チップDDI 18.0％となっており，世界の

トップシェアをほこる。また，1990年から地域専門家制度によって進出国の言語や文化の環境に適応できる人材を育成するプログラムをいち早くとり入れたり，他方で2008年からのGlobal Mobility制度では海外の人材を韓国本社などに派遣し自社の経営方式や業務プロセスの理解を深める戦略がとられている。2014年，サムスン電子の雇用者数は32万人，うち国内従業員数10万人，海外従業員数22万人である。とりわけ，アジアでは中国6万人および東南アジア・西アジア・日本11万人となっており，雇用の伸びも数年で倍加するほどである。北米・中南米は3万人，ヨーロッパ・CISは2万人である。中国には生産工場（13社で世界にある生産工場数の34.2%）やR&Dセンター（17社で19.4%）が他国・他地域よりも多いが，販売店が少ない（2社で3.7%）。東南アジアでは，生産工場（7社で18.4%）よりも販売店（9社で16.7%）が多い。地域別の売上高では，比率にすると，米国（33%）やヨーロッパ（21%）に対して，中国は16%と少ないが，ここ数年の売上高比率の伸びでは中国およびアジア・アフリカが著しい。一方で，国内市場の売上高は，世界比で10%ほどに低迷しており，サムスン電子の生き残りをかけても，輸出・生産・消費市場としての潜在性と可能性をもつ中国・アジア新興国の攻略が求められている。ここをターゲットとした市場の開拓が期待される。

　なお，韓中における通貨スワップも拡充・強化されている[5]。経済危機に陥らないために，経済不振の時には両国間で資金の融通を行うもので，3600億元・64兆ウォン（2014年10月）規模となっている。2008年の通貨スワップ協定の締結から，2011年，2014年と満期延長の手続きが継続してとられている。また，この通貨スワップ資金を活用して，2012年には「韓中通貨スワップ資金貿易決済支援制度」，2015年には「韓中通貨スワップ資金人民元流動性供給制度」が導入されており，ウォンと人民元の直接的な貸出や供給が企業や市場にできる制度が整えられている。すでに，「韓中通貨スワップ資金貿易決済支援制度」については，利用された事例もある。ドルの動向などに影響されない制度を構築する一歩として，期待される。韓中間では，金融面においても協力が推進され，意思決定の手続きの共通化，支援の迅速化・円滑化，リスク回避，市場の安定化の向上が図られている。

　韓国の発展は，財生産および貿易で，いかにして利益をあげるかに懸かって

いる。同国のこうした輸出主導型経済構造は、戦後からの「国民経済志向型の輸出主導型成長モデル」から1997年を画期とした「グローバル化志向の輸出主導型成長モデル」に変容したと把握され[6]、「財閥主体で、グローバル調達をし、日本からは高付加価値・核心的な資本財・中間財を輸入し、完成品・中間財を中国・新興国、米国、EU、日本等に輸出する」[7]という形で展開される。

だが、実はグローバル化と同時に「アジア化」をより強調すべき点なのではないだろうか。確かに最終消費地が先進諸国・地域であるということはふまえなければならないが、中国を着実に捉え、ASEANに傾斜している状況は、極めてアジア化である。リーマンショックの時にも、欧州債務危機の時にも、こうした中国との貿易拡大は、貿易立国韓国の経済社会を支えるほどの強みである。それは、輸出市場かつ消費市場として大きな可能性・潜在性をもつ中国の姿であり、中国との関係を今後いかにして展望するかにもつながるものである。

韓国は、中国との連携を深めた。2015年12月、韓中FTAが発効されたのである。2005年の民間共同研究からはじまった韓中FTA交渉は、結実した。本協定は、物品に関していえば、協定発効後20年以内に全品目の90%以上の関税を撤廃することになる。関税撤廃の譲許水準としては、表10-1に示したように、即時撤廃～20年以内と段階的なプロセスがとられている。また、①工業製品については、両国とも自動車が除外されたこと、②農水産物については、両国ともにコメ、韓国側で牛肉・豚肉・鶏肉、りんご・みかん・梨・ぶどう、にんにく、玉葱、とうもろこし、アジ・サバ・サンマ・タコ・イカなど主要な農水産物が除外されており[8]、表10-2のように、農水産物については市場の開放化があまりされていないことがわかる。国内の市場が保護されており、自由化は緩やかなものとなっている。大国中国とのFTAの内容が慎重になっているように、競争力のない企業および産業の調整、労働者・雇用支援の対策が急がれる。

2015年12月現在、韓国のFTAはアジア間ですでに、シンガポール、ASEAN、インド、ベトナムと発効に至っている。中国との経済的つながりを盤石なものにし、アジアにシフトしているこうした局勢は、現段階でWin-Winの関係でなくても中国およびアジア間での連携と協力をまがりなりにも

表 10-1　韓中 FTA における関税撤廃率の水準について

(単位：％)

	全品目				工業製品				農水産物			
	韓国側		中国側		韓国側		中国側		韓国側		中国側	
	品目数	輸入額	品目数	輸入額	品目数	輸入額	品目数	輸入額	品目数	輸入額	品目数	輸入額
即時撤廃	49.9	51.8	20.1	44.0	58.9	53.8	20.3	44.2	10.0	9.2	19.3	4.0
5年撤廃	61.6	55.6	40.6	47.5	70.2	57.8	44.1	47.7	23.5	9.7	24.7	4.8
10年撤廃	79.2	77.1	71.3	66.2	89.9	79.9	71.7	66.4	31.3	17.5	69.8	18.5
15年撤廃	88.2	86.9	84.8	79.3	96.7	90.1	84.7	79.5	50.4	20.4	85.6	30.4
20年撤廃	92.2	91.2	90.7	85.0	97.1	93.5	90.2	85.1	70.2	40.0	92.8	55.8
除外	6.8	5.2	7.8	9.0	2.4	4.2	7.9	8.7	26.6	27.9	7.1	41.4

（注）　関税撤廃のプロセスでは上記に区分した年に限らず段階的な関税削減，このほか部分的な関税撤廃や削減などが若干の比率で算出されている。
（出所）　産業通商資源部 FTA 局 (http://fta.go.kr/)「韓中 FTA 詳細説明資料」関係部署合同，12頁，15頁，20頁。

表 10-2　韓中 FTA における農水産物の関税撤廃率について

(単位：％)

	韓中 FTA	韓米 FTA	韓 EU FTA	韓豪 FTA
品目数基準	70.2	98.9	97.2	88.6
輸入額基準	40.0	99.1	99.8	98.6

（出所）　産業通商資源部 FTA 局 (http://fta.go.kr/)「韓中 FTA 詳細説明資料」関係部署合同，19頁。

強化することになる。

第 2 節　韓中政治外交関係をめぐる形勢

　韓国と中国の国交が正常化されてから 23 年をむかえた。1990 年代以降の韓中政治外交関係は，第 1 節で考察した経済的つながりが深いため，表 10-3 に示されているように，"パートナー"として強調され，積極的で発展的な関係構築のプロセスを経てきた。
　2012 年から 2013 年にかけて，韓国と中国では新しい政権となる激動の年を

表 10-3　1992 年韓中国交正常化以後の関係性について

時期	韓中関係	評価
金泳三大統領 文民政府 (1993～1997)	"友好協力関係"	経済・通商・人的交流などを中心に関係発展
金大中大統領 国民の政府 (1998～2002)	"21 世紀に向けた協力パートナー関係" 構築 (1998)	高官レベルでの交流拡大 政治・外交分野間の協力強化など一層の包括的関係に発展
盧武鉉大統領 参与政府 (2003～2007)	"全面的協力パートナー関係" 構築 (2003)	政治・外交・安保・経済・通商・文化など諸分野における全面的・実質的協力関係に発展傾向
李明博大統領 (2008～2012)	"戦略的協力パートナー関係" 構築 (2008)	韓中関係の複合化：不信，葛藤，協力の重畳

（資料）　キム・フンギュ（2012）「政治・外交」イ・ヒオク，チャ・ジェボクほか『1992～2012 韓中関係はどこまで来たか―成果と展望』東北亜歴史財団，36 頁，表 1，一部加筆。

むかえた。韓国では朴槿恵大統領が，中国では習近平国家主席が代表の座につくことになったのである。両国の歩み寄りは早かった[9]。2013 年には朴槿恵大統領が訪中し，信頼を強化する「心信之旅」というスローガンのもと，"韓中未来ビジョン共同声明"の採択を通じた"韓中戦略的協力パートナー関係の充実化"を掲げた。その重点的方策は，① 政府・議会・政党・学会などから包括的・多層的に発信する政治・安保分野での戦略的体制の構築，② FTA を中心とした経済・社会分野での協力を推進する制度の整備と拡大，③ 学術・青少年・地方・伝統芸能など国民レベルでの文化的交流を促進し，国民間の相互理解と信頼を強化すること，である。2014 年には習近平国家主席が訪韓し，"韓中共同声明"が採択された。同声明では，上記の課題の継続を確認しながら，地域のコンセンサスとしての重要な内容が強調された。すなわち，朝鮮半島と東北アジアの平和および安定をいかにして持続的に醸成していくか，といったことである。2015 年 9 月には，朴槿恵大統領が訪中し，韓中関係は継続的で発展的な動勢となっている[10]。

　国防分野での協力は漸次的な拡大となっている[11]。軍事・安全保障分野での交流は，1992 年の国交正常化以来，国防長官の会談や，陸・海・空軍の参謀長官の訪中・訪韓などが継続してとり行われている。また，毎年，両国の国防

部間の国防政策実務会議を通じて，交流計画も立てられ，相互の訪問が実施されている。加えて，近年では青年将校が軍事関係の語学学校や大学などへ留学しており，教育交流も盛んに推進されている。また，部隊間交流もあり，2005年からは捜索・救難共同訓練（SAREX）が定期的に実施されている。

とはいえ，韓中間にも歴史問題や領有権をめぐる争いは絶えない。両国は，経済協力だけでなく政治・外交分野においても緊密な協力関係を築きあげているが，その様相は"経済熱，外交温，安保冷"と描出される。

韓国と中国には日本，台湾，北朝鮮が深く関わってくる。さらに重大なことは東アジアをめぐる米国の強い関与である。アジア新興国・中国の台頭と米国の衰退が叫ばれるなか，オバマ政権のアジアシフト，リバランス戦略はTPP推進のように明白で，戦後冷戦期につくり上げたアジアの同盟国に対して，米国との関係性（態度）を示すように急速に迫っている。韓米同盟も韓国の対外関係における要諦である。しかし，例えば，在韓米軍（兵力規模は2万8500人水準）の問題も日本と同じように，基地の移設・再配置問題や事件・事故の多発が看過できない状況になっており，反米の動きがあるのもまた事実である。

韓国は，戦略外交と同盟外交を同時に追うバランス外交といわれるが，脱冷戦時代にグローバル化する世界のなかで「分断国家」という冷戦の遺制を現在進行形で抱えている。北東アジアの秩序，とりわけ北朝鮮をめぐる事案に関しては，2010年に起きた韓国哨戒艇沈没事件で乗組員の犠牲者が多数，同年の延坪島砲撃事件では民間人までもが数名犠牲になるなど，現実は難しく，韓中関係およびアジア間関係，韓米関係を複雑にしている。

韓中政治外交をめぐるこのような形勢と変化する国際情勢について，韓国はどのように対応したら良いのか。その状況は，表10-4に示され，以下のように論及されている[12]。国際関係の変容の段階にそって，「韓国の対米・対中外交・安保戦略は，大きく連米通中，連米和中，連米協中，連米連中といった路線で柔軟に適応することがきると考えられる」[13]が，現在の韓国は，新しい戦略を採用したときの経験と認識が不十分な状況であるため，その位置づけの理解が重要となってくる。つまり，現段階では"連米和中"の戦略を推進する国際情勢の流れであり，「中国とは互いの葛藤を極力おさえる求同存異の状況，

表 10-4　中米関係の進展と韓国の対応戦略

中米関係 状況(変数)	新冷戦時代	協力の葛藤 複合の構図	中米連携時代	Pax Chimerica
国際体制 中国の浮上	韓米同盟を基盤に域内の友好増進を努力 連米通中　戦略の模索 求同存異の模索	連米和中　戦略一辺倒の外交を止揚し，求同縮異　追及	連米和中から連米協中に進化 求同の追及	連米協中から連米連中　戦略へ
北朝鮮体制の危機	韓米同盟，対日協力を強固に， および対中・対露外交強化	韓米同盟　維持および対中・対日協力外交強化	米国・中国との両者協力を基盤に三者協力　推進 対北朝鮮　解決策　模索	中米と戦略対話深化で疎外防止，韓中米三者協力の実現

（出所）　キム・フンギュ（2012）「政治・外交」イ・ヒオク，チャ・ジェボクほか『1992～2012 韓中関係はどこまで来たか──成果と展望』東北亜歴史財団，50 頁，表 2。

　つまりは韓米通中の方策とその時期から抜け出さなければならない。共通の利害関係の領域を確認し，その領域を広げつつ，相互の差異点を議論し減らしていく求同縮異の考えを通して，より成熟し進展した韓中関係の基礎を固めることが必要である。これは，米国と連帯しながらも中国とも和合の領域を拡大する前向きな接近戦略である。この戦略には，中国に対する協力とリスク回避の要素が含まれるが，リスク回避よりかは，協力を前面に押し出した関係である。相互のコミュニケーションの水準を超えて，高い信頼を形成しながら統一外交の基礎も盤石なものにし，和合の段階に到達しようとする外交を推進するものである」[14]と考察される。

　最近では，韓中関係に限らず，アジア間での混沌とした状況に対し，「互いの違いを知り，認めたうえで一致を求める，共通の利益を追求する」といった「求同存異」によって，新しい流れを生みだすことができると議論されている。だが，もはや互いの差異を認めることは当たり前で，そのギャップをいかにして埋めていくか，が問われている世界状況と国際環境の時代になっているのではないか。そうでないと，経済連携や地域協力を通じた"アジア・コンセンサス"は展望できないのではないか。

第3節　韓国は「アジア・コンセンサス」を展望できるのか？

　韓国と中国は，本章で考察してきたように経済的連携と政治外交の発展的な相互関係を20年余りで構築してきた。しかし，そこには認識差（perception gap）と期待差（expectation gap）が同時に作用しており，このギャップの理解と調整が求められる[15]。つまり，韓中間においては，①「共進（coevolution）」（戦術的協力や共同回避〔common aversions〕を超えた戦略的共同利益の追求），②「トリプル・ウィン（triple win）」（両国間における懸案を通じて解決できる地域問題と国際問題，この関係性を活用し基盤とした平和的地域協力体の論議の拡大），③「複合的思考」（朝鮮半島が地政学的に海洋勢力と大陸勢力の競い合うリムランド〔rimland〕であり，経済地理学的に世界を結びつける戦略的要衝地であることから，韓国が高い戦略的価値をもっており，接する中国とは東北アジアの協力をともに動員する実際の"場"があること），④「国民的合意（consensus）の構築」（対中外交政策における中間層〔middle class〕の位置づけと確立），⑤「省察的対話の拡大」（具体的な行動や活動を通じた相互の尊重），といった捉え方とパラダイムの転換が必要であるといえる[16]。

　韓中関係を通じてみえてくるアジア・コンセンサスへの道筋は，わたしたちの暮らしを形成する経済的結びつきを基盤として，①朝鮮半島の安定と統一をどのようにしてもたらすか，②中国とのFTAがどのような形で進展するか，③米国との関係性をどのような位置づけにするか，である。こうした点に対する手がかりやビジョンも，本章でいくつか示してきた。また，ここにはやはり，現状分析だけでは把握しきれない世界の成り立ちを考究する視点が必要である。

　もはや，戦後に米国がつくりあげてきた世界の限界は明白ではないだろうか。他方で，中国の大国化（発展過程）は米国と抗する位置づけをたどってきたといえる。戦後冷戦体制のなかで社会主義計画経済の路線をとった中国。その後，社会主義市場経済を掲げつつ今や中国はGDPで世界第2位，国内に多くの問題を抱えながらも，近年の世界的な経済プレゼンスでいえば，その存在

感を高めていることは言うまでもない。中国経済の状況によって，世界およびアジアの動向は一変する。同時にこの地域には，ASEANが存在しアジアを動員する深化した地域統合の形として，制度化・法制化された枠組みでの機能が期待される。こうしてアジアの関係性に一層の深化がみられれば，それは米国やEUとは画した構造と動態，すなわちこれまで経済システムとして採用されてきた世界的規模での資本の無限の価値増殖運動とはすこし形を変えた体系の編制がもたらされる大きな可能性をあわせもつ。日中韓＋ASEANの名目GDP（2014年）は[17]，世界でおよそ25％を占める。同比率は，米国22％，EU24％となっており，アジアは欧米と比肩した大規模な経済圏に変貌している。もはや，アジアのこうした勢いは，欧米を凌ぐ。

　本章で明らかにしてきたように，韓国の中国シフトは著しくなっている。とはいえ，世界各国が中国との関わりを深めており，韓国のみを強調することでもない。しかし，何よりもアジアに位置している韓国，アジアの変容とともにその時間を共有してきた韓国にとって，中国の台頭で拡大するアジア間での連携と協力は，アジア・コンセンサスを希求する強みとなる。特に，現実の経済活動においては，中国およびアジアなしでは世界を描けない局面となっており，アジア・コンセンサスへの一歩は踏み出しているといえる。

　各国の物語を紐といていけば，互いの関係性はアジアでも，それぞれの内部でも緊張の連続であった。アジアの多様な歴史的，文化的，宗教的状況は交錯し，拮抗した現在進行形の問題となってふくらみつづけている。そして，グローバリズムも，リージョナリズムも，ローカリズムも，ナショナリズムも偏り煽られる。戦後70年，その過程でアジアにおいても各国・各地域の国交正常化が実現されてきたが，今までたどってきた歴史も総括できなければ対立を繰り返すことは明白である。

　さらに，国内でも，格差拡大にみられる貧困問題，テロおよび紛争への対応，宗教対立，人権侵害，環境汚染など，課題は山積みである。アジアは世界といかにして向き合うのか。現実の本質をつかみながら，広く開放的な視野を構築する取り組み――アジア・コンセンサスの共通理解が急がれる。

（大津健登）

注

1 本段落の数値は，韓国観光公社（http://kto.visitkorea.or.kr/）参照。
2 本段落の数値および比率算出は，韓国貿易協会（http://www.kita.net/）参照。
3 本段落の数値および比率算出は，韓国輸出入銀行（http://www.koreaexim.go.kr/）参照。
4 本段落は，サムスン電子（http://www.samsung.com/）参照。
5 本段落は，韓国銀行（http://www.bok.or.kr/）参照。
6 佐野孝治（2014）「韓国の成長モデルと日韓経済関係の変化─日韓関係悪化の経済的背景─」『商学論叢』第83巻第2号，福島大学経済学会。
7 同上論文，9頁。なお，「グローバル化志向の輸出主導型成長モデル」を提起した論稿は，佐野孝治（2013）「グローバリゼーションと韓国の輸出主導型成長モデル─グローバリゼーションに対する強靱性と脆弱性─」『歴史と経済』第219号，政治経済学・経済史学会。また，「国民経済志向型の輸出主導型成長モデル」とは，「政府主導の下，資本，技術，資本財・中間財を日本・米国に依存し良質かつ低廉な労働力を基礎に労働集約製品を組み立て，最終製品を米国市場に輸出する」という構造である（同上論文，4頁）。
8 産業通商資源部FTA局（http://fta.go.kr/）「韓中FTA詳細説明資料」関係部署合同，10-35頁。
9 本段落は，青瓦台（http://www.president.go.kr/），外交部（http://www.mofa.go.kr/）在中国大韓民国大使館（http://chn.mofa.go.kr/），参照。
10 朴槿恵大統領が就任してからの海外歴訪（国・地域など）は，青瓦台（http://www.president.go.kr/）によると，2013年から順に米国→中国→G20→ベトナム→APEC→ASEAN→インドネシア→フランス→ベルギー→EU，2014年にはインド→スイス→核セキュリティ・サミット→中央アジア（ウズベキスタン→カザフスタン→トルクメニスタン）→カナダ→国連気候サミットおよび国連総会→ASEMおよびイタリア→APEC・EAS・ASEAN+3・G20，2015年は中東（クェート→サウジアラビア→UAE→カタール）→南米（コロンビア→ペルー→チリ→ブラジル）となっており，9月には中国，10月には米国を訪れている。他方で各国首脳の訪韓による首脳会談もとり行われており，その様相は確かにグローバルである。
11 外交部（http://www.mofa.go.kr/），国防部（http://www.mnd.go.kr/），ファン・ジェホ（2012）「安保・国防」イ・ヒオク，チャ・ジェボクほか（2012）『1992〜2012 韓中関係はどこまで来たか─成果と展望』東北亜歴史財団，55-72頁，参照。
12 以下は，キム・フンギュ（2012）「政治・外交」イ・ヒオク，チャ・ジェボクほか『1992〜2012 韓中関係はどこまで来たか─成果と展望』東北亜歴史財団，33-53頁。
13 同上書，50頁。
14 同上書，51頁，傍点引用者。
15 イ・ヒオク（2012）「韓中国交正常化20年：過去・現在・未来─未来志向的韓中関係の発展のために─」イ・ヒオク，チャ・ジェボクほか『1992〜2012 韓中関係はどこまで来たか─成果と展望』東北亜歴史財団，24頁。
16 同上書，24頁。
17 IMF（http://www.imf.org/）よりWorld Economic Outlook Date Base OCTOBER 2014（2015年2月18日アクセス），参照。数値の算出は香港および台湾を含めたものである。

参考文献

石川幸一・馬田啓一・国際貿易投資研究会編著（2015）『FTA戦略の潮流─課題と展望』文眞堂。
大庭三枝（2014）『重層的地域としてのアジア─対立と共存の構図─』有斐閣。
佐野孝治（2013）「グローバリゼーションと韓国の輸出主導型成長モデル─グローバリゼーションに

対する強靭性と脆弱性─」『歴史と経済』第 219 号，政治経済学・経済史学会。
──（2014）「韓国の成長モデルと日韓経済関係の変化─日韓関係悪化の経済的背景─」『商学論叢』
　　第 83 巻第 2 号，福島大学経済学会。
関下稔（2015）『米中政治経済論─グローバル資本主義の政治と経済─』御茶の水書房。
松浦正孝編著（2013）『アジア主義は何を語るのか─記憶・権力・価値─』ミネルヴァ書房。

(韓国語)
イ・イクジュほか（2010）『東アジア国際秩序のなかの韓中関係史─提案と模索─』東北亜歴史財団。
イ・ヒオク，チャ・ジェボクほか（2012）『1992～2012　韓中関係はどこまで来たか─成果と展望─』
　　東北亜歴史財団。
イ・ヒオク，ハン・バオジャン編著（2015）『韓中関係の再構成─過去を超えて未来へ─』成均館大
　　学出版部。
キム・ハンギュ（1999）『韓中関係史』アルケ。
ソ・ジニョン（2012）「韓中関係 20 年─回顧と展望，韓国の視角から─」『国防政策研究』第 28 巻第
　　1 号，韓国国防研究院。
ユ・ヨンテ（2013）『韓中関係の歴史と現実─近代外交，相互認識─』ハヌル。

第 11 章
政治経済学からみた中国と ASEAN 関係

はじめに

　1967 年 8 月に 5 カ国で結成された ASEAN はすでに 50 年近い歴史を有しており，この半世紀の間に中国と ASEAN 諸国との関係は当事者間における国益や国際環境により大きく変容してきた。1967 年 ASEAN 発足時においても，中国は ASEAN に隣接する大国として大きな影響を ASEAN に及ぼしてきたが，相互の経済関係や中国の影響力は今日ほど大きくはなかった。しかし，改革開放から 37 年，急激な中国の経済発展を背景に中国の ASEAN に対する影響力は以前とは比較にならないほど増大している。

　本章では時系列的に ASEAN が地域共同体となる過程をカンボジア内戦終焉への国際関係から検討した。カンボジア内戦は ASEAN にとって最大の危機であった。ベトナムによるカンボジア侵攻と実質的な支配確立は，当時の状況ではベトナム主導による「インドシナ連邦」形成の可能性が否定できないため，前線となったタイでは，タイ共産党の国内における活動活発化もあり，国家崩壊あるいは国家分裂[1]の可能性をもたらすものであった。ASEAN の存在理由の一つは，表面にうたわれている経済協力の面にはなく，対大国バーゲニング・パワーを高める団体交渉機関としての側面にある（岡部 1992, 8）と分析されていたように，域外への交渉力のための機構と考えられていた。ASEAN がカンボジア内戦の平和的解決に成功したことが，経済連携を中心に据えた地域協力機構へと変容することを可能にした。地域協力機構となることで ASEAN は政治体制の相違を乗り越えて域内協力関係を拡大し，アジアの経済連携のハブとなるまでその存在価値を高めることができた。ポスト・カン

ボジアの世界では，冷戦終結というイデオロギー対立の終結，世界経済の一体化をすすめた冷戦後のグローバル化の世界潮流という恩恵も ASEAN の経済連携を促進する要因であった。ASEAN 地域は，代理戦争による対立の時代から，経済を中心に据えた協力の時代へと方向転換したが，その具体的な成果が，拡大し東南アジア全域を覆った ASEAN10 の成立であった。

本章のもう 1 つの問題意識は，中国の台頭による 21 世紀の ASEAN と中国関係を考えるとき，冊封体制とその背後にある華夷思想，あるいはベトナムの伝統的な国家意識である南国意識など（古田 1992, 68），伝統的な東南アジアの政治体制とそれがもたらす各民族の歴史的な意識や感情の問題が，紛争や反感の原因となり国際関係に影響を与えるのではないかというものである。中国が考える勢力圏は時に冊封体制の時代の範囲にまで拡大している印象をうける。さらに，中国との伝統的な統治意識である中華思想や小中華思想の問題と同様に，ASEAN 各国に居住している中国系の人々の問題は，国によっては同化や現地国籍取得が進み解決したとの見方もあるが，筆者は現在も残っていると考えている。現地に居住した中国系の人々が中国と ASEAN の関係形成にどのように作用したかも，許された紙面の範囲であるが考察した。

第 1 節　ASEAN 結成にいたる中国と各国の状況

1．冊封体制と中国系住民

中国は ASEAN 地域に歴史的に大きな利害関係をもっていた。中国と ASEAN 諸国の冊封関係は時代によってその重要性は変化するが，明朝以後は鄭和の大航海の影響もあり冊封体制にこの地域の多くの国々が組み込まれていった。中国皇帝は東アジア政治秩序では最上位に位置し，冊封体制下の諸国は臣下となり，朝鮮や琉球のように三跪九叩頭の礼で国王自らが中国皇帝の使節を迎える国もあった。中国が盟主となる東南アジアの政治秩序が，西洋と比べ戦争が少なく，この地域の平和維持に寄与したという見解もある。

欧米列強の東アジアへの関与が拡大する 19 世紀半ば以降は，この中国による東アジアの冊封体制は崩壊に向かうのであるが，実際は朝鮮や琉球のように

植民地体制に組み入れられるまで体制内に留まり続ける国が多かった。1850年代にこの体制から離脱したタイ（シャム）は例外的存在である（川島 2015, 146-147）。東南アジア諸国と中国の外交関係は，多くの国が植民地体制に組み入れられることで冊封体制の瓦解により自然消滅し，戦後共産党政権の誕生を契機として再始動することになる。

　国と国との外交関係とは別に，ASEAN 地域は東アジアと人的交流が盛んな地域であった。アンソニー・リードの『交易の時代』や鶴見良行の『ナマコの眼』が明らかにするように，東南アジア地域は，中国ジャンク船が優越する交易圏であったことから，中国系住民の定住がみられた。たとえば，タイ（シャム）のアユタヤは東西交易を支える港市であったが中国系住民だけが王宮のあるアユタヤ島内に居住を許されており，西洋諸国や日本はアユタヤ島には居住を認められず，中国の影響力の大きさを窺うことができる。

　現在東南アジア地域に多く居住する中国系の人々の多くは，「交易の時代」の末裔ではなく，清末から中国共産党政権樹立にいたる中国本土における政治経済の混乱を逃れるためや，海外に飛躍することでの経済的成功を求めて，この地域に渡来し何らかの理由で定住した中国系の人々の末裔である。それぞれの地域でその商才を生かし経済的な繁栄を手にした者も多く，その動向は ASEAN 各国と中国の関係にとっては大きな規定要因であり，中国と ASEAN 関係を友好あるいは敵対いずれかの方向に大きく方向づけてきた。たとえば，マレーシアにおいては，マラヤ共産党の構成員の大部分は中国系の人々であり，その前身である南洋共産党は中国共産党の傀儡的性格を有していたとされる。マラヤ共産党が政府に対し武装闘争を展開し始めると，マラヤ共産党が中国系マレーシア人の組織であるがゆえに，その人種的分断が誇張されることで，マレーシアと中国の関係は複雑な 2 国間関係となってきた。同様の状況は各国共産党と中国，各国政府の関係でも多かれ少なかれ垣間みることができる。タイやフィリピンのような現地住民と中国系の人々の通婚が進み民族融和がすすんだようにみえる社会においても，問題は完全には解決していないようにみえる。特に，ASEAN のイスラム諸国ではこの問題は依然深刻で何らかの危機的状況が国内に出現したときに，中国系の人々の経済的地位が一般に高いこともあり，不満のはけ口になる構図は依然として残っているように感じられ

る。ASEAN 諸国と中国の関係が対立関係になり利害が衝突する時には，沈潜している中国系住民の問題が出現する可能性に注意が必要である。

2．ASEAN結成前後における中国との状況

　ASEAN 結成当時の中国の ASEAN 認識は，ASEAN 成立要因の 1 つに 5 カ国の対中共同防衛があったことから，アメリカ帝国主義の反中国包囲網の一環というものであった（萩原 1990：117-119）。ASEAN 結成の 1967 年は中国では文化大革命期の造反外交[2]による ASEAN 各国における共産勢力の反政府活動への公然とした支持と関与が頂点に達した時期であった。たとえば，ビルマ（ミャンマー）ではアウンサンも創設メンバーであるビルマ共産党は中国共産党から文化大革命期には大きな援助を受けていた（範，金 2009，141）。ビルマでは 1967 年の中国人排斥事件の影響もあり，毛沢東はビルマへの革命輸出を公言してはばからなかった。また，この時期 ASEAN の大国インドネシアとの関係が大きく損なわれ，長期にわたる対立が続くことになる事件が起こった。インドネシア共産党は 1949 年の独立後議会制民主主義の下，勢力を拡大した。スカルノ大統領が共産党を支持基盤の 1 つとしていたこともあり，中国と 1950 年に外交関係を樹立し両国の関係は良好なものであった。ただしインドネシア国軍内部にも共産党の勢力は拡大し，軍右派の懸念は高まっていた。1965 年 9 月に 9・30 事件がおこる。軍左派共産党支持勢力によるクーデター未遂事件である。スハルトによりこのクーデターは鎮圧され，クーデターを契機に翌年にかけ共産党に関与する勢力は徹底的に攻撃，殲滅された。その死者は数 10 万とも 200 万ともいわれる。中国共産党の関与，CIA の陰謀，スハルトの支配確立のためのカウンター・クーデター説など諸説あるが，この事件の真相は闇のままである。この事件の後，在中インドネシア大使館包囲攻撃事件などもあり，1967 年 10 月に中国とインドネシアは断交に至った。ASEAN 最大の人口を擁する親中国家インドネシアの喪失は，中国の ASEAN 外交にとって大きな痛手であった。

　1966 年に始まった中国の造反外交のピークは 1967 年の夏頃であり，ソ連国境紛争が起こった 1969 年には終息に向かい始め，1970 年秋には革命輸出である造反外交の修正が明らかになる（毛里 1977，81）。中国外交の方向転換の大

きな要因は，中ソ対立の激化，ニクソン・ドクトリンによるアメリカの東南アジアからの後退という国際環境の変容と大きく関わっている。国内要因として，文化大革命により事実上機能不全に陥った外交部（中国外務省）の組織をたてなおす必要があったことも，軌道修正の大きな理由であった。この時期外交部の幹部・職員の3分の2が地方に下放[3]され極度の人材不足に陥り，大学も事実上1967年から71年まで閉鎖されていたため，新規採用も不可能であった（三宅 2011, 96）。当時の中国外交の最大の課題は国連安全保障理事会常任理事国議席の獲得であり，国交樹立国の確保であったが，造反外交という極左外交によりほとんど事態は進展しなかった。

第2節　地域協力機構としてのASEANの成立と中国

1. 造反外交の転換による国交樹立と東南アジア平和・自由・中立地帯構想（ZOPFAN）

　中ソ対立の激化に後押しされ，中国は外交の孤立状況を打開すべく，政治と経済を分離する形で，関係改善への努力がスポーツや経済分野で具体化し始めた。ASEAN設立時にみられた中国のASEANに対する敵対的な外交は1970年代に入ると次第に融和的な態度に変化した。

　ASEANの側にも中国との関係を改善したい国際状況の変化があった。アメリカの圧倒的な経済的地位が揺らぎ始め，ベトナム戦争に対する国内反戦運動の高揚やキッシンジャーの新勢力均衡論から，中国に対して20年続けてきた敵対的な政策を見直し始めた。1969年7月にアメリカが発表したニクソン・ドクトリンはアジアからの後退を示唆するものであった[4]。アメリカがアジアから撤退することで，その安全保障網が弱体化すれば，中国系人口を自国に抱えたASEAN諸国にとって，自国内の共産主義勢力拡大を図ってきた中国との関係改善が，政権の安定にとって必要となったからであった。また，1971年10月中国が5大国である常任理事国の1国として国連の議席を獲得したこともASEANにとっては関係改善へ誘う大きな要因であった。

　新たな国際環境の下で1971年11月クアラルンプールでのASEAN特別外

相会議で，東南アジア平和・自由・中立地帯（The Zone of Peace, Freedom and Neutrality : ZOPFAN）構想が宣言された。ASEANから政治色を取り去りどの陣営にも属さない中立化で，冷戦構造が引き起こす大国間の対立に巻き込まれない方針が確立した。この構想の下，ASEAN各国も中国との関係改善を模索し始める。ただしインドネシアと中国の関係改善は相互不信が依然として強くこの時期進展しなかった。

　ASEANと中国が関係を改善し国交を樹立するには，すでに述べたように中国系住民という懸案事項が存在していた。歴史的に多くの中国系移民が各国に居住しそれぞれの国で独自の社会を形成し，経済的な地位を高め現地社会に地盤をもっていた。中国の共産化という体制転換は，中国が自国内の中国系住民を利用して共産主義化を実現するのではという疑心暗鬼を引き起こした。このような現地政府が懸念する中国系住民が引き起こす反政府活動と，国民国家形成への否定要因という問題解決に向け，中国政府は明確な意思を示す必要があった。1971年8月ビルマのネ・ウィンの訪中時に周恩来は「中国は2重国籍を認めない方針である。華僑は居住国の法に従うべきである」と語ったといわれ，対外的に中国系住民への基本方針が示された（毛里 1977, 83）。この方針の背後には他国に居住する中国系住民を現地に統合する次の5点からなる基本政策の決定があった。5点とは(1)これまでの華僑事務委員会を廃止し，華僑問題を外交部の管轄に移す(2)内政不干渉を原則とする(3)華僑の現地国籍取得を奨励し，2重国籍を認めない(4)不良華僑は保護しない(5)台湾支持華僑を団結と教育によって中国側に引き付ける，との華僑政策を確立し，中国系住民の現地統合化を推進することが1971年5月に決定された（毛里 1977, 83）。中国が冷え切ったこの地域との関係を改善しようとする欲求の具体的な形であった。現地政府との摩擦の種となる可能性のある中国系住民の問題を取り除き関係改善を図りたいという中国側の意思をくみ取ることができる。

　中国は1971年半ばからインドネシアを除くASEAN原加盟国4カ国と経済とスポーツ分野における関係改善を開始し始める。1971年マレーシアと中国がそれぞれ貿易促進のため，使節団を送っている（萩原 1983, 126）。フィリピンの商工会議所代表団の訪中，シンガポール中華総商会の中国公式訪問も1971年の出来事である。シンガポールと中国の卓球チームが1972年往来し，

スポーツ交流も盛んに行われるようになった（毛里 1977, 82）。タイでは 1972 年 9 月に中国との関係改善へ向けて接触が始まり、1974 年 12 月の対中貿易禁止法（革命団布告第 53 号 1969 年公布）の撤廃により両国間の貿易正常化が可能となった（萩原 1983, 131）。このような当事者間の努力が実を結び、ASEAN 諸国と中国の国交が樹立された。マレーシアが 1974 年 5 月中国と最初に国交を樹立し、翌年フィリピンとタイが続いた。シンガポールと中国の関係は改善していたが、マレー人の大海に浮かぶ中国系住民が多数を占める国家であるとの自覚から、中国との国交は ASEAN 地域の最後に樹立するとのリー・クワンユー方針の下、関係改善はあったがあえて国交はこの時期樹立しなかった[5]。

　中国と ASEAN 3 カ国の国交樹立にいたる過程で相互が確認した国際関係の原則は大きく次の 5 点にまとめられる。① ZOPFAN にみられる東南アジア中立化構想への中国の支持、② 平和 5 原則[6]、③ 覇権への反対、④ 反政府ゲリラとの関係での内政不干渉、⑤ 中国系住民の 2 重国籍否定、現地法律の遵守と現地住民との友好であった（毛里 1977, 86-87）。

　ベトナム戦争の終結を受け、ASEAN は ZOPFAN をさらに一歩進め、政治体制にとらわれず東南アジアの国であれば ASEAN 加盟を可能とする枠組みを考案した。ZOPFAN の中立地帯構想と国連憲章を土台に ASEAN の行動規範を規定し、1976 年 2 月締結した東南アジア友好協力条約（Treaty of Amity and Cooperation in Southeast Asia: TAC）である。この条約は ① 独立・主権・領土保全などの相互尊重 ② 外部干渉なしで自国を運営する権利 ③ 相互の内政不干渉 ④ 紛争の平和手段による解決 ⑤ 武力による威嚇または行使の放棄 ⑥ 締結国間の効果的協力、の 6 項目を規範として定めている。

　このように ASEAN と中国が国交を正常化し政府間関係を構築しても、中国があいまいな形で約束した反政府闘争への中国の支援停止は、その後のタイ政治状況の経緯をみると揺れ戻しもみられることがわかる。タイで起きた 1976 年 10 月の保守派「反革命」による政府転覆を中国政府はファシスト独裁の復活として否定的にみなした。タイの保守派は反共的かつ反中国的な政策を進めたため、タイと中国の関係は悪化する。「反革命」後タイ政府の反共的な

政策の背景には，ベトナム南北統一とベトナム主導によるインドシナ共産化への懸念があった。共産主義ゲリラの武装闘争活発化により一部地方で共産党の解放区がつくられるようになると，共産化の可能性の下でタイ支配層は危機感を強めていった。中国は造反外交を転換し，反政府勢力に支援をしないとしていたが，タイにおけるタイ共産党の活動が最も活発化するのは1978年であることを，武力事件数の増大が示している（高橋正樹 1997, 208）。中国の反政府武装活動支援の継続は明らかであり，タイ中関係正常化時の約束が守られず脅威が増す中で，ベトナムによるインドシナでの共産勢力拡大も加わり，タイ政府は反共対策の練り直しを余儀なくされていった。しかしながら，1978年の中越戦争の勃発で局面は大きく動くこととなる。

2．ベトナム戦争終結と中越戦争によるASEANと中国関係の変容

　北ベトナムはホーチミンの指導の下30年にもわたるフランスそしてアメリカとの独立闘争を戦いぬき，宿願である南ベトナムとの統一を実質的に1975年実現した。ベトナム戦争の終結期に，カンボジアとラオスで相次いで共産主義政権が成立し，東南アジア大陸部に共産圏が拡大した。ラオスは王制を廃し事実上共産主義化した当時は，ベトナムとの関係が強く，ベトナム共産党と盟友関係にあった。中越戦争期の1979年にラオスは中国との外交関係を停止したことをみてもこの時期の両国関係の深さが推測される。ラオスにおけるベトナム軍の駐留とベトナムの影響力拡大を見たカンボジアは，ベトナムのインドシナ支配の確立をますます懸念するようになった。クメール・ルージュ政権はベトナムからの支援をうけた政権であったが，領土を攻めとられた歴史的な反ベトナム感情もあり，カンボジア・ベトナム国境での挑発的な行動を政権発足時の1975年からとり始め，次第に緊張が高まっていった。中国は当初両国の仲裁の役割を担っていたが調停は成功しなかった。東南アジアの国際枠組みが冷戦構造下の米中対立から中ソ対立に軸足を移すにしたがい，中越間の対立の火種となった。中国の反ソ政策に同調するクメール・ルージュを中国は友好国とみなしていたため，カンボジア政権への本格的な攻撃は中越関係の緊張を高め破綻させるものであった。

　ベトナムと中国の関係，ベトナムとカンボジアの関係は，伝統的な国家意識

である中華意識と南国意識を反映している。南国意識とはベトナムの小中華意識であり，自らを中国と同様文明の光の照らす中華世界の一員であるとする国家意識である（古田 1992，68-69）。中国からはベトナムは南蛮であり，ベトナムからはカンボジアは野蛮人である。15世紀から始まるベトナムの「南進」は栄えある文明をカンボジアに及ぼす行為で，この侵略は南国意識の自己正当性をもっていた。萩原宣之は，「ベトナムのカンボジア侵攻，中国のベトナム「懲罰」侵攻という動きを見ると，長い歴史の中で形成された中国→ベトナム→カンボジアという民族間のヒエラルキーのようなものが，社会主義国になっても残っているように感ぜられる（萩原 1990，46-47）」と述べているが，まさしくカンボジア紛争をめぐる当事国の意識には，このような伝統的な国家関係が反映されている点を看過できない。サイゴン陥落後の中国系ベトナム居住者への迫害と脱出は「血を分けた同盟」が敵対へと変わった時に，抑えられていた民族間の憎悪が爆発することを示している。

　ベトナムは1978年12月カンボジアを侵攻し2週間余りでクメール・ルージュを殲滅した。カンボジアはベトナム軍での支配下で親越カンボジア政権擁立となり，ベトナム軍は1989年9月に撤退するまで10年以上にわたりカンボジアに駐留した。中国とベトナムの対立は激化した。1979年2月中国がカンボジアのベトナム侵攻を「懲罰」するとしてベトナム北部へ進軍し，中越戦争を引き起こし双方に多大な人的被害をもたらした。中国軍は兵力で圧倒していたが苦戦を強いられ，ベトナムの執拗な抵抗もあり約1カ月で「懲罰終了」を宣言し撤退を余儀なくされた。一連の紛争はベトナムの反中国感情，カンボジアの反ベトナム感情とベトナムを盟主とするインドシナ連邦の可能性，中ソ対立，冷戦構造の変容，アメリカのこの地域での影響力の低下などが複雑に絡み合った結果起こったものであった。

　親ベトナム政権であるヘン・サムリン政権とクメール・ルージュとの間で，カンボジア西部のタイとの国境地域でゲリラ戦が始まったことで，中国とベトナムの対立は継続した。

　中国とASEANの関係にも，中越戦争とそれに続くカンボジア紛争は大きな影響を与えた。その影響を最も受けたのはベトナムと対峙する前線国家となったタイであった。タイ共産党は中国との関係が強かったが，ホーチミンが

第二次世界大戦期タイ東北地方で活動していたことからもわかるように，ベトナムとの関係も深く，北ベトナムから支援を受けていた（高橋正樹 1997, 197）。

中国は1975年，ベトナムは1976年にタイとの国交を樹立した後でもそれぞれタイ共産党への支援を行っていたが，この両国の2重外交はカンボジア紛争によって，それぞれがタイの支持を取りつけなければならない状況となったため，タイ共産党への支援は放棄された。ベトナムは1978年9月にタイ共産党を支援しないことを間接的に約束した（高橋正樹 1997, 206）。この約束は，タイ共産党にとって影響は甚大であった。ベトナムと実質上同盟していたラオスは，1978年11月ラオス国内のタイ共産党の基地を1カ月以内に撤去するように求めた（高橋正樹 1997, 207）。カンボジアを支配下においたベトナムはタイ共産党にカンボジアに在ったタイ共産党の拠点からの撤退を要求した（高橋正樹 1997, 207）。

中国がクメール・ルージュを支援するためには，カンボジアと国境を接するタイの協力が不可欠であった。1975年の国交樹立後も続けられていたタイ共産党への中国の支援も縮小し，1979年7月11日中国から放送されていた「タイ人民の声」が放送を終了した（高橋正樹 1997, 206）[7]。

タイと中国はベトナムという共通の敵の出現で急速に関係を深めた。中国とベトナムがタイ共産党への支援を縮小し，プレーム政権が1980年4月に公布した首相府令66/2523による「共産主義者であっても投降すれば罪は問わない」という戦略も功を奏し，タイ共産党はその勢力を大きく低下させた。1984年には陸軍高官であったチャワリット（第29代タイ首相）がタイ共産党の脅威が消滅したと述べている（高橋正樹 1997, 219）。ただ，タイ政府が反共法を廃止するのは2001年であり，共産党への恐怖が後退するにはさらに時を要している（高橋勝幸 2014, 9）。

冷戦構造下における，中国の東南アジア大陸部への政治的な影響力は，ASEAN各国の共産党への直接的関与やベトナム，クメール・ルージュへの支援などその存在感はけっして小さくなかった。そこには共産主義イデオロギーの大義名分があった。しかし，ベトナム統一，ベトナムのカンボジア侵攻や中越戦争を契機とし，冷戦構造のイデオロギーを背景とする対立の構図は，脱イデオロギーで国家利益が前面に出る構造へ変化した。ASEANと中国の関係も

国家間の個別利害を反映する新たな状況へ大きく変化したと言えるであろう。

3．カンボジア内戦と ASEAN の地域協力機構への脱皮

　クメール・ルージュが政権をとり，ベトナムと小規模な戦闘を始めてから 1991 年 10 月のカンボジア和平パリ国際会議におけるカンボジア国内 4 派の合意まで，約 16 年にわたり紛争が続くこととなった。紛争の直接の原因はクメール・ルージュのナショナリズムと懸念にあった。ベトナム支配によるインドシナ共産化によりベトナムに支配されるという強迫観念がクメール・ルージュを反ベトナム闘争に走らせた結果，ベトナムの侵攻が引き起こされ，クメール・ルージュは政権を失った。クメール・ルージュがベトナムを恐れた背景には，長年ベトナムにより領土を侵食され従属を強いられた歴史の記憶があった。カンボジアはタイに対しても同様の感情をもっており，2003 年 1 月「アンコールワットはタイのものという」タイ女優の発言をきっかけにプノンペンのタイ大使館が焼き討ちにあう事件が起こっている。東南アジアにおける伝統的な国家間の支配・被支配の記憶がナショナリズムに結びつくと，国際問題を引き起こす可能性があることには注意が必要である。

　クメール・ルージュとベトナムの紛争は単純な当事者間だけの争いではなかった。当時の大国間の利害関係が持ち込まれ，中国が肩入れするクメール・ルージュとソ連が支援するベトナムとの紛争であることから，カンボジア内戦は中ソ代理戦争の初のケースとの見方さえあった。ただ筆者はベトナムが統一後中国ではなくソ連と連帯しようとする背景にはやはり先ほど述べた伝統的な王朝間のシステム（冊封体制や中国による支配）への反発と歴史的な民族感情があると考えている。

　ASEAN は統一ベトナムの出現に際し，ASEAN 第 9 回閣僚会議の声明文では平和共存と相互不可侵を表明し，1977 年の創設 10 周年の第 2 回首脳会議でベトナムの国連加盟勧告決議を歓迎し，ASEAN がベトナムおよびインドシナ諸国に敵対する意思のないことを表明している（高埜 1992，9）。これらの表明から ASEAN は当初 ZOPFAN や TAC で示された相互内政不干渉と紛争の平和的解決の原則の下，イデオロギーの異なる統一ベトナムの出現に対し平和的な関係の構築を目指していたことが理解される。しかしながら，ベトナムに

よるカンボジア侵攻は ASEAN がこのような姿勢を堅持することを許さない現実が現れたことを意味していた。

ベトナムは 1978 年になるとタイの事例ですでに説明したように，ASEAN に対しかなり融和的な政策を仕掛けてきた。当初 ASEAN 諸国は対越関係改善が期待できると歓迎すると同時に，当時進行していた中国とベトナムの関係悪化による影響を懸念していた。

ASEAN が危惧したように，カンボジア情勢は緊迫の度合いを増していった。双方が武力衝突を繰り返すなか，クメール・ルージュは 1977 年 12 月末ベトナムと断交した。1978 年になっても 2 国間の関係は改善せず戦闘が継続し，両国の多くの民衆も殺害された。クメール・ルージュの実権を握っていたポル・ポトは東部のクメール・ルージュの指導者であるソ・ピムやヘン・サムリンなどがベトナムに通じていると疑い，自軍の東部地域軍を攻撃した。ソ・ピムはクメール・ルージュ本体である中央直属軍との戦闘に敗れ自殺したが，ヘン・サムリンは忠実な部下とゲリラ戦を行った後，ベトナムに逃れた。

ヘン・サムリンはベトナムでカンプチア暫定革命政府を組織した。彼を中心としてベトナムに逃れたクメール・ルージュの戦闘員がベトナム占領後の親越カンボジア政府を構成することとなる。

1978 年 11 月 3 日にベトナムとソ連の事実上の軍事同盟であるソ越友好協力条約が結ばれたことで，ベトナムによるクメール・ルージュ排除の意思が明確になった。1978 年 12 月 25 日ベトナムはカンボジアに侵攻し，ヘン・サムリンを国家元首とする親越政府カンプチア人民共和国を樹立した。

ASEAN はベトナムのカンボジア侵攻で危機に直面する。直接の軍事脅威をうけるタイはベトナムの脅威に対抗するため，反ベトナムのクメール・ルージュと中国の陣営への関与を余儀なくされたからである。ASEAN が苦心の末構築してきた ZOPFAN や TAC の基本原則が否定され，大国の干渉により ASEAN 存立基盤が無効となる可能性があった。しかし，ベトナムの侵攻後も ASEAN はできる限り中立的な立場を取ろうと努力している。1980 年 3 月非同盟の立場からマレーシアとインドネシアはクアンタン原則[8]を取りまとめ中立の立場を表明しようとした。しかしこの原則に対し，シンガポールとタイはベトナムによるカンボジア侵攻を容認する融和政策だと強硬に反対した。原則

が発表された3カ月後にベトナム軍による，タイを越境侵攻するクメール・ルージュ掃討作戦が起こると，マレーシア，インドネシア政府はクアンタン原則を取り下げざるを得なくなった。ASEANの結束のため中立地帯構想は後退させざるを得ない状況になり，ASEANのZOPFAN作業委員会は事実上機能しなくなった（林1999, 13）。柔軟派であったインドネシアとマレーシアが，1980年6月以降前線国家タイに歩み寄る形でベトナムに対し強硬な態度に転じたことで，統一した外交姿勢が可能となったASEANは，国際政治の舞台でポル・ポト派の民主カンボジア政権の国連議席確保を支持するなどのベトナムを孤立させる外交を推し進めていき，民主カンボジア政権の国連議席維持に成功した[9]。ASEANはカンボジア問題において国際政治における重要なアクターとなった。しかし，ベトナムは国連主導によるカンボジア内戦解決を拒み続け強硬な態度をとり続けた。双方の対決の流れが変化し始めるのは，ブレジネフが行った1982年3月のタシケント演説により中ソ関係改善の可能性が出てきたことであった。その後ベトナムはASEANに歩み寄りを示す態度をとったかと思うと，1984年末から85年当初にクメール・ルージュへ大規模な攻勢を行ってタイの態度を硬化させるなど，対話による解決への道は一進一退であった。1987年12月のシハヌーク＝フン・セン会談を経て，1988年7月ようやく「ジャカルタ非公式会議」の開催が実現した（高埜1992, 13）。ベトナムも1986年からドイモイによるベトナム版「改革開放」で疲弊した経済を立て直す決意をみせており，国際社会との協調が必要な状況が生じていた。同時にこの時期中ソ関係は大きく転換し，1985年3月ゴルバチョフの登場で中ソ関係正常化が現実のものとなり始めた。ゴルバチョフは1986年7月のウラジオストク演説で中ソ関係改善を表明し，1889年5月両国の関係は正常化した。ベトナムはソ連に深く依存していたため，中ソの和解によりカンボジアからの撤退は時間の問題となった。この時期ベトナムとASEANの関係も急速に改善し始める。ベトナムのグエン・コ・タク外相は1988年1月に非公式ではあるが，ベトナムのASEAN加盟希望を表明した。ベトナムは1988年6月にカンボジアから撤退を始め，1989年9月に撤退を終えた。カンボジア国内4派は紆余曲折を経たが，1991年10月にカンボジア和平パリ国際会議で，カンボジア内戦の終結に合意した。国連の主導で統治機構がつくられ，1993年4月

国連管理下で総選挙が行われ新生カンボジアが誕生する。

　カンボジア紛争の解決のための ASEAN が直面した試練は，結果的には ASEAN 中心の地域秩序形成の成熟化に貢献し，ASEAN がインドシナ3国を取り込むことで政治体制を超えた地域共同体が誕生した[10]。カンボジア問題の解決には，数多くの国際環境の変容がプラスに作用したことは事実であるが，ASEAN の努力がなければ国連指導の下での総選挙という解決にいたることは困難であったであろう。カンボジア紛争は大きな犠牲を伴ったが，ASEAN が国際的なルール遵守して解決したことで，東南アジア地域が東南アジア平和・自由・中立地帯（ZOPFAN）の枠組みを達成するうえで大きく貢献した出来事であった。

第3節　中国経済台頭と ASEAN

1．ASEAN との経済関係の深化

　毛沢東の下で自力更生による強国建設を目指した時期の中国は，その巨大な人口をもつ大国として政治的には一定程度の影響力をもっていたが，ASEAN との貿易や人的交流も少なく経済関係のレベルは低かった。鄧小平の主導の下，1978年中国が改革開放に転じてからは，1989年の天安門事件による欧米の経済制裁による一時的な落ち込みがあったが，ほぼ一貫して ASEAN との経済的な関係は拡大していった。経済関係に対し，ASEAN と中国の外交関係には浮き沈みがみられる。1990年代後半には，投資，輸出品の競合などの懸念から中国脅威論が ASEAN で高まっている。2000年代に入ると中国から積極的な関係改善努力もあり，ASEAN 中国関係は「過去50年でベスト」といわれる良好なものになっていた（石川 2014, 21）。関係改善に貢献した最も重要な動きは，2001年11月ブルネイでの ASEAN 首脳会議で発表された ASEAN と中国の10年以内の FTA を創設であった。中国・ASEAN の FTA は2004年に調印，2005年に発効した。ASEAN との FTA 締結に関して朱鎔基首相は「お金で安全を買う」，「ASEAN 側に利益を譲って中国は安全を確保する」と語ったといわれる（青木 2005, 30）。FTA 正式調印に先立ち，中国

は 2003 年 ASEAN と東南アジア友好協力条約（TAC）を調印し，域外大国として最初の戦略的パートナーとなった。2000 年代半ばが中国と ASEAN の関係が最も友好的であった時期であった。

現在 ASEAN にとって中国は，貿易量からみると最も重要な貿易相手国である。ASEAN の貿易に占める割合を見ると，中国が日本と逆転するのは 2009 年である。この年，中国との貿易は 12.6%，日本は 10% であり，2013 年には ASEAN の貿易に占める中国の割合はさらに増加し，中国は 14.5% まで増加する一方，日本の割合は若干低下し 9.7% で，ASEAN にとって中国の経済関係での重要性は以前にも増して高まっている（ジェトロホームページ https://www.jetro.go.jp 2015 年 7 月 22 日閲覧より算出，原資料は IMF）。

経済関係の深化は進んでいるが，ASEAN と中国の関係は問題を抱え始める。ASEAN と中国の関係に亀裂が見え始めるのは 2007 年前後である（石川 2014，21）。中国の南シナ海での領有権問題で，中国が軍事的な力を背景に力による支配を見せ始めたからである。ASEAN のいくつかの国は歴史的な教訓から，冊封体制，中華思想に重ね合わせ，中国の勢力拡大を危惧している。

2．中国の台頭，経済大国から軍事大国への可能性のなかでの日本と ASEAN

中国は日本が経済大国化していた 1980 年代は頻繁に日本の将来に対する危惧を表明していた。中国の懸念は，伝統的大国の道というのは，「経済大国は政治大国になり，政治大国は軍事大国になる」というものであった（岡部 1992，12-13）。中国は 2014 年購買力平価 GDP でアメリカを凌駕し，名目 GDP でも同年アメリカの 55% に達している。日本との比較では，中国は日本の名目 GDP を超えた 2009 年から[11]わずか 5 年で日本の GDP の 2.25 倍にまで増大させた。中国の経済大国化は明白である。経済大国が軍事大国へという道が大国への道であるなら，中国が言う「平和的台頭」をアジアの国々に確信させるには実際の行動でもって示すしかないであろう。しかし，現実には中国は軍備を増大させ軍事力を高め，東シナ海，南シナ海での活動を活発化させている。

日本の安全保障の専門家は中国の最近の行動に懸念を示している。日本と中国の安全保障を扱ったアジア政経学会における 2014 年 10 月の東日本大会共通

論題では，各論者は以下のように分析している。「中国共産党政権の対外戦略と外交行動原則は，今でも孫子に基づく毛沢東戦略を基本にしているのではないかと見られる。すなわち，相手国との力関係を指標に，その国との関係は，相対的な力関係によって変化させるのである。中国は，力無き相手，自国よりも不利な状況にある国に対しては，極めて高圧的な態度に出る傾向がある。また，自己の核心的利益と考える地域において，力の真空が生じた場合は，必ず進出し，実効支配化を進めている（柿原 2015, 17）。」「対中配慮を優先する融和的な発言によって，中国が協調的態度に転じたことはなく，相手が配慮しただけ積極的な態度に出る傾向があることを看過してはならない（柿原 2015, 25）」と中国の行動に厳しい分析を行っている。さらに，防衛大学校校長の国分良成は以下のように述べている。「中華人民共和国になってから戦争を5回も6回も行ってきたという事実…中略…それぞれの戦争の事例を見ると，主権・独立に関しては，中国はいかなる犠牲を払ってでも戦に臨んでいるということです（国分 2015, 52）。」中国は力の真空ができた瞬間に行動を起こす傾向があり，1974年の西沙諸島，アメリカとの連携をソ連にみせたうえでの1979年の中越戦争，ソ連ゴルバチョフ政権のカムラン湾艦船補給所撤退というソ連の地域戦略変更をうけた1988年の南沙諸島（ベトナム側），アメリカのフィリピン撤退による1994年の南沙諸島（フィリピン側スカボロー礁）への中国の展開，にみられるように有利な国際情勢と判断すると武力行使をいとわず，瞬時にことを起こしている（国分 2015, 52-53）。

このように中国の現状の行動は平和的台頭とはなっていない現実があり，ASEAN諸国の中にも強弱の差はあるが中国脅威論が高まっている。日本は中国による東シナ海尖閣諸島への軍事的圧力の増大もあり，ASEANの中でも同様の問題に直面しているベトナムとフィリピンと安全保障上の絆を深めている。この政策は，安部政権が可決した集団的自衛権を含む安保法案と同様に，明らかに中国の軍事強大化に対する対抗策である。

おわりに

　2015年末ASEAN経済共同体（ASEAN ECONOMIC COMMUNITY：AEC）が成立した。6億2000万の人口を擁する巨大共通市場の誕生は，アジア経済連携のハブとしてアジア太平洋経済の発展に大きく資するものとして期待されている。日本車の販売シェアの高さから窺われるように，日本の失われた20年でも良好な経済関係を構築してきた地域である。中国という巨大な竜が，本来もっていた経済力を復活させつつある今，日本にとってASEANの重要性の再確認が必要である。ASEANの基本原則である東南アジア平和・自由・中立地域（ZOPFAN）やその当初理念を具現した1995年に署名された東南アジア非核兵器地帯条約の概念は，満州事変から太平洋戦争にかけての軍事侵略の反省に立つ日本の戦後外交との整合性が高く，価値観を共有することが可能である。カンボジア和平達成により地域協力機構へと変身したASEANが掲げる覇権に対抗する中立性原則は，中国の台頭に直面する日本にとって，この地域における経済的な紐帯の大きさの重要性とともに，対中国における共有すべき戦略的価値をもっているのではないかと思われる。

（山本博史）

注
1　タイ政府はラオスの領有権主張を手掛かりに東北タイ16県を自らの勢力範囲に組み入れようとするベトナムの野心を確信していた（黒柳 2003, 87）。タイ東北部は人種的にはラオスとの同質性が高い地域である。
2　造反外交とは文化大革命期に毛沢東が「世界革命」を鼓吹したことにより，中国が他国の共産党勢力の反政府活動を支援した，「革命輸出」外交である。
3　正式には上山下郷運動と言い毛沢東の指導の下，都市部の青年を辺境農村部へ行かせ肉体労働により思想改造し社会主義国家建設に資するとされた運動。1600万にも上る青年が農作業に従事した。
4　1970年にカンボジアに侵攻，71年にはラオス空爆を行い実際には戦火を拡大した。そこにはアメリカの有利な撤退をしたいとの意図があったが失敗に終わった。
5　シンガポールが中国との国交を樹立するのは1990年の11月でインドネシアが中国との国交を樹立した3カ月後である。
6　1954年中国の周恩来とインドのネルーが国際関係の原則として合意した5つの原則，すなわち

領土保全の相互尊重，相互不可侵，相互内政不干渉，平等互恵，平和共存．
7 　終了した「タイ人民の声」は1982年1月に一時期放送を再開している（萩原1990, 284）．中国のタイ共産党の支援は1978年11月の鄧小平副首相の訪タイ時に，政府と党の関係を分けると述べており，1981年1月には趙紫陽首相は訪タイ時に，我々とASEANの共産党との関係は政治的道義的なものであり，ASEAN諸国との友好に影響しないように努めると述べている．状況によっては中国の支援が活発化する可能性もあったと思われる．
8 　クアンタン原則とはタイの安全保障が確保され，ベトナムがソ連や中国の支配的影響から自立するならば，ベトナム侵攻によるカンボジアにおける覇権をある程度容認するとした（黒柳2003, 87-88）．
9 　オーストラリア，インド，イギリスが民主カンボジアへの承認を撤回した1970年代末から80年代冒頭の状況は，ASEANのロビーイングがなければヘン・サムリン政権の既成事実化の可能性が高かった（黒柳2003, 85）．
10 　カンボジア和平達成時に1984年のブルネイの加盟で6カ国であったASEANは，1995年ベトナム，1997年ミャンマーとラオス，1999年カンボジアが加盟したことでASEAN10となり，地域共同体として国際政治上の地位を大きく向上させた．
11 　もともと名目GDPで中国が日本を逆転したのは2010年とされていたが，その後，中国において統計の修正があり，現在では2009年と変更されている．

参考文献
ジェトロホームページ https://www.jetro.go.jp
秋山憲治（2015）「日本の対外経済状況の変化と今後の日・中経済関係」『神奈川大学アジア・レビュー』アジア研究センター年報，2014-2015号，132-138頁．
青木健（2005）「対ASEAN・FTA締結合意にみる中国の戦略」『季刊　国際貿易と投資』61号，国際貿易投資研究所，23-33頁．
石川幸一（2006）「着実に進展するとASEANの経済協力」『季刊　国際貿易と投資』65号，国際貿易投資研究所，57-74頁．
石川幸一（2014）「チャイナ・リスクとASEANの経済統合」『チャイナ・リスクと地域経済統合に向けた取り組み』平成25年度外務省外交・安全保障調査研究事業，日本国際問題研究所，21-33頁．
石川幸一・木村福成編著（2007）『南進する中国とASEANの影響』日本貿易振興機構．
岡部達味（1992）「第一章　ポスト・カンボジアの東南アジアと日本」岡部達味編『ポスト・カンボジアの東南アジア』日本国際問題研究所，2-26頁．
柿原国治（2015）「安定の鍵としての対中カウンターバランス─柔軟対応・同盟抑止の実効性向上に向けての一考察」『アジア研究』第60巻第4号，アジア政経学会，13-34頁．
川島真（2015）「中国外交の求めるもの─大国外交と周辺外交のあいだ─」『膨張する中国と世界』アジア研究所叢書29，亜細亜大学アジア研究所，133-184頁．
黒柳米司（1992）「第二章　カンボジア紛争終結過程とASEAN諸国」岡部達味編『ポスト・カンボジアの東南アジア』日本国際問題研究所，27-51頁．
黒柳米司（2003）『ASEAN35年の軌跡 'ASEAN WAY' の効用と限界』有信堂．
国分良成（2015）「総括」『アジア研究』第60巻第4号，アジア政経学会，51-55頁．
佐藤孝一（2014）「米中関係の展開とASEAN」『国際問題』No.628（2014年1・2月号），24-37頁．
佐藤孝一（2012）『「中国脅威論」とASEAN諸国　安全保障・経済をめぐる会議外交の展開』勁草書房．

高垰健（1992）「東南アジアの地域秩序再編に向けて—ASEAN 型安全保障体制の拡大の可能性—」『アジア研究』第 38 巻第 3 号，アジア政経学会，1-31 頁．

高橋勝幸（2014）『アジア冷戦に挑んだ平和運動　タイ共産党の統一戦線活動と大衆参加』早稲田大学出版部．

高橋正樹（1997）「第 8 章　カンボジア紛争とタイ国共産党の崩壊—地域システムとタイ国家システム—」『中央大学社会科学研究所研究報 18，統合するヨーロッパ/重層化するアジア』191-221 頁．

チュラチープ・チンワノ（2009）「第 3 章　中国の台頭とタイの戦略的関与政策」国際共同研究シリーズ　恒川潤編『中国の台頭　東南アジアと日本の対応』防衛省防衛研究所，83-110 頁．

津上俊哉（2013）『中国台頭の終焉』日本経済新聞社，272 頁．

範宏偉・金向東（2009）「中国ビルマ関係の分裂とビルマの華僑社会—同化時代の開始—」『社会システム研究』第 19 号，立命館大学 BKC 社系研究機構，129-147 頁．

萩原宣之（1990）『ASEAN 東南アジア諸国連合　増補版』有斐閣．

三宅康之（2011）「中国の「国交樹立外交」，1965〜1971 年」『愛知県立大学外国語学部紀要』，第 43 号，83-111 頁．

林奈津子（1999）「ASEAN 諸国による地域安全保障の模索」『アジア研究』第 45 巻第 1 号，アジア政経学会，1-27 頁．

古田元夫（1992）「第三章　ベトナムの対東南アジア政策」岡部達味編『ポスト・カンボジアの東南アジア』日本国際問題研究所，53-77 頁．

毛利亜樹（2015）「習近平中国で語られる近代戦争—日清戦争，二つの大戦，抗日戦争と日本をめぐる言説」『アジア研究』第 60 巻第 4 号，アジア政経学会，40-50 頁．

毛里和子（1977）「中国と ASEAN」岡部達味編『ASEAN をめぐる国際関係』日本国際問題研究所，79-114 頁．

第12章
対立と協調のインドと中国

はじめに

　いまから約200年前の1820年時点で，世界人口の69%，世界GDPの57%を構成していたのはアジア諸国であった（マディソン 2000, 58-59）。とりわけ中国とインドは突出しており，それぞれ人口の35.5%，19.6%，GDPの28.7%，16.0%を占め，世界第1位，第2位の経済大国に数えられていた（同上書，21）。しかし，その後アジア諸国の経済は停滞し，第2次世界大戦後に至るまで世界の富は基本的に欧米諸国を中心に産出された。中国，インドが再び脚光を浴びたのは，それぞれ1978年，1991年に開始された経済改革以降のことである[1]。2001年にゴールドマン・サックス（Goldman Sachs）は，投資家向けレポートの中で有望な投資国としてブラジル，ロシア，インド，中国を取り上げ，頭文字を繋ぎ合わせたBRICsの名称が用いられるようになった（O'Neil 2001）[2]。

　1820年から約2世紀を経て，中国とインドは世界経済の2大巨頭として再び姿を現した。2014年の世界GDP（購買力平価）上位3カ国は中国，米国，インドであり，それぞれ全体の16.3%，16.1%，6.8%を占めた（IMF 2015）[3]。2014年時点の人口はそれぞれ13億6400万人，12億6700万人であり，世界総人口に占める割合は両国合計で約36%に達している（World Bank 2015）。

　インドは経済成長を模索する中で，もう1つのアジアの巨大経済，中国との対立と協調を余儀なくされている。新たな局面と段階（世界経済の構図・インド経済の構造）に立つインドは，どのような経済政策・外交政策を打ち出し，経済構造上の転換と国際関係の構築を図ろうとしているのだろうか。また，そ

れらは今や世界経済の中心を担う中国と,どのような関係性を築いていくものなのだろうか。インドが躍進しゆく先は新自由主義的な色彩を帯び,ワシントン・コンセンサスに準ずるものと評価されるのか,あるいはインド独自の意図を含めたものと言うべきものなのか。

本章ではインド経済構造の概要を確認した上で,世界経済の枠組みから同国経済を主に中国との関係から分析する。インドと中国の間に確認される対立,また協調せざるを得ない構図を紐解き,アジアに台頭する中国ともう1つの巨大経済であるインドの関係性を確認することが,本章の最終的な目的である。これらの分析を通して,アジアにおける秩序にインド・中国関係がどのように位置づけられるものなのか,考察を促すための一稿としたい。

第1節　インドと中国の政治経済関係

1．インドと中国の政治関係

1954年にインドのネルー,中国の周恩来の協力の下で成立した平和五原則からも明らかなように,戦後インドと中国の2国間関係は良好な形で始まった。当時,インドは1947年にイギリスから独立して間もなく,中国も1949年に建国されたばかりであった。その後,両国の関係は1962年の中印国境紛争によって一気に冷え込み,本格的な関係改善は1988年の首相同士の訪問まで待たなければならなかった。以降,首脳レベルの会談は頻繁に設けられ,両国の関係は空白を取り戻すかのように緊密化していった(Sharma 2014, 730-732)。

1990年代に入ると,インドはそれまでと全く異なる国際関係の中で中国との距離を模索していくこととなる。1980年代終盤のソ連と米国の対立関係の解消,続く1991年のソ連解体によってインドは最大の同盟国を失った。1991年に誕生した国民会議派のナラシンハ・ラオ(Narasimha Rao)政権は自由化を標榜する経済改革と「ルック・イースト」政策を打ち出し,ASEANをはじめとする東南,東アジアとの関係強化を目指した。インドは経済開放政策に乗り出すが,経済的な政策転換だけではなく,このように外交政策に関しても

変革を迫られていたのである。新たな国際関係の局面において，インドはこれまでのアジア・アフリカとの外交関係を維持しつつもアジアへの歩み寄りを強めるとともに，西側諸国，特に米国との関係性構築も必然的に進めていった（近藤 2012, 4-16,37-42)[4]。インドの外交政策における中国との関係性は，このようなインドの大きな方向転換の中に位置づけられるものと言える。

インド・中国関係は，インドが 1998 年に核実験に踏み切ったことで再び悪化するものの，2 国間外交が長期で閉ざされることはなかった。2003 年には共同宣言に調印することで更なる連携体制が整えられた。これは，2 国間関係の発展に向けて両国の間で歴史上初めて取り交わされた宣言であった（Sharma 2014, 731)。その後も，2 国間でハイレベルな会談が設けられ，主に国境問題と経済における協力関係の認識の確認が相互に行われていった（Ibid., 731-732；溜 2012, 82-86)[5]。近年，インドと中国の関係性において経済的関心を優先し，政治的問題を二次的に扱う傾向がみられる。

インドと中国の関係は多国間の枠組みの中でも構築が進んでいる。インドはAIIB の参加国，あるいは上海協力機構のオブザーバー国であり，中国がイニシアチブを握る組織に強い関わりを持っている[6]。また，2015 年 7 月には第 7 回 BRICS 首脳会議がロシアで開かれ，同会議では BRICS 内の協力関係の強化，そして新たな動きとして BRICS 銀行の設立が正式に宣言された[7]。

2．インドと中国の経済政策

1991 年の経済開放以来，インド経済は順調な成長を遂げているかにみえる（図 12-1 を参照)[8]。1990 年のインド経済は，長年積み重なってきた計画経済による財政の切迫と，湾岸戦争を背景に高騰する資源価格によって引き起こされた国際収支危機に直面していた。これらが 1 つの要因となり，インドは翌年 1991 年に IMF・世界銀行の構造調整を受け入れ，財政赤字の改善に取り組むとともに新経済政策（New Economic Policy：NEP）を導入し，経済改革に乗り出した。原則的にライセンス制度を撤廃することで民間企業の製造業新規参入を促し，外資規制を一定程度撤廃するなどの貿易奨励政策が施された。このように一連の規制撤廃・緩和によってインドの市場開放政策が開始された（絵所 2008, 74-122)。

図12-1 インド・中国の経済成長推移

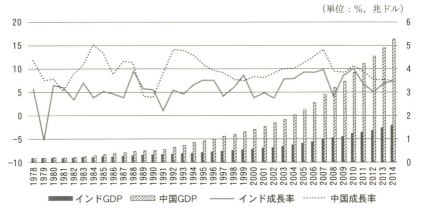

（単位：％，兆ドル）

（資料）　World Bank, *World Development Indicator*（http://www.worldbank.org/）を参照に作成。

　NEP 以降，インド経済の成長ドライブとしての役割を担ったのが ICT 産業，中でもソフトウェア産業であった（絵所 2014, 101）。これは先進諸国の経済構造，特に米国において ICT 産業が戦略的位置づけを得ることにより，ME 革命そして IT 革命を経て新たに同産業を軸とした世界的分業が構築され，その中にインドが組み込まれていったことによるものである。米国発の IT 革命によって IT 関連製品のサプライチェーンが構築され，東アジア，特に中国はハードウェア，他方でインドはソフトウェア開発とオフショアセンターとして成長していった（二階堂 2010, 127-129）。2004 年に中国は米国を上回る IT 関連製品を輸出するようになり，インドにおいては 2000 年問題を契機にソフトウェア産業が著しい成長を始めた（同上書, 129）。こうして，インドの知識集約型で超輸出指向型産業は著しく成長を続け，「ソフトウェア・モノカルチャ型経済構造」[9] とも表現される程になった。インド経済は農業→軽工業→重化学工業→サービス産業への移行といった発展経路から逸脱し，サービス産業が高成長を牽引してきたが，この間に労働市場の抜本的改革には踏み出さなかったことも一因として，インド製造業は伸び悩み，雇用なき経済成長を昨今の課題としている（絵所 2014, 100-104）（図 12-2, 12-3 を参照）[10]。

図 12-2 インド・中国の産業別 GDP 構成比推移

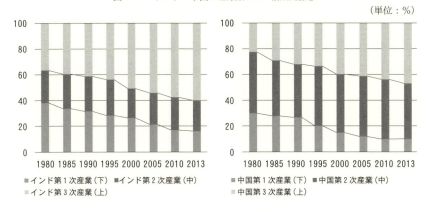

(単位：％)

(資料) インドの 1980〜1995 年の数値は（Planning Commission 2001a：8-9），および 2000〜2013 年の数値は Ministry of Finance, *Economic Survey 2013-2014*（http://finmin.nic.in/），中国は中華人民共和国国家統計局『中国統計年鑑』2014（http://www.stats.gov.cn/）を参照に作成。

　サービス産業を中心とした成長路線を展開してきたインドに対し，中国は製造業に発展経路を見出してきた。中国はインドよりも早い 1978 年に経済改革に着手した。中国は政府が経済政策の舵取りを行い，計画的に市場を取り込む形で飛躍的な成長を遂げる。初期の段階において，沿海都市に経済特区が設立され，開放政策の実験が試みられた。経済特区では外資誘致のための規制緩和や輸出拡大に向けた政策によって輸出指向型工業化が展開された。中国は政府管理下で外国からの投資流入を梃に製造業を拡大させ「世界の工場」と自らを転身させることで世界経済との交わりを深め，急速な経済成長を実現した（中兼 2012，103-127；呉 2007，43-79）。

　このように，製造業を中心として経済の急成長を遂げた中国は，インドと比較して GDP に占める第 2 次産業の割合が大きく，また雇用吸収に関しても同産業の貢献度合いはインドよりも高い。1978 年のインドと中国の 1 人当たり GDP（実質）はそれぞれ 302 ドル，195 ドルとインドの値が大きかった。ところが，重点が異なる経済政策を経て，2015 年にはインドが 1262 ドル，中国がその約 3 倍の 3865 ドルとなり，その差は歴然となった（World Bank 2015）[11]。

図 12-3 インド・中国産業別労働者構成比推移

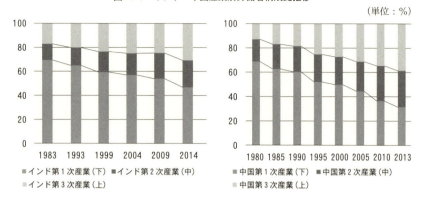

(資料) インドの 1983 年の数値は (Planning Commission 2001b, 47)，1993〜2004 年は Planning Commission, *Data and Statistics* (http://planningcommission.gov.in/index_oldpc.php)，中国は図 12-2 と同様の出所を参考に作成。

2014 年に政権に就いたナレンドラ・モディ (Narendra Modi)[12] は，インドの更なる市場経済化を打ち出している。その一環として，同年 8 月に国家主導の「社会主義型社会」建設を担ってきた計画委員会 (Planning Commission)[13] の廃止を決定し，2015 年 1 月に新たな研究機関として国立インド変革研究委員会 (National Institute for Transforming India Aayog：NITI 委員会) を設立した (The Times of India August. 15. 2014)[14]。民主主義的政治体制が確立したインドでは，1990 年代に自由化が進む中で中央に対する州の影響力が強化されていったことから，中央が望む改革や規制緩和が必ずしも円滑に進まなかった (三輪 2015, 82-87)。NITI 委員会では連邦，各州の首相が集い経済政策の指針が話し合われることになり，これまでの中央主導の開発戦略の策定方法とは全く異なる体制と言える。

モディ首相はインドの経済改革に際して中国の経済発展モデルを念頭に置いているとみられ，"Make in India"[15] キャンペーンに象徴されるように，外国からの投資誘致や製造業の成長，輸出の拡大を模索している。そのため，経済構造改革や規制緩和を打ち出す際，対外的には市場経済国としてのインドを売り出したいことから，NITI 委員会は州の権限を認めつつも，ある種「中央の

意図を的確に通す」ための組織と捉えることができるだろう[16]。

第2節　インドと中国の貿易投資関係

1．貿易関係

　1991年以降にインドが世界経済との交わりを急速に深化させていったことは，貿易量の変化をみても明らかである。インドの貿易は1991年の経済改革以降2000年代初頭まで拡大し，その後も，2010年のヨーロッパ経済不況によって世界経済が停滞をみせるまで1990年代を上回る勢いで拡大した。1991年と2013年のインドの貿易依存度を比較すると，13％から40％に急拡大していることがわかる[17]。

　貿易量の拡大に伴い，インドの主要貿易相手国は変化していった。1990年代初頭から2000年代初頭にかけて，インドの最大貿易相手国として米国が君臨し，続いてイギリス，ドイツ，日本，そしてサウジアラビアや香港が名を連ねていた。このような中で，中国の台頭は2000年代以降にみられるインドの対外貿易に関する大きな転換点を作り出した。インドの輸出相手国として，中国は2000年度の統計から上位に現れるようになった。中国は2000年代前半を通して米国の背後から忍びあがり，2004年度に初めて対米輸入額を上回った。こうして，米国はインドの最大輸入相手国としての座を中国に譲り渡した。（日本貿易振興機構 各年版）[18]。

　インドと中国の貿易は1978年に正式に再開され（Sharma 2014, 733），1990年代よりしだいに増加し始めた[19]。1991年時点でのインドの対中貿易総額は約6900万ドルで，同年インドの貿易総額の1％にも満たなかった。10年後の2001年には約27億5000万ドルに達し，約39倍の成長を遂げた。これにより，同年インドの貿易総額に占める対中貿易の割合は3％まで上昇した。1991～2001年にかけてインドの貿易総額が約2.5倍の増加に留まっていることに鑑みれば，対中貿易がいかに拡大したのかがわかる。2000年代に入りインドと中国の貿易はさらに急激に活発化していった。2011年のインドの対中貿易総額は2001年のそれと比較して，約26倍の約722億ドルに膨張し，これは

1991年との比較では約1000倍に拡大した計算になる。2011年における対中貿易総額は，インドの貿易総額の約9%を占めた。

　1991～2011年の間にインドの貿易総額は約20倍に増加し，1991～2001年までの成長率（約8倍）と比較してもインド全体の貿易量が特に2000年代を通して急拡大したことがわかる。そして，このインドの貿易総額の急上昇の背景には，対中貿易総額の上昇があったことが指摘される。2011年以降もインド貿易は拡大傾向にあり，貿易総額に占める中国の割合は約9%を維持して2014年まで至る。インドの「ルック・イースト」政策は中国との経済交流が活発化する中で実現していったものと言える。

　しかしながら，対中貿易の拡大にともない，インドの対中貿易赤字は年々悪化の一途を辿っている。貿易が急激に増加した2000年代の貿易赤字の推移を2001年と2011年の数字で比較すると，約9億ドルから約387億ドル，約42倍に膨れ上がっていることがわかる。貿易赤字総額は同期間で約67億9200万ドルから約1600億ドルへと約23倍に増加しており，貿易赤字総額に占める対中国赤字総額の割合は約13%から約24%となった。インドの貿易拡大は中国に対する赤字を拡大させながら成長しているのである。2013年におけるインドの対中貿易に関しては，輸出額が約164億ドルに対して輸入額が約516億ドルとなっており，その差は歴然としている[20]。

2．投資関係

　1991年の時点でインドと中国の対内直接投資額は約7500万ドル，約9億1300万ドルと，すでに10倍以上の開きがあった。その後，インドの対内直接投資は2000年代半ばに入るまで横ばいで推移し，2005年から2008年までは順調に上昇したものの，その後2013年まで減少傾向をみせる。一方で，中国の対内直接投資総額は上昇カーブを描き，継続的に上昇を続けている（UNCTAD 2015）。

　2000～2013年までのインドの対内直接投資動向を国別に見ると，モーリシャス（36%），シンガポール（12%），イギリス（10%），日本（8%），米国（6%）が総額で上位5カ国を占めた。分野別では，金融と保険を主とするサービス分野（18%）や住宅建設などの開発分野（11%），携帯電話などの通信分

野（7%）が最も投資を引きつけていた[21]。

インドと中国の2国間対外直接投資に関しては，両国ともそれぞれに占める割合は小さいものの，投資額自体は増大傾向にある。インドの対中直接投資額は1991年に約1.6億ドルであったが，2005年にかけて緩やかに上昇し，それ以降は2008年までに約400億ドルへ急激に拡大した（溜 2012, 82）。1991年の中国の対印直接投資額は約100億ドルであったが，1995年にかけて約900億ドルに急拡大した（同上書，77）。その後，2000年にかけて減少していったものの再び2009年にかけて増大し，約1100億ドルに転じた（同上書，77）。

第3節　拡大するインドと中国

1．資源需要の拡大

経済成長には莫大なエネルギー消費をともない，インド・中国にとって資源の確保は死活問題となる。世界第1, 2位の人口を抱え，世界の工場としての役割も果たす両国のエネルギー需要は極めて大きい。世界のエネルギー消費[22]に占める両国の割合は4.9％と23.0％で，特に原油と石炭では，それぞれインドは4.3％と9.3％，中国は12.4％と50.6％と高くなっている（BP 2015, 9,33, 40）。

自国でエネルギーを調達できなければ当然不足分は輸入で賄うことになる。2013年におけるインドの原油自給率は約20％で，残りは全て輸入で埋め合わせている。中国はインドよりも原油生産量が多いものの，自給率は約40％にとどまる（Ibid., 10-11）。石炭に関しては両国とも自給率は非常に高く，それぞれ約67％，約93％となっている（Ibid., 32-33）[23]。インド・中国のエネルギー需要は2012～2040年までにそれぞれ約2.2倍，約1.4倍に増加すると見込まれており，2040年の世界ではインドが世界需要の約10％，中国が約22％を構成すると予測される（IEA 2014, 64）[24]。

成長を維持するために資源の獲得は国家の命題となる。インドも中国も国営企業を動かし，資源の争奪に乗り出している。外国における投資や開発を行う主体として，インドは海外石油天然ガス公社[25]，中国は3大石油会社[26]を利用

している。両国は安定したエネルギー供給を行うために，資源輸入先を分散させており，中東をはじめとして，アフリカ，中央アジア，そして南米と，世界各地に供給網を張り巡らせている。インド，中国によるエネルギー部門の企業買収は年々激しさを増しており，海外における資源生産を拡大させている（浦田他 2012, 203-205）。

2．軍事の拡大

インドの軍事近代化は着実に進行しており，2009年には国産空母の建設に乗り出し，ロシアからは積極的に軍事関連製品を購入している（堀本 2012, 46-47）。主要兵力をみると，陸上兵力113万人（世界第2位），海上兵力47万トン（同5位），隻数212（同7位），そして航空兵力937機（同4位）と，世界的にみても上位にあることがわかる[27]。中国をはじめとして，特に米国，ロシアに対して海上兵力，航空兵力については及ばないものの，両分野におけるインドの軍事支出も年々拡大傾向にある。

1980～2010年にかけてインドと中国の軍事費の動向をみると，インドの年平均増加率は5.4%（同期間の年平均経済成長率は4.6%），中国は4.6%（同10.1%）と増加傾向にあることがわかる（Gilboy and Heginbotham 2012, 102-103）。

インドと中国は1995～2010年の期間において，世界の武器輸入額ランクで上位2カ国に入る。同期間における中国の武器輸入総額は297億ドル，インドに関しては269億ドルに相当する。2005～2010年にかけての武器輸入総額はインドが中国のそれを上回り，それぞれ122億ドルと113億ドルとなっている（Ibid., 166-167）[28]。

インド，中国はともに軍事拡大において，特に海軍の強化に余念がない。中でも，両国にとって国際交易の要となるインド洋は，軍事力拡大の舞台となっている。世界有数の石油消費国であるインド・中国は中東からそのエネルギー資源のほとんどを海上輸送に頼って輸入する。その経済的な重要性からインド洋は軍事的なプレゼンスのせめぎ合いの場と化している（清田 2015, 307-309）。

3．内需の拡大

　インド，中国はともに消費市場として注目を集めている。2003年の『ジェトロ貿易投資白書』は，インドの乗用車と二輪車の生産台数の順調な上昇を，「インドは中国に次ぐ巨大市場に成長している」として，インドの市場面を評価した。2015年現在のインドで富裕層を中心に広がりつつある消費ブームは，2005年頃の中国の市況と類似するとの見方もあり，2015年のインドの名目GDPは当時の中国とほぼ同額の約2兆3000億ドル，1人当たりGDPは当時の中国を若干上回る1800ドルになる見込みである（日本経済新聞 2015 7.12）。

　2013年のインドと中国の自動車販売台数はそれぞれ約324万台，約2198万台で世界ランキングでは第6位と第1位になり，今後も伸長が期待される（FOURIN 2014, 11,13）。特に，インドでは民間最終消費のGDPに占める割合が高く，1991～2013年現在までの平均は約72%と経済成長を牽引する役割を担っており，中国の平均値（57%）を大きく上回る（United Nation 2015 ; World Bank 2015）[29]。

　インドも中国も国内に膨大な市場を抱えている。インドに進出する日系企業は，インドを生産拠点と位置づけるよりもむしろ内需を見据えた現地生産の確立を主眼としている（浦田他 2012, 94,98）。中国における日系企業の動向は，プラザ合意（1985年）による円高を皮切りに，南巡講話（1992年）とWTO加盟（2001年）を契機に対中投資を増加させていった（加藤 2009, 249）。しかし，中国経済の急成長とともに変化した情勢により，中国は工場に加え市場として捉えられるようになった（浦田他 2012, 97-99）。インドと中国が内包する「巨大市場」は，今後の経済成長に影響を与える重要な要素と考えられる。

おわりに―インド中国の対立・協調関係とアジア―

　インドは中国の南アジア諸国への歩み寄りを懸念している。2013年以来，中国は「一帯一路」，つまり陸のシルクロード（一帯）と海のシルクロード（一路）の整備による広大な発展戦略を掲げている。陸のシルクロードは中央アジアを抜けてヨーロッパへ繋がる古来のシルクロードの復活を図るだけでな

く，中国南部に位置する雲南省昆明からミャンマー，バングラデシュを経てインド東端の西ベンガル州コルカタまでを繋ぐ BCIM 経済回廊（BCIM Economic Corridor），そして中国パキスタン経済回廊（China Pakistan Economic Corridor：CPEC）の計画を打ち出している（江原 2015, 52-55；Bhoothalingam 2015, 33）[30]。

陸路に対して，海路は中国沿岸地域から南シナ海，インド洋，アラビア海を経てヨーロッパまたはアフリカに抜ける航路を想定している。中国はインド洋周辺諸国への経済援助を本格化しており，パキスタンではグワダル港，スリランカではハンバントタ港，バングラデシュではチッタゴン港，ミャンマーではシトウェー港と港湾建設に着手している（伊藤 2015, 296）。これらの大型商業港は軍事用に転用可能とみられ，インドに対する牽制とも捉えられる（同上）。これはインドの戦略的囲い込みという筋から捉えられるため「真珠の首飾り」戦略と呼ばれる[31]。

この中国の動きに対して，インドは近隣諸国との経済・外交関係の強化に乗り出している。インド政府はパキスタン，バングラデシュとの外交上の懸念材料の解決に向けて取り組む姿勢をみせており，またモディ首相はモーリシャスやセーシェル，スリランカに訪問し，経済支援の約束を取り付けている。まさに，中国の「真珠の首飾り」に対抗するインドの「海のシルクロード」ということである（Nikkei Asia Review April. 2 2015）。

シン首相（当時）は 2010 年に「中国は南アジアに基盤を築こうとしており，インドはその現実と向き合わなければならない。我々は注意を怠ってはならない」（The Times of India September. 7 2010）と発言していることからもわかるように，インドは中国の南アジアにおける影響力の拡大を懸念している。シン首相は同発言に続け，「世界には未だにインドと中国が『協力と競争』をともに模索できるだけの広さが残されている」（Ibid.）ことにも触れ，インドが中国との対立関係の中においても，共存していかなればならない大国として認識していることがわかる。

インドと中国の経済関係はますます緊密化し，インドに対する中国の経済的影響力は着実に強くなっている。しかしながら，アジアの 2 大巨頭の 1 国として，インドは世界，特にアジアにおいて拡大を進め，中国に対抗する姿勢を崩

さない。またそれは，米国との同盟関係という形で模索されるものではない（堀本 2015，255-257）。中国にとって 2015 年現在のインドは脅威とまではいかないが，協調を模索せざるを得ない程に利害関係を共有する存在であるとともに，その他のアジア諸国とは一線を画する勢力であり，今後中国に拮抗すると想定されるアジアの大国である。

　このような，アジアにおけるインドの独特のプレゼンスは他のアジア諸国にどのような影響を及ぼすだろうか。アジア諸国は増加する中国からの圧力を緩和させるという役割をインドに期待することができる。インドには NITI 委員会の下で市場主義的経済政策を強化する思惑がみられる。その点で，インドは反新自由主義的なパラダイムを打ち出す中国のパートナーであるとともに，北京コンセンサスのみに縛られない，しかし米国に依存するのではないアジアにおけるもう 1 つの道を提供し得る存在と言える。その意味で，アジアにおけるインドという要素が，同地域のアジア・コンセンサスという新たな次元への昇華に関わる重要な役割を果たすと考えられる。

（深澤光樹）

注

1　20 世紀半ば，インドと中国の 1 人当たり GDP は世界平均の 20〜30％を占めるに過ぎなかった（Chai and Roy 2006, 5）。当時のインド（1950 年時点）と中国（1952 年時点）を比較した場合，経済指標（1 人当たり GDP，1 人当たり工業生産量，インフラ整備状況など）に関してはインドが中国よりも遥かに進んでおり，識字率や就学率に関しては中国の方が優れていた（Ibid., 6-12）。

2　2010 年ニューヨークで開かれた BRICs 外務大臣会議において，BRICs に南アフリカを加えることが決定し，それにともない名称が BRICS に変更された。南アフリカは 2011 年開催の第 3 回 BRICS サミットにメンバーとして初めて参加する。Ufa-2015 SCO BRICS Office Group 2015 (http://ufa2015.com/) を参照。

3　フォーチュン誌は「世界企業ランキング 500」で売上高順に 500 社を選定しているが，2014 年度の上位 500 社に中国企業は 95 社，そしてインド企業は 8 社名を連ねている（Fortune 2014, 15-20）。米国（128 社），日本（57 社），フランス（31 社），ドイツ（28 社）イギリス（27 社），韓国（17 社）を除けば，上位 500 社の中にランクインするその他の諸国の動向としては，各国毎に 10 社前後存在すれば多い方に数えられる（Ibid.）。中国の企業数は世界的にみても例外的に多いが，インドの 8 社というのも世界経済においてプレゼンスは高い方と言うことができるだろう。

4　独立後から 1960 年代におけるインドの外交政策は非同盟を貫くもので，その後 1970 年代からインドはソ連との外交を強める。1990 年代における外交政策は本文に記した通りであり，1990 年代後半に入ると戦略的パートナーシップ関係の構築という新たな外交政策が展開された（堀本 2015，247-250）。

5　例えば，「平和と繁栄に向けた戦略的協力的パートナーシップ」に関する共同声明（2005 年），「政治パラメーターとガイドライン原則」同意署名（2005 年），「インドと中国の 21 世紀に向けた

共通認識」共同文書作成（2008 年），「戦略的経済対話と CEO フォーラム」設立（2011 年）などがあげられる（Sharma 2014, 731-732）。

6 AIIB（http://www.aiibank.org/），及び SCO（http://www.sectsco.org/）を参照。
7 Official Website of Russia's Presidency in BRICS（http://en.brics2015.ru/）を参照。
8 1991 年以降の改革がそれまでにないスケールで行われていったことは確かだが，それ以前にもインドは経済自由化に取り組んでおり，また農村における「緑の革命」を通じた農村の所得増大がインド経済成長の基盤を形成したことにも留意しなければならない。詳しくは（柳澤 2014）を参照。
9 絵所（2014）はインドのサービス貿易額（受け取り額と支払額の合計）を商品貿易額（輸出入額合計）で除した数字が 1998 年以降 30％台を推移していることを述べ，発展途上国の中でもインドのサービス貿易の比率が高いことを指摘し，サービス貿易の内訳としてサービス輸出額に占めるソフトウェア・サービス輸出が 95.1％を構成していることに触れた上で，これが膨大な貿易黒字を生み出していることからインドのソフトウェア・サービス輸出依存を「ソフトウェア・モノカルチャ型貿易構造」と表現している（絵所 2014, 103-104）。
10 インド国内を見渡せば農業は未だにインド経済において重要な産業に位置づけられており，国民の 23.6％（2011 年）は貧困ライン以下の生活を送っている（World Bank 2015）。大量の貧困者を抱え，国民生活を広く豊かにするという課題を抱えつつも，インドの経済は着実に拡大を続ける。
11 同年数のインドと中国の GDP 総額はそれぞれ 2016 億ドル，1866 億ドルでインドが中国を上回ったが，2014 年には 5 兆 2741 億ドル，1 兆 6002 億ドルと大きく突き放される（World Bank 2015）。
12 2014 年 4〜5 月にかけて行われた第 16 次連邦下院選挙で，インド人民党（Bharatiya Janata Party：BJP）は下院定数の過半数を上回る 282 議席を獲得し，ナレンドラ・モディ率いるインド人民党政権が誕生した。IDE-JETRO（http://www.ide.go.jp/Japanese/index.html）を参照。
13 計画委員会は初代首相ネルーによって 1950 年 3 月に設置される（The Times of India August.15 2015）。
14 NITI Aayog（http://niti.gov.in/content/）を参照。
15 政府による製造業の振興により経済成長を加速させようとするキャンペーン。Make in India（http://www.makeinindia.com/）を参照。
16 しかしながら，現在までの改革が結果として国内のインド固有の体制の抜本的改革が具体的にどのような影響をインド経済にもたらすのか，現段階で評価することは難しい。
17 IDE-JETRO（http://www.ide.go.jp/Japanese/index.html）を参照。
18 2000 年代以降，長期にみる輸入品目の傾向としては，原油・石油製品，金・銀，真珠貴石類といった資源関係品目は常に上位に入っており，これらは主に中東諸国を輸入相手国としている。資源関連の輸入相手国が中東を中心に多様化し，また上記以外の電子機器といった品目の輸入が中国から拡大していったことが長期的な傾向として観察される。これと連動し，長期の輸出品目の傾向には先にあげた資源関係品目を加工した製品が主要輸出品として位置づけられ，例えば原油・石油製品（ガソリン，ディーゼル，灯油など），金属加工品（研磨ダイヤモンドやアクセサリ類など）が常に上位にランクインする。これら加工品の輸出先は 1990 年代以降米国，UAE を主な輸出先としており，1990 年代から 2000 年代にかけてアジア諸国（特に中国，香港，シンガポール）がヨーロッパ諸国にとって代わった。輸出相手国として，米国は未だにインドの最大の輸出先である（日本貿易振興機構 各年版）。
19 以下，インドと中国の 2 国間貿易は UN Comtrade のデータを用いて分析を行った。
20 インド商工省の貿易統計に基づき，2013 年における中国からの主な輸入品目を HS コード 2 桁

の分類で確認すると，第 85 類（電気機器及びその部分品並びに録音機，音声再生機並びにテレビジョンの映像及び音声の記録用又は再生用の機器並びにこれらの部分品及び附属品），第 84 類（原子炉，ボイラー及び機械類並びにこれらの部分品），第 29 類（有機化学品）が列挙される。Ministry of Commerce and Industry（http://commerce.nic.in/MOC/index.asp）を参照。それぞれの品目が対中国貿易輸入総額に占める割合は，28％，19％，11％となっており，これらの合計は約 60％になる（Ibid.）。このように，中国からの輸入品としては通信機器，コンピューターハードウェア，産業機械がその割合のほとんどを占める（Wall Street Journal May.14 2015）。インドの中国への輸出品目に関しては，第 52 類（綿及び綿織物）が全輸出の 26％，第 74 類（銅及びその製品）が 12％，第 26 類（鉱石，スラグ及び灰）が 11％という構成になっている。

21 Ministry of Commerce and Industry（http://commerce.nic.in/MOC/index.asp）を参照。
22 原油，天然ガス，石炭，原子力エネルギー，水力発電，代替エネルギーが含まれる（BP 2015, 41）。
23 2012 年におけるインドのエネルギー供給源の内訳は，石炭 45.0％，原油 22.5％，バイオ燃料 23.5％，天然ガス 6.2％，水力 1.4％，原子力 1.1％，地熱・太陽光・風力 0.4％，中国に関しては石炭 67.9％，原油 16.0％，バイオ燃料 7.5％，天然ガス 4.2％，水力 2.6％，原子力 0.9％，地熱・太陽光・風力 0.9％。同年のエネルギーの合計は石油換算 100 万トン（Million Tons of Oil Equivalent：MTOE）でインドは 788MTOE，中国 2894MTOE となっている（IEA 2015）。
24 同期間に世界需要は 1.3 倍の成長が見込まれている（IEA 2014, 64）。
25 国営石油天然ガス公社（Oil and Natural Gas Corporation Limited：ONGC）の完全子会社。ONGC とインドガス公社（Gas Authority of India Limited：GAIL）がインドのエネルギー資源を扱う 2 大国営企業である（Gilboy and Heginbotham 2012, 233-234）。
26 中国石油天然ガス集団公司（CNPC），中国石油化工集団公司（シノペック），中国海洋石油総公司（CNOOC）。
27 防衛省・自衛隊（http://www.mod.go.jp/index.html）を参照。陸上兵力トップ 5 は中国（160 万人），インド（113 万人），北朝鮮（102 万人），米国（59 万人），パキスタン（55 万人）。トン数でみた場合の海上兵力トップ 5 は米国（613.9 万トン），ロシア（207.0 万トン），中国（142.3 万トン），イギリス（65.6 万トン），インド（既述）。隻数でみた場合の海上兵力トップ 5 は米国（1030），ロシア（976），中国（892），台湾（409），フランス（262）。航空兵力トップ 5 は米国（3498），中国（2582），ロシア（1555），インド（既述），エジプト（635）（同上）。
28 1990 年現行価格を基準にしている。1950～2010 年の間にインドと中国が購入した軍需製品は戦闘機，戦艦とミサイルの順に主な内訳の上位を占める。インドがこれらの兵器を配備するのは対中国というよりは，対パキスタンを想定した地域が主である（Gilboy and Heginbotham 2012, 168-172）。
29 インドの GDP に占める民間最終消費の比率は 1991 年の時点では 82％，その後 2007 年にかけて 60％台後半にまで落ち込むが，2010 年代に入って 70％台前半を推移している。中国に関しては，1991 年時点では 69％だった民間最終消費の割合は 2000 年代初めに 50％台に入り，その後 2000 年代後半から 40％台後半にまで減少し，同水準を維持して現在に至る（United Nation 2015；World Bank 2015）。2013 年の数字で民間最終消費の絶対額を両国間で比較すると，中国はインドのおよそ 3.4 倍の規模を持っており，中国における内需がインドのそれに劣るわけではないし，経済成長牽引役として中国では貿易の GDP に占める割合が高いことにも留意しなければならない。
30 中国は 2015 年 4 月，パキスタンに対して中国とパキスタンを繋ぐ陸路，また海路の要地としてダワダル港の建設を含めた経済回廊の整備に必要となる 430 億ドルの融資を行うことを決定した（The Times of India April.16 2015）。
31 中国はこれらの計画を実施するにあたり，シルクロードファンド（中国は既に 400 億ドルの投資

を決定),あるいは AIIB によってファイナンスすることを視野に入れている (The Hindu June. 29 2015)。これらに加え,中国はインドに 1000 億ドルのインフラ投資を 5 年にわたって行うことを決定,インドを含めた南アジアの囲い込みを進めている (South China Morning Post September.17 2014)。

参考文献

伊藤融 (2015)「第 10 章　覇権なき地域大国としてのインド」長崎暢子・堀本武功・近藤則夫編著『現代インド 3―深化するデモクラシー―』東京大学出版会。

浦田秀次郎・小島眞・日本経済研究センター編 (2012 年)『インド VS.中国―二大新興国の実力比較』日本経済新聞出版社。

絵所秀樹 (2008)『離陸したインド経済―開発の軌跡と展望―』ミネルヴァ書房。

―― (2014)「第 2 章　独立後インド経済の転換点―供給制約型経済から需要経済へ―」絵所秀樹・佐藤隆広編著『激動のインド第 3 巻―経済成長のダイナミズム』日本経済評論社。

江原規由 (2015)「21 世紀海上シルクロード建設の意義とアジア太平洋地域の共同発展」『国際貿易と投資』第 99 号, 51-60 頁, 国際貿易投資研究所。

加藤健太郎 (2009)「第 11 章　中国の成長と対外経済関係」坂田幹夫編著『中国経済の成長と東アジアの発展』ミネルヴァ書房。

清田智子 (2015)「補論 7　インド洋の戦略的重要性」長崎暢子・堀本武功・近藤則夫編著『現代インド 3―深化するデモクラシー―』東京大学出版会。

呉敬璉 (2007)『現代中国の経済改革』NTT 出版。

近藤則夫 (2012)「序章　現代インドの国際関係」近藤則夫編著『現代インドの国際関係―メジャー・パワーへの模索』アジア経済研究所。

佐藤隆広 (2014)「第 1 章　世界のなかのインド経済」絵所秀樹・佐藤隆広編著『激動のインド第 3 巻―経済成長のダイナミズム』日本経済評論社。

ジェトロ・アジア経済研究所『アジア動向年報』各年版 (1991〜2014 年)。

溜和敏 (2012)「第 2 章　現代インド・中国関係の複合的状況―リベラリズムの視点からの一考察―」近藤則夫編著『現代インドの国際関係―メジャー・パワーへの模索』アジア経済研究所。

中兼和津次 (2012)『開発経済学と現代中国』名古屋大学出版会。

二階堂有子 (2010)「第 5 章　グローバル化とインドの経済自由化」横川信治・板垣博編書『中国とインドの経済発展の衝撃』御茶の水書房。

日本貿易振興機構『ジェトロ世界貿易投資報告』各年版 (2009〜2014 年)。

――『ジェトロ白書貿易編』各年版 (1991〜1998 年)。

――『ジェトロ貿易投資白書』各年版 (2002〜2008 年)。

――『ジェトロ貿易白書』各年版 (1999〜2001 年)。

FOURIN (2014)『世界自動車統計年鑑』。

堀本武功 (2012)「第 1 章　現代インド外交路線の検討―連携外交による大国指向―」近藤則夫編著『現代インドの国際関係―メジャー・パワーへの模索』アジア経済研究所。

マディソン, アンガス　金森久雄監訳　政治経済研究所訳 (2000)『世界経済の成長史―1820〜1992 年』東洋経済新報社。

三輪博樹 (2015)「第 3 章　中央―州関係―州政治の脱中心化と連立政治の不安定化―」長崎暢子・堀本武功・近藤則夫編著『現代インド 3―深化するデモクラシー―』東京大学出版会。

柳澤悠 (2014)『現代インド経済』名古屋大学出版会。

(英語)
Bhoothalingam, Ravi (2015), "Can the Chinese Connection Speed India's Development?," *Economic Policy Weekly*, Vol.50, No.19, May, 9th, Mumbai, Sameeksha Trust Publications.
BP (2015), *BP Statistical Review of World Energy*.
Chai, Joseph C.H and Roy, Kartik C. (2006), *Economic Reform in China and India*, Cheltenham, Edward Elgar Publishing Limited.
Gilboy, George J. and Heginbotham, Eric (2012), *Chinese and Indian Strategic Behavior- Growing Power and Alarm-*, New York, Cambridge University Press.
IEA (2014), *World Energy Outlook 2014*, Paris, OECD/IEA.
O'Neil, Jim (2001), "Building Better Global Economic BRICs," *Global Economics Paper*, No.66, Goldman Sachs.
Planning Commission (2001a), *Indian Planning Experience a Statistical Profile*, New Delhi, Government of India.
—— (2001b), *Report of the Task Force on Employment Opportunities*, New Delhi, Government of India.
Sharma, Rajesh (2014), "China-India FTA: Is the Future Imperfect?," *Journal of World Trade*, Vol.48, No.4, Alphen aan den Rijn, Kluwer Law International.

(新聞)
日本経済新聞
South China Morning Post
The Hindu
The Times of India
Wall Street Journal

(参考URL)
防衛省・自衛隊　http://www.mod.go.jp/
AIIB　http://www.aiibank.org/
IMF World Economic Outlook Data Base　http://www.imf.org/external/index.html
IEA　http://www.iea.org/
IDE-JETRO：日本貿易振興機構・アジア経済研究所　http://www.ide.go.jp/Japanese/index.html
Ministry of Commerce and Industry　http://commerce.nic.in/MOC/index.asp
Ministry of Finance　http://finmin.nic.in/
Official Website of Russia's Presidency in BRICS　http://en.brics2015.ru/
Reserve Bank of India　https://www.rbi.org.in/
SCO　http://www.sectsco.org/
Ufa-2015 SCO BRICS Office Group　http://ufa2015.com/
UN Comtrade Database　http://comtrade.un.org/
World Development Indicator　http://www.worldbank.org/

第13章
アジアの国際交通インフラの開発と物流

はじめに

　アジア域内各国の国内及び国際間の交通インフラは，地域の急速な経済成長とともに整備が進められてきた。とりわけその中心を担う中国，インド，ASEAN 地域において，FTA の推進による貿易の拡大とともに，各国の交通インフラの構築にも大きな予算を計上した結果，アジア域内における物流サービスレベルの向上に大きく寄与している。

　現状では中国がアジア域内における交通インフラの投資に最も積極的で，国内はもとより，隣国を中心に国際交通インフラの整備にも動き出し，アジア域内での国際交通インフラ整備の主役に躍り出ようとしている。

　日本にとって，最重要な海外進出先であるアジア地域の交通インフラ整備の強化は，同地域におけるさらなるビジネスの拡大の好機と捉える。

第1節　進むアジア域内の交通インフラ整備

　現在，アジアは世界の空港の 11.3%，鉄道総延長の 41.9%，道路総延長の 21.0%を保有し[1]，現在着工中のプロジェクトも多い。今後，引き続き世界の経済を牽引していく傍ら，あらゆる交通インフラの整備，とりわけ道路及び空港の整備に大きな余地が残る。

　域内の交通インフラの分布を見ると，高い経済成長を続ける中国・インド・ASEANに集中している傾向が見受けられる。1990 年代以来，これら3カ国・

地域は他のアジア地域に比べ経済成長が著しいことから，交通インフラの保有量も多くなっている。とりわけ鉄道及び道路について，中国とインドの保有量がそれぞれアジアの合計の5割及び6割超に達するなど，アジアにおける鉄道・道路インフラが当該2カ国に集中している。それに対し，ASEANの空港保有数はアジア全体の3割弱で，最も多くを占めている。

表14-1 アジア主要国/地域の交通インフラの保有の割合（2013年）

2013年	空港（カ所）	鉄道（総延長）	道路（総延長）
アジア／世界	11.3%	41.9%	21.0%
中国／アジア	10.7%	31.2%	30.5%
インド／アジア	7.3%	23.2%	34.8%
ASEAN／アジア	27.8%	7.4%	10.1%
（中国＋インド）／アジア	18.0%	54.4%	65.2%
（中国＋インド＋ASEAN）／アジア	45.8%	61.8%	75.3%

（資料）CIA FACTBOOK ウェブサイトから作成。

表14-2 国別主要インフラの平均増加率（1990－2013）

国名	1990～2013間の道路延長の増加率	1990～2012間の鉄道ネットワークの密度の増加率	1990～2012間の航空会社の飛行機離陸数の増加率
中国	6.4	1.01	12.8
インド	4.1	0.16	7.8
ブルネイ	6.2	—	4.0
タイ	5.9	1.64	6.0
ラオス	5.6	—	7.2
マレーシア	3.3	1.37	4.5
ベトナム	3.0	▼0.63	22.0
インドネシア	2.7	—	4.4
フィリピン	1.7	0	5.8
シンガポール	1.0	—	7.7
ミャンマー	0.5	—	3.9
カンボジア	0.5	0.36	—
アジア平均	2.3	0.36	4.3

（資料）ADB, *Key Indicators for Asia and the Pacific 2014*, から作成。

また，中国は2001年のWTO加盟以降，急速な経済成長とともに，一貫して交通インフラに多額な投資を行ってきた結果，道路・鉄道・空港などの保有において，アジアの平均増加率の3倍前後の規模で毎年拡大を続け，現状では中国を中心に域内交通インフラの整備が急速に進んでいる構図も見て取れる。

1．中国の交通インフラの整備概況

2000年以降，急速な経済成長を背景に，中国の交通産業への投資は年々上昇傾向にあり，しかも特徴として，投資額の大半は地方が担っている。

一方，輸送モード別に投資元である中央と地方の割合に大きな違いがみられる。例えば道路インフラの投資の大半は地方が負担している。各省・直轄市，自治区を単位とする地方は，道路輸送業と地方経済との関連性を重視し，道路輸送業に地方投資額の7割弱を充てている。

それに対し，中央投資の大半は鉄道輸送業に向けられている。中国鉄道（国鉄相当）が会社化したものの，国有企業として，鉄道ネットワークの構成及び関連インフラの整備はすべて中央政府の戦略の下で一元的に進められるため，鉄道への投資は中央政府による鉄道輸送産業の集中管理の意味合いを色濃く反映する。

また，2000年以降，「西部大開発」という国家政策による内陸への産業誘導

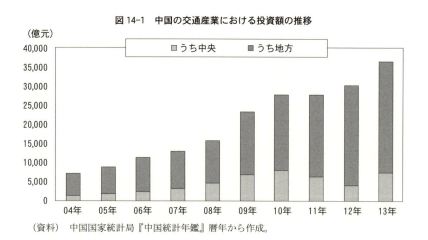

図14-1　中国の交通産業における投資額の推移

（資料）中国国家統計局『中国統計年鑑』暦年から作成。

策の遂行により，徐々に中国の地域別経済発展の構図に変化が現れている。それまでの中国の経済成長を牽引した東部地域に代わって，内陸となる西部地域の成長率が伸び始め，2011年以降，東部地域を超え，現在でも国内で最も高い成長率を維持している。

当然ながら，内陸の経済発展には高い輸送コストや物流関連施設の不足がネックとなるため，国務院（内閣に相当）のイニシアチブで内陸の鉄道・道路建設など，陸上交通インフラ整備のマスタープランを作り，投資を継続した。その結果，現在中部及び西部地域における鉄道の営業キロ数は中国全体の6割超，道路保有キロ数も中国全体の7割弱にまで至った。

西部地域までの交通インフラの整備により，中国の内陸に至る各交通輸送モードのアクセスが大きく改善し，ヒト・モノの移動の迅速化や輸送コストの低減に大きく寄与している。

ただし，中国では交通インフラ整備における民間資本の活用（例えばPPP方式（Public-Private partnership，官民連携））が少なく，これまでは政府主導による建設・運営が主な方式であり，整備された交通インフラの維持，効率的な運営には今後民間資本及び手法の導入が不可欠である。

2．インドの交通インフラの整備概況

アジアの大国であるインドも経済成長により，交通インフラ関連に多大な投資を行ってきた。輸送モードや産業による投資額のバラツキがあるものの，道路・鉄道を除き，民間による投資活動は中国に比べて積極的である。

インドの場合，経済成長は国際貿易に大きく依存せず，国内需要の拡大を中心に経済成長を図るため，当面国内陸上交通インフラの整備を最重要課題に掲げる。現状では国内の主要港湾にそれぞれ道路・鉄道とリンクし，それをベースとする国内交通ネットワークはすでに構築された。

しかし，鉄道の電化率が低く，単線区間が多いなど，経済発展の需要に追いついていない。全国の高速道路の保有も227km（2011年）に過ぎず[2]，地域間長距離輸送を担う国道の22.1%が1車線/片側1車線に留まり，2車線しかない国道も53.0%を占めるなど[3]，陸上交通インフラの貧弱さを露呈している。

また，鉄道および道路の分野におけるインフラ投資額は，民間資本の投資が

図14-2 インドの交通産業における投資額の推移（計画を含む）

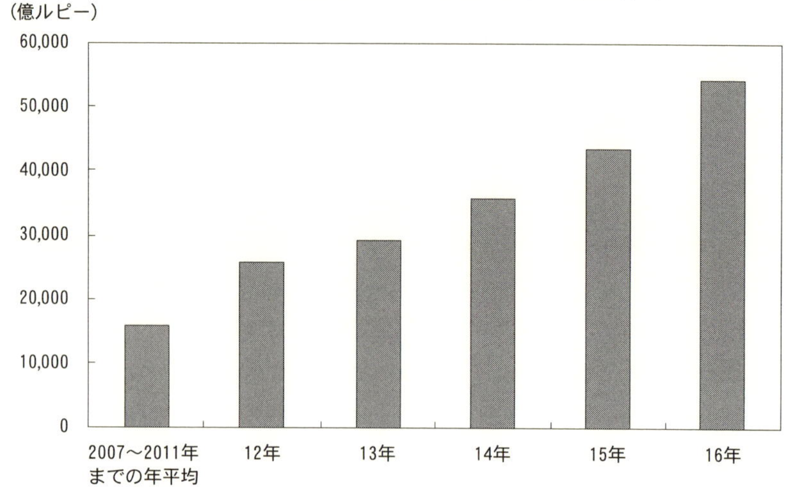

（億ルピー）

（出所）Government Of India Ministry of Statistics and Programme Implementation, *Infrastructure statistics 2014.*

表14-3 交通インフラ関連投資における内訳（計画を含む）

2007～12年の修正推定投資額の内訳	中央政府	州政府	民間
道路・橋梁	32.6%	50.9%	16.5%
鉄道	90.7%	5.2%	4.1%
港湾	13.2%	6.8%	80.0%
空港	32.5%	3.5%	64.1%
貯蔵・倉庫	1.6%	2.3%	96.1%
石油ガスパイプライン	58.6%	0.0%	41.4%

（出所）ジェトロニューデリーセンター「インド・インフラマップ」2011年3月，2頁。

低く，中央・地方政府の投資が限られる中，陸上交通インフラ整備の緩慢さがインドの経済発展の足かせになる。

3．ASEANの交通インフラの整備概況

ASEAN諸国の国内交通インフラ整備は大きなバラツキがある。最大の陸地であるインドシナ半島の場合，道路・鉄道インフラの整備は途上であり，域内の陸上輸送には課題が山積している。

一方，ASEAN 諸国はラオスを除き，海を囲む地域であり，しかも輸出志向型経済を目指していることから，玄関口となる港湾及び空港の整備が徐々に進みつつある。特に近年，CHINA＋1 による外資企業の中国から ASEAN へのシフトや，競争の自由化による域内 LCC（Low Cost Carrier，格安航空会社）の急成長などが空港・港湾の整備拡張の追い風となり，空港保有数はアジア全体の 3 割弱とアジア域内で最多となっている。シンガポール，クアラルンプール，バンコクなどのメガ空港は世界空港の上位 30 位に入る（2013）など，グローバルな主要空港にもなっている。

表14-4　ASEAN の主要空港の取扱実績（2013 年）

貨物（2013）				旅客（2013）			
順位	空港所在都市	取扱量（トン）	対前年比	順位	空港所在都市	旅客数（人）	対前年比
11	シンガポール	1,898,850	3.1%	10	ジャカルタ	60,137,347	4.1%
19	バンコク	1,321,853	0.9%	13	シンガポール	53,726,087	5.0%
30	クアラルンプール	694,311	0.0%	17	バンコク	51,363,451	−3.1%
				20	クアラルンプール	47,498,127	19.1%

（出所）　Airports Council International ウェブサイトから作成。

港湾について，コンテナ港を中心に世界第 2 位のシンガポール港を始め大型港が多く稼働している。コンテナ取扱港の上位 50 港のうち ASEAN 域内に 8 港あり，世界の海上コンテナ取扱量の 1 割強を占める（2013 年）など，一定

表14-5　ASEAN 域内のコンテナ港湾一覧

2013 年の順位	港湾名	所在国	取扱量（千 TEU）	世界に占めるシェア	成長率 2013/2009
2	シンガポール	シンガポール	33,617	5.0%	125%
13	ポートケラン	マレーシア	10,350	1.6%	142%
19	タンジュンペラパス	マレーシア	7,627	1.2%	127%
21	タンジュンプリオク	インドネシア	6,590	1.0%	173%
22	レムチャバン	タイ	6,031	0.9%	133%
24	ホーチミン	ベトナム	5,542	0.9%	156%
36	マニラ	フィリピン	3,770	0.6%	131%
46	タンジュンペリック	インドネシア	3,001	0.5%	132%

（出所）　World container traffic data 2014 から作成。

の存在感を示している。

　総じて，上記3カ国・地域はアジアにおける交通インフラの大半を保有し，うち，陸上交通インフラの保有に中印の存在感が大きく，ASEANは空港整備でアジア地域をリードしている。

表14-6　中印における交通インフラ関連の投資額の比較

単位：億円・%	名目GDP		物流産業投資額		物流産業投資額/名目GDP	
	中国	インド	中国	インド	中国	インド
11年	8,979,765	1,642,754	527,552	29,566	5.9%	1.8%
12年	10,058,585	1,857,868	578,339	48,279	5.7%	2.6%
13年	11,146,787	2,110,181	690,259	54,666	6.2%	2.6%

(注)　中国の場合は実行ベース，インドの場合は，11年は07-11年までの平均値，12，13年は計画，1人民元＝19円，1インドルピー＝1.86円で換算。
(出所)　*Infrastructure statistics 2014* 及び「中国統計年鑑2012，2013，2014年」。
　　　　中国名目GDPは http://ecodb.net/country/CN/imf_gdp.html による。
　　　　インドの名目GDPは http://ecodb.net/country/IN/imf_gdp.html による。

　一方，中印両国を比較した場合，中国が交通インフラに圧倒的に多額の投資を行ってきたことが明らかである。潤沢な外貨準備を保有する中国は，海外貿易のさらなる拡大を狙い，概ねインドの10倍超の投資を続けている。投資の絶対額もさることながら，名目GDPに占める割合についても，インドの3%以下に対して，5～6%となっている。現状において，中国はアジアにおける国内交通インフラ整備に最も熱心であり，その勢いは自国に留まることなく，国境を越え，周辺国を始め，ヨーロッパまで伸ばそうと動き出している。

第2節　アジア域内の交通ネットワークの構築

　アジア域内で中国とASEAN，インドとASEANなど，複数の自由貿易の枠組みが合意したことをきっかけに，域内経済の急成長及び域内貿易の活発化が進む。それに伴い，アジア域内交通インフラ，とりわけ陸路の整備に対する関心が高まり，国境を越える域内交通ネットワークの整備も本格的に動き出す。

一方，現時点ではアジアにおいて，積極的に国境を超えた国際交通インフラの整備を進めている国及び地域は中国及びインドシナ半島を中心とするASEANである。

中国の場合，経済成長の次のステップを中西部内陸地域にシフトしていることで沿海地域から始まった交通インフラの整備を内陸まで拡張し，さらに新たな海外輸出先を開拓するため，周辺国を始め，アジア諸国との間の交通インフラの接続や外国のインフラ整備に積極的に働きかけている。

例えば，2008年にカザフスタン，ウズベキスタン間の鉄道輸送協力やカザフスタンとの国際鉄道建設，パキスタン・グワダル深水港の建設援助など，官民一体で周辺国との交通インフラ整備の協力に力を入れてきた[4]。

一方，こうした2国間国際交通インフラ整備の協力合作は2014年の「新シルクロード計画」構想によってさらに大きく膨らみ，アジア地域に留まらず，ロシアを通じ，ヨーロッパまでの国際交通回廊の整備を打ち出した。

図 14-3 「一帯一路」の概念図

（出所）中国の各新聞・雑誌により筆者整理・作成。

2013年に習近平政権は，かつての「シルクロード」に因み，「新シルクロード」構想と称し，中国からヨーロッパまでの「一帯一路」(One Belt And One Road)」の構築を打ち出した。これは，中国国内の中西部地域を起点とする国際交通インフラを整備し，沿海と内陸との経済成長のギャップの縮小を図ると同時に，近隣諸国との経済関係の強化，中国製品の輸出増加，そして複数の石油輸入ルートの確保を狙うなど，多くの目的に基づいている。

現在，「一路」に関し，以下のように，中国のシーレーン確保をキーワードに海外港湾の建設協力や運営が数件進められている。

- スリランカ南部のハンバントタ港は中国国有銀行の融資及び工事の請負を受け[5]，すでに2期工事まで建設が進み，完成後中国系企業が運営権を握ると考えられる。
- 2013年，パキスタン[6]政府はかつて2007年に中国の資金援助で完成したグワダル港の運営権をシンガポール企業から中国企業に譲渡した。これによって，中国は中東の石油をマラッカ海峡を通さずに本土まで運ぶ陸上ルートのゲートウェイを確保したこととなる。
- バングラディシュ[7]のチッタゴン港に資金提供と引き換えに新たな工業園区の建設を企画している。

他方，海経由のシルクロードである「一路」に対し，陸上のシルクロードを代表する「一帯」はより活発な動きを示す。

背景には中国の西部地域の積極的な開拓に伴う輸出の動きに加え，欧州の製造業は従来の西ヨーロッパ中心の「ブルー・バナナ」[8]地域から，ポーランド・チェコ・オーストリア・ルーマニアなどの中欧へシフトし，必ずしも海運による輸送が最も経済的とは限らなくなったことにも1因がある。

中国中西部大都市を発着地とする国際鉄道コンテナ輸送の運行がチャイナ・ランドブリッジ（以下CLBと略称）の形で複数に現れ，利用拡大に現実味をもたらしている。

沿海地域を含めれば，すでに連雲港市，鄭州市，重慶市，成都市，西安市，武漢市，青島市，義烏市，蘇州市，広州市，大連市など，それぞれの都市からの始発でCLBを利用した中央アジア・ロシア・ヨーロッパまでの鉄道コンテナ貨物輸送が行われている（2015年3月まで）。

表14-7 中国各都市発の CLB 一覧

発着都市	発地及び途中経過国	全長（キロ）	開通時期
連雲港	連雲港，カザフスタン，ロシア，ベラルーシ，ポーランド，ドイツ，オランダ	10,900	1992.12.01
重慶	重慶，カザフスタン，ロシア，ベラルーシ，ポーランド，ドイツ，ベルギー	11,381	2011.03.19
成都	成都，カザフスタン，ロシア，ベラルーシ，ポーランド	9,826	2013.04.26
鄭州	①鄭州，カザフスタン，ロシア，ベラルーシ ②鄭州，カザフスタン ③鄭州，カザフスタン，ロシア ④鄭州，カザフスタン，ロシア，リトアニア	①10,214	2013.07.28
西安	①西安，カザフスタン，ロシア，ベラルーシ，ドイツ，オランダ ②西安，カザフスタン ③西安，カザフスタン，ロシア	①9,850 ②2,866 ③7,251	2013.11.28
武漢	武漢，チェコ，ハンブルグ	10,863	2014.04.23
蘇州	蘇州，満州里，ワルシャワ	11,200	2013.09.30
義烏	①義烏，カザフスタン，ロシア，ベラルーシ，ポーランド，ドイツ，マドリード ②義烏，カザフスタン，中央アジア5カ国	①13,000 ②10,000 超	2014.01.20
広州	広州，蘇州，満州里，ロシア	11,000	2014.06.30
大連	大連，満州里，ロシア	11,000	2015.03.29
営口	営口，満州里，ロシア	12,000	2014.12.10
瀋陽	瀋陽，満州里，ロシア，ベラルーシ，ポーランド，スロバキア，ハンガリー，オーストリア，ドイツ	12,000	2015.03.11
その他	青島〜オランダ	11,000	2012.12.29

（資料）中国の各種新聞・雑誌などに基づき筆者整理・作成。

　CLBは 1992 年に連雲港発が運行開始し，当初はシベリア・ランドブリッジの代替として，大陸経由の国際トランジット貨物の取扱を想定したが，海運業の船舶の大型化及びそれに伴うコスト低下に押され，また当時の中国鉄道の輸送能力の制限や CIS 諸国との通関調整がうまくいかなかったことなどから利用増に繋がらなかった。しかし，連雲港の CLB の運営経験が，重慶，成都，鄭州，西安など後発の CLB を開設する都市に多くの経験を残した。

　なお，「一帯一路」による国際交通インフラの整備を推し進めるため，2014年 11 月，中国政府は豊富な外貨準備を梃に，400 億米ドルを拠出した「シル

クロード基金」を創設し、ルート沿線の諸国の交通インフラ整備に充てると宣言した。

さらに、2015年に中国が主導するアジア・インフラ投資銀行（Asian Infrastructure Investment Bank: AIIB）に57カ国が参加すること（2015年4月15日の時点）で立ち上がり、中国政府は必要とする資金の大半の拠出を予定している。

国策として進めている「一帯一路」により、陸路を中心に東南アジア、中央アジア、南アジア、ロシアなど、中国国内から周辺国に道路・鉄道・パイプラインなどが延伸し、アジア地域の交通インフラが中国を発着地としながら、周辺国を経由し、ヨーロッパまで延長する構図が徐々に見えてくる。

他方、ASEAN最大の陸地であるインドシナ半島の場合、1992年にアジア開発銀行（Asia Development Bank、略称ADB）の主導でメコン流域を中心に国際交通インフラ整備が進められている。これは、タイ、カンボジア、ラオス、ベトナム、ミャンマー及び中国の一部地域（雲南省、広西チワン族自治区）を対象に実施する経済協力プログラムに基づくものである。

インドシナ半島に立地するASEAN諸国は、タイを除いて、陸上の交通インフラの整備が遅れ、経済成長に追いつかない状況である。

道路においては、1車線道路が多いうえ、未舗装道路も多い。また、河川を

図14-4　インドシナ半島における各回廊の概要図

（資料）United Nations Economic and Social Commission for Asia and the Pacificから作成。

跨ぐ橋梁や域内鉄道の整備が遅れるなど，陸上における国際輸送はおろか，国内輸送にも高コスト及び不定時性に強いられる。

現在，インドシナ半島の域内経済の活発化を念頭に，先ず東西回廊，第2東西回廊，南北回廊の整備が進めている。

ここでも近年，中国の存在感が日々高まっている。とりわけ中国の昆明を起点とする南北回廊の道路及び橋梁がすでにバンコクまで整備完了となった。また，昆明や南寧を起点にベトナム，ラオス，ミャンマーの主要都市間の高速道路もすべて中国国境までの整備が着工し始めた。

鉄道においても，軌道幅規格が違うものの，2005年に中国政府が雲南省を起点にシンガポールまでのパンアジア鉄道建設計画を持ち上げた。ASEAN諸国の区間を合わせると，雲南省からハノイ，ホーチミン，プノンペン，バンコク，クアラルンプール経由でシンガポールまで全長5500キロを計画し，それに関連する資金の提供を申し出ると同時に，中国国内部分において一部すでに着工している。

第3節　LPIからみるアジア諸国の物流

アジア各国の国内及び国境を跨ぐ交通インフラの整備が進むにつれ，域内経済の活発化による物流活動も拡大する傾向である。2007年，世界銀行が「国際物流の効率性指数」（The Logistics Performance Index，略称LPI）を設け，諸国の物流情況について数値での評価を試みた。その後，10年，12年，14年と4回にわたり，継続的に集計を行っている。

その際，評価対象となる国に対し，「通関効率性」，「インフラ」，「国際貨物の荷役」，「物流品質及び能力」，「追跡管理能力」，「納期遵守度」など，6つのカテゴリーから総合し，「国際物流の効率性指数」として各国の平均値及び順位付けを集計した。アジア域内において，中国は25位のマレーシアに続いて28位，インドは54位である（2014年）。

なお，ASEANにおいて，タイ，マレーシアが比較的に高い評価をされているのに対し，新興国であるベトナム，カンボジアは比較的に下位であり，ラオ

表14-8　LPI指数の国別順位一覧

順位	中国	インド	マレーシア	タイ	ベトナム	インドネシア	フィリピン	カンボジア	ラオス	ミャンマー
2007	30	39	27	31	53	43	65	81	117	147
2010	27	47	29	35	53	75	44	129	118	133
2012	26	46	29	38	53	59	52	101	109	129
2014	28	54	25	35	48	53	57	83	131	145

（資料）The World Bank, *Logistics Performance Index*（*LPI*）*Report* から作成。

スとミャンマーは100位以下となっている（いずれも2014年）。

　また，LPI指数のうち，交通インフラ整備に最も関連する「インフラ」のカテゴリーをみる場合，アジア地域の諸国に大きな違いがみられ，中国の順位が23位と最も高く，続いてマレーシア，タイ，ベトナム，インドの場合，58位に留まり，インドネシアよりも下位である（いずれも2014年）。

　さらに，時系列でみる場合，中国，マレーシアが徐々に順位を上げたのに対し，2014年の結果では，インド，フィリピン，ラオス，ミャンマーが後退傾向にある。各国ともその間に交通インフラ整備へ投資をしてきたにも関わらず数値が後退したことは，交通インフラを含むインフラ（電力・工業用水なども加え）への投資が，国内経済発展のスピードあるいは国際貿易の増加に追い付いていないことが指摘できる。

　それに対し，中国は国内の経済成長以上にインフラの整備に力を入れていることも明白である。2011年以降，経済成長が1桁となって年々低下傾向を辿っているものの，その間の交通インフラの投資は引き続き増額してきた。結果として，インフラの情況は改善方向に向かっている。

表14-9　うち「インフラ」指数の国別順位一覧

順位	中国	インド	マレーシア	タイ	ベトナム	インドネシア	フィリピン	カンボジア	ラオス	ミャンマー
2007	30	42	28	31	60	45	87	81	120	145
2010	27	47	28	36	66	69	64	114	132	134
2012	26	56	27	44	72	85	62	128	106	133
2014	23	58	26	30	44	56	75	79	128	137

（資料）The World Bank, *Logistics Performance Index*（*LPI*）*Report* から作成。

なお，100位以下となるラオス，ミャンマーの順位後退は，近年ASEAN新興国の有力な投資先として，急激な外資企業の投資に対するインフラ整備の遅れが生じたと認識される。

第4節　アジア地域における物流のレベルアップと日系企業

日系企業の海外進出はすでに26,000社を超え[9]（2013年時点），進出先別ではアジア地域に1万6000社超と最も多く[10]，うち中国に進出した企業は6200社[11]以上で，日系企業の海外進出先として中国を中心とするアジア地域が最重要視されていることが理解できる。

また，近年の経済産業省の調査により，アジアにおける日系企業の売上高に占める現地販売額及び第3国向け輸出額が急速に拡大している。アジア諸国の経済成長による現地市場の拡大，物流のレベルアップによる複数国で構成するSCM（Supply Chain Management）が可能になったことで，国境を跨ぐ物

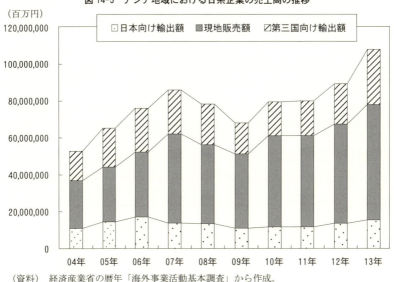

図14-5　アジア地域における日系企業の売上高の推移

（資料）　経済産業省の暦年「海外事業活動基本調査」から作成。

流ネットワークが構築され，日本向けに頼らない売上構成になりつつある。

また，現状では日系企業のアジアでの進出先になお中国の存在が最も大きく，中国国内の交通インフラ整備の強化に伴い，日系企業による中国での現地販売ないし原材料の調達が一層活発化することが予想される。

2010年以降，中国への一極進出のリスクを分散化するCHINA＋1が唱えられ，日系企業の進出先を中国からアジア地域の他の国へシフトする動きが増え，今日まで続いている。実際に中国より安価な人件費・土地代，安定的な政治状況，破格な外資誘致策などで優位性を持つ国がまだ多数存在するうえ，インド，バングラディシュ，インドシナ半島諸国など，厚い若年人口層の急増による都市規模が急拡大し，今後中国と並ぶほど重要な巨大市場になる。その場合，アジア地域における物流のレベルアップは，日系企業が当該地域における最適立地を再検討する際により多くの可能性をもたらし，広範囲にわたるアジア戦略の最適化を図るための基礎となる。

(町田一兵)

注
1　CIA FACTBOOK, 2013年の数値を中心に集計した結果。
2　GOVERNMENT OF INDIA, MINISTRY OF ROAD TRANSPORT AND HIGHWAYS TRANSPROT RESEARCH WING, NEW DELHI [BASIC ROAD STATISTICS OF INDIA 2008-09, 2009-1 & 2010-11], August, 2012, p.9.
3　いずれも2012年, GOVERNMENT OF INDIA, MINISTRY OF ROAD TRANSPORT AND HIGHWAYS TRANSPROT RESEARCH WING, NEW DELHI[BASIC ROAD STATISTICS OF INDIA2011-12], December, 2013, p.6.
4　http://www.sco-ec.gov.cn/
5　中国の輸出入銀行は一期工事に5億米ドルを融資し，中国企業が工事を行った。http://finance.huanqiu.com/world/2013-06/3992787.html, 2015年3月2日取得。
6　中国青年報2013年02月20日。
7　http://www.mofcom.gov.cn/article/i/jyjl/j/201311/20131100378900.shtml, 2015年3月2日取得。
8　西ヨーロッパにおいて特に経済的，人口的に発展しているバナナ型の地帯を指す。北西方向にノース・ウェスト・イングランド，南東方向にミラノまでわん曲しているエリアを指す。「青」はEUの旗の色が由来。
9　東洋経済新報社 (2014) による。
10　同上。
11　同上。

参考文献
中国国家統計局(2014)「中国統計年鑑 2014」。
東洋経済新報社(2014)「海外進出企業総覧 2014」(国別編)。

(英語)
ADB (2014), Key Indicators for Asia and the Pacific.
BASIC ROAD STATISTICS OF INDIA2008-09, 2009-1 & 2010-11 (2011-12).
GOVERNMENT OF INDIA,MINISTRY OF ROAD TRANSPORT AND HIGHWAYS TRANSPROT RESEARCH WING,NEW DELHI (2012-2013).
Government of India Ministry of Statistics and Programme Implementation (2014) [Infrastructure statistics].

第Ⅲ部

アジア・コンセンサスの模索

第 14 章
新自由主義批判とアジア・コンセンサスのエチュード

はじめに

　「アジア・コンセンサス」とは何か。いまだ確立したものではないが，ワシントン・コンセンサス，ポスト・ワシントン・コンセンサスに体現される行き過ぎたグローバル化が国家による裁量の余地を極小化し，その結果，様々な問題が露呈している今，アジアの経験を踏まえつつ，新たなビジョンを模索することの意義は小さくない[1]。「新自由主義」(neoliberalism) への批判，「埋め込まれた自由主義」(embedded liberalism) の再検討を通じて，まだ見ぬアジア・コンセンサスの輪郭を浮かび上がらせることが本章の目的である。

　現状としては，アジア通貨危機後の「ASEAN+3」を支えた日本と中国・韓国との軋轢，TPP（環太平洋パートナーシップ協定）を通じて中国を牽制し成長アジアを取り込もうという米国の動きが目立っている。こうしたなかアジア・コンセンサスを論じるなど，一見無謀だが，歴史的経験に根ざしながら将来ビジョンを描くことは，現状追認論や宿命論を乗り越え，より良きアジア社会を築くための第一歩である。

　第1節では，新自由主義の理念・政策とそれへの批判を概観する。続く第2節では，「グローバル化」と各国の「経済政策の自律性」との妥協を図った「埋め込まれた自由主義」に基づく戦後国際経済体制の再検討を行う。多様な論者による戦後体制再評価の中に，アジア・コンセンサスのヒントを見いだしたい。

第1節　国家の裁量的政策への視点

1．新自由主義の理念と現実

　本来，思想としての新自由主義の根底にあるのは，政治や権力への懐疑である。そこには，気まぐれな権力の介入など，人間の「自由」の侵害であるという認識がある。自由を確立すべく政治，権力を排除し，これらを欠いてなお自生的に存在する秩序，国家も民族も一切力を持たないひとつのメカニズム，より具体的に言えば「自己調整的市場」が人間社会を結ぶというのが新自由主義の根本的理念である（矢野　2004，278-279）。

　こうした新自由主義の見地からすると，グローバル化は「市場の自由化とグローバルな統合」を内実とし，「不可避的かつ非可逆的」「誰も統括せず誰のせいでもない」「誰にとっても利益がある」「世界に民主主義を広める」という特質を有し，自由を希求する人間社会にとって必然かつ最善のプロセスということになる（スティーガー　2010，117-120）。

　新自由主義が国際経済政策の実践面に適用されると，自由貿易，金融・資本取引の自由化を支える理論となる。これによれば，国家介入を排し市場メカニズムに価格設定を委ね，世界経済に統合されることこそが各国にとって最善の政策である。統合されれば，合理的な国際金融市場が政府に規律を与え，健全な金融・財政政策が促されて，個人の自由，また各国の経済厚生は高まるとされるのである（ヘライナー　2015，102，169-170）。

　しかしながら，政治，権力を離れて存在する自己調整的市場が社会を編成する規律となる，厚生を高めるなどというのは，新自由主義者の見果てぬ夢にすぎない。現実には制度やルール，すなわちガバナンスがあって，ようやく市場は機能する。市場の自己調整機能を妨げるとしてこれらを取り払えば，社会は危殆に瀕する（矢野　2004，279-284）。

　自由貿易の普遍的利益を明らかにしたとされる比較優位の原理も，「貨幣的自動調整メカニズム」の作用を前提しなければ成立しない。賃金が独立変数であり，各国間の「単位労働コスト」格差が調整されず，資本移動が自由に行わ

れるという，現実の世界経済により近い想定をすれば，絶対的競争優位が生じ，賃金・福祉水準の下位平準化も起こりうる。現状では，国際通貨体制改革を含め，自由貿易の利益を当事国すべてが享受するための制度的条件は整っていない（田淵 2006, 20-26, 38, 55）。

　ブレトン・ウッズ体制が崩壊した1970年代以降，金融・資本の自由化が進み，大量のマネーが国境を超えるようになった。こうした自由化が政府の誤った政策を正すという素朴な「国家チェック論」は，主流派経済学の十八番だが（矢野 2004, 314-318），1974年の国際銀行危機以後，リーマン・ショック，ギリシャ危機に至るまで金融危機が周期的に発生し，実体経済を大きく揺さぶってきた。主流派経済学者さえ確認しているように，金融・資本取引の自由化の利益に普遍性はない（バグワティ 1998）。

　先進各国内においても，新自由主義がもたらしたのは「賃金抑圧経済」と呼ぶべきものであり，支出性向の低いスーパーリッチに富と所得を集中するのに成功しただけである。経済を成長させるどころか，需要不足と不安定化により，米国であれ，日本であれ，かえって格差の拡大，経済の停滞をもたらしてきた（服部 2013, 57-59）。

　そして理念上，政治，権力を忌避するはずの新自由主義は，実践の場では，それらと密接不可分であった。新自由主義的改革は世界中どこでも「新自由主義国家」のもと，政治権力と一体化して行われた[2]。市場の自由化，グローバル化は，自生的プロセスというより政治的プロジェクトとして，まずは途上国で試みられた。それは「民主主義を広める」どころか，しばしば物理的暴力を伴う「野蛮な実験」であった（アムスデン 2011, 7；クライン 2011, 103-136；ハーヴェイ 2007, 20）。新自由主義は，国家の裁量的政策を否定し，大資本にとって好都合なグローバル化を推進したが，社会に危機をもたらし，イデオロギーとしても，実践面でも，多くの論者がオルターナティブを提示している（矢野 2014）。

2．「帝国」と経済発展

　すでに数多くの指摘があるように，東アジアの経済発展は新自由主義の理路に沿ったものではない。たとえばアリス・アムスデンは，世界銀行『東アジア

の奇跡』の分析とは異なり，各国の事例研究をもとに，国家が補助金や税制などで価格体系を（「公正化」するのではなく，むしろ）戦略的に「歪曲化」し，パフォーマンス基準を設けたうえ，開発目標に向けて経済主体を誘導する妙こそが開発政策の本質であるとする議論を展開してきた。

現時点での比較優位なるものが必ずしも1国の発展を約束しない以上，積極的な介入によって国内に製造業を根づかせ，比較優位構造を動態的に変化させなければならない。東アジアの経験が教えるのは，外国為替を節約する内需主導型・学習集約的な「輸入代替工業化」の重要性であり，輸入代替の経験なく低賃金にのみ依存する先進市場向け輸出工業化は持続しなかった。東アジアの輸出の成功は，確実な内需に向けた製造業の経験が生み出す資本形成と雇用，学習効果があってこそであり，これによって他地域と比較して貧困削減，所得分配の平等化の面でも成功を収めた（アムスデン 2011, 21, 121-126, 137-145）。

アムスデンは，開発国家による管理・モニタリングシステムの研究を進め，新自由主義を批判し裁量的政策の有効性を主張してきた。アジア・コンセンサスを構想するうえで，こうした国家の役割の再評価は重要である。しかしながら，新自由主義批判がこのレベルにとどまれば，国家の自律性から，国益確定主体としての国家，国家の無謬性へと議論は進み，さらには開発独裁容認論へと飛躍する危険がある[3]。アジア・コンセンサスという将来ビジョンに向けてアジアの歴史的経験から確認すべきことは，アムスデンも指摘しているように，裁量的政策を許容した国際環境の存在である。

上述のとおり，新自由主義的議論では，どの国にとっても世界経済は等しく与件としてあり，そこに権力関係を見いだすことはない。これに対し，アムスデンは，第2次世界大戦後，1980年頃までを「第1のアメリカ帝国」，それ以降を「第2のアメリカ帝国」と区分し，世界システムにおける「ヘゲモニー」のあり方，統合される国際経済体制の性格が途上国政府の裁量の余地を大きく規定して開発の成否を左右するという論点を提示した。

第2次世界大戦後の「第1のアメリカ帝国」は，東西冷戦下，資本主義陣営にとどまるかぎり，途上国が自由市場の原理原則から逸脱し，介入政策をとることを許容した。第3世界は巧みに自国市場を閉ざし産業を育成しながら，米国市場にアクセスできた。これに対し，石油ショック，ベトナム戦争での敗北

を経て登場した「第2のアメリカ帝国」は，競争にさらされる製造業から金融部門に活路を見いだし，米国内外で自由化・規制緩和を進めた。借入過剰となった途上国はワシントン・コンセンサスに従わざるを得ず，国営企業の民営化，規制緩和，市場開放を迫られ，政策決定過程がグローバル化した。第1の帝国のもと，裁量の余地を与えられた途上国は，稀にみる成長を実現し貧困削減を果たしたのに対し，第2の帝国では，新自由主義の想定に反し，途上国の成長率は，第1の帝国下を下回り，格差も拡大した（アムスデン 2011，11-18, 24, 64, 84, 195）。

新自由主義的グローバリズムが低成長と社会不安をもたらすなか，アムスデンはじめ多くの論者が注目しているのが，グローバル化を制限し，各国の裁量的政策を許容した戦後国際経済体制の理念や制度である。以下，本章でも，「埋め込まれた自由主義」に基づく戦後国際経済体制の現代的意義の検討を通じ，アジア・コンセンサスに備わるべき制度的特質に迫ってみたい。

第2節　「埋め込まれた自由主義」の再検討

1．第2次世界大戦後における「埋め込まれた自由主義」の妥協

戦後国際経済体制は，一般に「パックス・アメリカーナ」と称される。しかしながら当時の米国は，その圧倒的なパワーを用いて開放的で自由なシステムを築いたわけではない。特に金融・資本取引に関しては，自由化どころか，規制・管理が施され，それを通じて福祉国家を支える制度が模索された（ヘライナー 2015, 6-7, 41）。「埋め込まれた自由主義」とは，この特質を浮き彫りにすべく，ジョン・ラギーが用いた言葉である。

ラギーによれば，戦後のブレトン・ウッズ体制は，金本位制と自由貿易を内実とする19世紀的な自由主義とは異なる「埋め込まれた自由主義」の体制，すなわち「国際的な開放性と国内政策の自律性の同時追求」を可能にするような経済レジームである（Ruggie 1982, 393；ラギー 2009, 60）。悲惨な大恐慌と大戦を経た世界の課題は，「自由・無差別・多角主義」という字義どおりのグローバリズムを確立するというよりも，国際的開放性という目標をいかに

して国内安定という目標に括りつけるかにあった。

つまり，この時代，国際経済政策は，完全雇用，経済成長，公正，社会保障，福祉国家など国内の政策目標に貢献するものでなければならなかった（ロドリック 2014, 92）。国民を総動員した2度にわたる世界大戦は，参戦国において国民参加型国家，大衆参加型社会への移行を促したのであり[4]，そこに東西冷戦という国際環境が生じれば，国民の要求，国内の政策目標を無視して対外均衡を押しつけるようなレジームはあり得なかった。アムスデンが分析したように，それは新興の第3世界諸国に対しても同様だった。

IMFは各国の協調的資本規制と包括的為替管理を制度化し，為替の安定を通じて多角的貿易を推進しようとした[5]。戦後の先進工業国は，介入政策の効果を維持すべく自由な国際金融秩序の受入を警戒した。米国をはじめ先進諸国で，ケインズ主義志向の官僚，産業資本家，労働組合による「埋め込まれた自由主義」の新たな政治同盟が金融資本よりも優位に立ち，介入主義的福祉国家を支えていた。東西冷戦下，安全保障を優先する米国は，西ヨーロッパや日本に対して，経済の引き締めを求めるより，むしろ工業化拡大のための資本規制を容認した（ヘライナー 2015, 44-45, 68, 92-94, 107-108）。

「埋め込まれた自由主義」でヘゲモニーを維持できなくなった米国による一方的な「ゲームのルール」の変更により，ブレトン・ウッズ体制（アムスデンの言う「第1のアメリカ帝国」と重なる）は1970年代半ばには崩壊した。その後，新自由主義的グローバル化が進展（「第2のアメリカ帝国」が出現）したわけだが[6]，上でも述べたように，経済成長で比較しても，「埋め込まれた自由主義」時代のほうが新自由主義時代よりも良好だった。世界全体の成長率を見ると，1960年代は3.5％程度，70年代も2.4％を確保していた。それに対して，80年代は1.4％，90年代は1.1％に落ち込み，2000年以降はかろうじて1％に達する程度となっている（ハーヴェイ 2007, 216）。成長もイノベーションも，格差がより小さな社会でこそ生み出された（ピケティ 2014, 44, 534）[7]。

先進地域における労働組合や左翼政党が現実的な影響力を有する介入主義的福祉国家は，一定の社会的・倫理的な性格を持った経済を育成し（ハーヴェイ 2007, 23），貧困，失業，恐慌，金融危機といった古典的な資本主義の病の解

決に向けて，完全とは言えないまでも，かなりの成果をあげた（服部 2013: 26）。「逆説的だが，資本家階級の権力そのものよりも，むしろ労働者階級の強力な社会民主主義運動の方が，資本主義を救い出すことができるかもしれない」とさえ言われるのである（ハーヴェイ 2007, 216）。

確かに先進国の高度成長期は，東西冷戦下，軍産複合体が暗躍したヴェトナム戦争があり，公害が人びとの健康をむしばみ，女性の地位も低いままであったなど，ノスタルジックに理想化すべき時代でない。第1のアメリカ帝国は「善意」に貫かれたヘゲモニーではなかったし，すべての途上国が開発に成功したわけではない。しかしながら，福祉国家体制下の労使協調路線，国内的にも国際的にも一定の制限を受けた自由化が格差縮小・階級融和的な「共生」の側面を持っていたこと，途上国の成長も相対的に高かったことの確認は重要である（アムスデン 2011, 9-14, 73-78；佐野 2012, 27-28；矢野 2014, 33）。

金融・資本規制が残存し，完全ではない自由貿易が行われていた時代の諸制度を再評価する視点の中にこそ，アジア・コンセンサスの具体的な方向性が見いだせる。

2．現代版「埋め込まれた自由主義」の模索とアジア・コンセンサス

スーザン・ジョージは，ケインズが国際清算同盟とともに構想したものの実現しなかった国際貿易機関（ITO）の理念・仕組みに，各国内における社会的目標の実現に資する国際機関の可能性を見いだした。現行の世界貿易機関（WTO）が世界人権宣言を承認せず，雇用に関する規定もないのに対し，ITOでは冒頭で国連憲章に言及しているほか，公正な労働規範，賃金の向上を重視して国際労働機関（ILO）との協力を加盟国に義務づけていた。また一次産品問題の解決が目指されていたほか，政府調達による国内産業支援まで認められていた。清算同盟の仕組みと合わせれば，現行のシステムよりも，グローバル化と，雇用・福祉や開発といった各国の政策目標との調和が図りやすく，ケインズの構想を現実的選択肢として再検討すべきというのが彼女の主張である（ジョージ 2007）[8]。

ダニ・ロドリックは，新自由主義的グローバル化のもたらす諸問題の根源に，「民主主義」と「国家主権」と「グローバルな経済統合」の鼎立は不可能

であるという「世界経済の政治的トリレンマ」を見いだす。そして，ガバナンスの現状に鑑み，民主主義と国家主権をより重視し，グローバル化に歯止めをかけようとしている。

　市場が機能するには，制度・ガバナンスが必要であるにもかかわらず，グローバル経済を埋め込むためのグローバル・ガバナンスは確立されていない。ロドリックは，こうした現状認識から，市場を埋め込むためのガバナンスの単位として国家を保持し，多様な発展経路を認めるとともに，そのガバナンスに正当性を付与すべく国内・国家間の民主主義を確立する，そして国家ガバナンスを通じてグローバル化を節度あるものとし，その恩恵を各国で享受するという方向性を模索している（ロドリック 2014, 233-240）[9]。

　また 2009 年，米国連邦議会下院で共和党議員が発議した「貿易改革（Trade Reform）・説明責任（Accountability）・開発（Development）・雇用（Employment）」法案（TRADE Act 2009）に提示された諸項目には，現代版「埋め込まれた自由主義」の具体的政策目標が示されている。すなわち，労働基本権の尊重，外国投資規制・投機的資本移動規制の権限保持，農家が適正収入を得られるような農産物貿易，多国間環境保護規制の遵守，食料・食品の安全規制，知的財産権の人道的活用，産業・労働・環境・エネルギー等に関する政府調達方針の自主性尊重，社会保障・医療・教育・水道・運輸等の民営化・規制緩和要求の禁止，民主主義・基本的人権の確立を前提とした通商といった内容である。TRADE 法は実現に至っていないものの，超党派の議員が支持した（ウォラック他 2011, 70-76；佐野 2012, 44-45）。

　NAFTA や TPP など 2 国間・多国間の自由貿易・投資協定が国民生活に与える影響を懸念する際の論点は，米国も日本も同じである。多国籍企業のサプライ・チェーン・マネジメントの効率化と一国の発展や福祉の向上とは，常に相反すると言えないまでも，目標がかなり乖離していることは確かである。

　本章で展開してきた新自由主義批判と「埋め込まれた自由主義」再評価の諸論点から，アジア・コンセンサスに備えられるべき特質を暫定的に以下のようにまとめておきたい。すなわち，世界人権宣言・国連憲章の承認と尊重，国家の裁量的政策を保障するための内政不干渉原則の確立，各国それぞれの社会的

目標に向けた保護主義的措置の容認，金融・資本規制手段の留保，途上国に対する「特別かつ差異ある待遇」の実質化，制度間調和への努力，そして国内・国家間における民主主義の重視である。

アジア・コンセンサスの理論的支柱を求めるとすれば，それは主流派経済学ではありえない。「保護主義は長期的には世界貿易の拡大につながる」「どのような知識に基づき何を生産するかが交易条件・政治体制を左右する」「構造的低賃金を克服すべく交換・安定より生産・革新・雇用・分配を重視する」「生産・雇用などのために金融・資本取引を管理・規制する」といった考え方を支える理論，具体的には歴史的・制度的認識に裏打ちされたケインズ，シュンペーター，さらにはプレビッシュ，シンガー，ルイスといった構造主義開発経済学の流れになるだろう[10]。彼らのアイデア・構想は，主流派経済学や国際機関中枢では軽視ないし曲解されがちだが，アジア・コンセンサスを本気で展望するならば不可欠であると思われる。

まだ見ぬアジア・コンセンサスではあるが，ひとまず以上のような「習作」(étude) を描いておきたい。

おわりに

最後に，「埋め込まれた自由主義」の元祖と言うべきラギーの最近の議論を確認しておこう。多国籍企業は世界各国で活動するなか，アジアを含め各地で人権侵害や環境破壊を引き起こしてきた。グローバル・ガバナンスの欠如はこうした問題にもつながっているが，これらへの対応について，ラギーは「グローバル化する市民社会」の役割に期待を寄せている。

人権・労働基準・環境などに関する「超国民的規範にグローバル市場を埋め込む」にあたっては，今や企業とともにグローバル化する市民社会組織がグローバルな社会的責任の遵守を企業コミュニティに求める存在になっている。たしかにグローバル「ガバメント」は存在しない。だが，企業にとっても簡単には無視できない「社会的責任」(CSR) というテーマを掲げ，市民社会組織が企業コミュニティ，公的部門を巻き込み，グローバル「ガバナンス」を高め

ている。そこでは「グローバル・コンパクト」のもと，領域国家と並んで多様なアクターが活躍し，「学習フォーラム」「政策対話」「パートナーシップ・プロジェクト」などを通じて，分野によっては民間認証制度なども整いつつある。ラギーは，こうした状況に「グローバルな公共領域」を見いだそうとしている（ラギー 2004）。

　2011年6月，ラギーは国連事務総長特別代表として「ビジネスと人権に関する指導原則」を提出し，国連人権理事会で承認された。これは「人権を保護する国家の義務」「人権を尊重する企業の責任」「救済へのアクセス」を3つの柱とし，31項目にわたる原則を定めたものである。そこでは人権に関する「デュー・ディリジェンス（due diligence）」（適正評価手続）が重視され，企業活動の指針とするよう求めている（ラギー 2014）。

　ともにグローバル化する企業と市民社会の以上のような関係が，伝統的ガバナンスに代替しないまでも，それを補完する機能を持つ。戦後体制を「埋め込まれた自由主義」ととらえたラギーは近年，こうした認識に立っているようである。

　戦後国際経済体制を成り立たしめていた「条件」が崩れ，金融がグローバル化し，ガバナンス・ギャップの諸問題が深刻化しているなかでの現実的選択肢のひとつとしては否定すべくもない。しかしながら，法的拘束力があるわけではなく，ガバナンスの実効性には限界があるだろう。また，グローバル・コンパクトは国家の再分配機能を代替できるわけではない。トリックル・ダウンとCSRへの過剰な期待は禁物である。ラギーにもそうした意図はないが，「埋め込まれた自由主義」をこの方向で収束させてはならない。戦後の「埋め込まれた自由主義」が「成功」を収めるにあたり，福祉国家による再分配が果たした役割は大きい。アジア・コンセンサスでは，民主政治とともに，この論点は外せない。こうした意味で，今後，OECDによる「税源侵食と利益移転」問題への対応，ピケティ（2014）でも提起された世界的な累進資本税の実現可能性にも注目していくべきであろう。

（矢野修一）

注

1 両コンセンサスへの批判については，Standing（2000），矢野（2006）を参照せよ。
2 新自由主義国家は「国内外の資本に有利な蓄積条件を促進することを基本任務」とし，新自由主義最初の実験は，反アジェンデ・クーデター後のチリにおいて行われた（ハーヴェイ 2007: 19）。
3 開発独裁容認論に至りがちな新自由主義批判の問題点と民主主義の重要性については，矢野（2004: 19-48）を参照のこと。アジアの経済成長実績から「手段」としての開発独裁を容認するという議論は根強いが，それは論理の飛躍である。特に将来に向けたビジョンを描こうとするなら，アジアが経験した「負の側面」にも目を向けつつ，何を行うための「国家の裁量」なのか，問う必要がある。
4 これを木村靖二は「総力戦の民主化効果」と呼んだ（木村 2014, 212）。木村は，第1次世界大戦の政治的帰結のひとつとして指摘したわけだが，第2次世界大戦についても同じことが言えるだろう。「民主化」要求の奥底には，夥しい数の戦死者・戦傷者・被災者・遺族らによる「血の叫び」がある。
5 GATTは暫定協定に基づく不完全な国際組織ゆえ，完全な自由貿易の実現には失敗した。だが徹底した自由化が求められなかったからこそ，対外制約にあまり邪魔されることなく社会経済的な目標を追求する余地が各国に残された。最大限の自由貿易を実現することではなく，各国の自由な政策と両立する形での貿易量の最大化が目的だったとすると，GATT体制は成功だった（ロドリック 2014, 96-98）。
6 米国は，制限的国際金融秩序から開放的国際金融秩序に転換することによってヘゲモニーを維持したわけであるが，紙幅の都合もあり，こうした経緯やその意味についての詳述は避ける。詳しくはヘライナー（2015, 11-24, 185-243），鳴瀬（2001）などを参照せよ。
7 ピケティによれば，先進国の高度成長は，1914～45年に生じた事態（第1次世界大戦，ロシア革命，大恐慌，第2次世界大戦，戦後の新規制・新税制や資本統制など）によって「資本／所得比率」が落ち込む（格差が縮小する）なか，もたらされた（ピケティ 2014, 44）。
8 ジョージ（2007）では非常に簡潔かつ簡略的に述べられているが，その理論的背景については田淵（2006, 41-64）を，多国間通商協定成立過程の緻密な歴史的検証については山本（2012）を参照せよ。
9 ロドリックは現代版「埋め込まれた自由主義」の具体的原則として，以下の7項目を挙げている（ロドリック 2014, 272-282. 一部訳文変更）。① 市場はガバナンス・システムに深く埋め込まれるべきである。② 民主的ガバナンス，政治共同体は一般に国民国家の領域内で組織され，しばらくはそうした統治を続ける可能性が高い。③ 繁栄に「唯一の道」はない。④ どの国も独自の社会的取り決め，規制，制度を守る権利を有する。⑤ どの国も他国に自らの制度を押しつける権利はない。⑥ 国際経済の取り決めは各国諸制度間の調和を図る交通ルールの設定を目標とせねばならない。⑦ 非民主国家は国際経済秩序において民主国家と同じ権利・恩恵を享受できない。
10 こうした点に関しては，とりあえずアムスデン（2011），田淵（2006），矢野（2004; 2006）を参照。

参考文献

アムスデン，アリス・H（2011）（原田太津男・尹春志訳）『帝国と経済発展―途上国世界の興亡』法政大学出版局。
ウォラック，ロリ他（2011）「米国の政治とTPP」ジェーン・ケルシー編著（環太平洋経済問題研究会他訳）『異常な契約―TPPの仮面を剥ぐ』農文協。
木村靖二（2014）『第一次世界大戦』ちくま新書。
クライン，ナオミ（2011）（幾島幸子他訳）『ショック・ドクトリン―惨事便乗型資本主義の正体を暴

く』（上）岩波書店.
佐野誠（2012）『99％のための経済学　教養編』新評論.
ジョージ，スーザン（2007）（青木泉訳）「ケインズの忘れられた貿易機関構想」『ル・モンド・ディプロマティーク』（日本語・電子版）1月号.
スティーガー，マンフレッド・B（2010）（櫻井公人他訳）『新版　グローバリゼーション』岩波書店.
田淵太一（2006）『貿易・貨幣・権力―国際経済学批判』法政大学出版局.
鳴瀬成洋（2001）「Embedded Liberalism の解体と再編―グローバリズム・マルティラテラリズム・リージョナリズム」『商経論叢』第37巻第2号.
ハーヴェイ，デヴィッド（2007）（渡辺治監訳）『新自由主義―その歴史的展開と現在』作品社.
バグワティ，ジャグディシュ（1998）（沢崎冬日訳）「資本の神話」『週刊ダイヤモンド』5月23日号.
服部茂幸（2013）『新自由主義の帰結―なぜ世界経済は停滞するのか』岩波新書.
ピケティ，トマ（2014）（山形浩生他訳）『21世紀の資本』みすず書房.
ヘライナー，エリック（2015）（矢野修一他訳）『国家とグローバル金融』法政大学出版局.
矢野修一（2004）『可能性の政治経済学―ハーシュマン研究序説』法政大学出版局.
矢野修一（2006）「開発経済学の基本理念―その『来し方』と『行く末』に関する考察」本山美彦編著『世界経済論―グローバル化を超えて』ミネルヴァ書房.
矢野修一（2014）「デフレ下日本の経済構想―オルターナティブの素描」高崎経済大学産業研究所編『デフレーション現象への多角的接近』日本経済評論社.
山本和人（2012）『多国間通商協定GATTの誕生プロセス―戦後世界貿易システム成立史研究』ミネルヴァ書房.
ラギー，ジョン（2004）（高嶋正晴訳）「埋め込まれた自由主義のグローバル化―企業との関係」D.ヘルド他編（中谷義和監訳）『グローバル化をどうとらえるか―ガヴァナンスの新地平』法律文化社.
ラギー，ジョン（2009）（小野塚佳光他訳）『平和を勝ち取る―アメリカはどのように戦後秩序を築いたか』岩波書店.
ラギー，ジョン（2014）（東澤靖訳）『正しいビジネス―世界が取り組む「多国籍企業と人権」の課題』岩波書店.
ロドリック，ダニ（2014）（柴山桂太他訳）『グローバリゼーション・パラドクス―世界経済の未来を決める三つの道』白水社.

（英語）

Ruggie, J. G. (1982), "International Regimes, Transactions, and Change: Embedded Liberalism in the Postwar Economic Order", *International Organization*, Vol. 36.
Standing, G. (2000), "Brave New Words ? A Critque of Stiglitz's World Bank Rethink", *Development and Change*, Vol.31.

終章
アジアの新たな開発協力モデル
―「ワシントン・コンセンサス」と「北京コンセンサス」から
「アジア・コンセンサス」へ―

はじめに

　第2次世界大戦の終結から70年が経ち，多くの新興独立国における開発の歴史も半世紀を超えるまでになった。そのなかで東アジア諸国・地域は長期にわたる高成長を達成し，世界の成長センターとして注目を集め続けている。米国の世紀と言われた20世紀の最後に時代の寵児となった東アジアであるが，今世紀は「アジアの世紀」として主役の座に躍り出ることも予測されている。

　とはいえ，今日の東アジアを取り巻く外部環境は大きな変化の真っ直中にあり，東アジアの内部においても重心に巨大な変化が生じている。つまり，20世紀末には冷戦が終結し，唯一の超大国となった米国のもと，市場メカニズムの働きに全幅の信頼を置く新自由主義が普遍的な経済思想として急速にグローバル化した。ところが，今世紀に入ってイラク戦争や米国発の世界金融危機などによって米国の権威は失墜し，グローバルに広がっていた新自由主義に基づく「ワシントン・コンセンサス」の教義にも懐疑の眼差しが向けられるようになった。他方で，それとほぼ同時期に中国が，「ワシントン・コンセンサス」とは対照的な非欧米的やり方を通じて世界第2位の経済大国へと躍進した。米国の権威の失墜と中国経済の勃興は，開発モデルに対してある種のパラダイム・シフトを引き起こすことになった。中国の高度経済成長は，今後も短期的には調整期が見られるとしても，中長期的には世界経済に大きなインパクトを与え続けるであろう。

　本章では，東アジアの経済成長と開発パラダイムの変遷を概観したうえで，

「ワシントン・コンセンサス」でも「北京コンセンサス」でもない、いわば「アジア・コンセンサス」について模索する。以下、第1節ではまず戦後の発展途上諸国＝第3世界における連帯と挫折について概観することから始める。続いて第2節では、東アジアの外向き政策による高成長と「ワシントン・コンセンサス」について、第3節では、「ワシントン・コンセンサス」の挫折と「北京コンセンサス」の浮上について論じる。そして第4節で東アジアの地域協力の歩みを概観したうえで、最後に「アジア・コンセンサス」の行方を提示したい。

第1節　戦後発展途上国の連帯と挫折

　本節では、「ワシントン・コンセンサス」や「北京コンセンサス」の歴史的な意義を理解するため、第2次世界大戦後の新興独立国が経済的自立や新たな国際経済秩序の形成を目指して連帯した動きとその帰結を概観する。

　2015年4月、インドネシアのジャカルタに109カ国・地域の代表が集まり、アジア・アフリカ会議、通称バンドン会議の60周年記念首脳会議が開催された。バンドン会議とは、インド、インドネシア、セイロン（現スリランカ）、パキスタン、およびビルマ（現ミャンマー）の5カ国が招請国となり、1955年4月にインドネシアのバンドンで開かれた「人類史上初の有色人種による大陸間会議」(Sukarno 1970, 454) である。これら5カ国のほか、中国、北ベトナム、エジプト、そして日本など、アジア・アフリカ各地から当時の世界人口の約4分の3が暮らす計29カ国の代表が参加した[1]。社会主義国から親欧米国まで多彩な顔ぶれであったが、「求同存異」と「ムシャワラー（話し合い）」に基づき、反植民地主義と民族独立、戦争回避と平和強化、アジア・アフリカ諸国間の友好と協力促進などが議論された（岡倉 1967, 120-2）。

　バンドン会議開催の背景にはインドシナ独立をめぐる欧米諸国との確執があった。インドシナ戦争の休戦会議がジュネーブで始まった直後の1954年5月、会議に参加できない上記5カ国がインドシナの完全独立、反植民地主義、中国（1949年成立の中華人民共和国）の承認、そして核兵器の禁止などを謳

う共同宣言を発表した。翌6月には中国・周恩来首相とインド・ネルー首相が「平和5原則」を発表し，これを世界の各国も受け入れるよう訴えた[2]。これらは翌7月に締結されるジュネーブ協定に影響を与えることになったが，米国はその最終宣言の受諾を拒否したのであった[3]。米国は同年9月に反共軍事同盟である東南アジア条約機構（SEATO）を結成し，ラオス，カンボジア，南ベトナムを「保護対象地域」として干渉を続ける意思を示した。このような事態に直面して，上記5カ国がアジア・アフリカ諸国の連帯のために開催したのがバンドン会議であった。

　バンドン会議の開会演説でインドネシアのスカルノ大統領は次のように述べた。「何世代にもわたり我々は世界の声なき者であった。我々は無視され，利害関係のある他者の決定に甘んじ，貧困と屈辱のなかで生きてきた。その後，我々は独立を要求した。否，独立のために闘い，それを達成したのである。そして，独立は責任を生んだ。我々自身に対する責任，世界に対する責任，まだ生まれぬ次世代に対する責任を生んだ。しかし我々は，それを重荷だとは思っていない」（Sukarno op. cit., 455）。独立を果たしたとはいえ，当時はまだ植民地主義が過去の遺産になったわけではなかった。政治的独立によって植民地制度は打破したものの，経済的自立のためには植民地型経済構造の克服が不可欠であった。それは新興独立国にとって見果てぬ夢ではあったが，アジア，アフリカ，ラテン・アメリカ（AALA）諸国の連帯の高まりや社会主義世界体制の成立もあって，少なからぬ希望に照らされたものであった。

　1960年代までに旧植民地の独立が相次ぐが，AALA諸国は旧体制（アンシャン・レジーム）を打破して新時代を築いたフランス第3身分に自らをなぞらえ，東西どちらの陣営にも属さない第3世界として新たな国際経済秩序の構築を目指していった。1国1票の国連の場で第3世界の発言力が高まるなか，先進工業諸国（北）は東西冷戦を有利に運ぶためにも第3世界（南）への適切な対処が必要となり，これを「南北問題」として重要視するようになった。南の反帝国主義・反植民地主義運動の矛先を国内の経済・社会開発に転換させるべく，北は経済・軍事援助を拡充した。1961年の国連総会ではケネディ米大統領の提案で「国連開発の10年」が決議され，南の年平均成長率を5％に引き上げる目標が掲げられた。その具体化のため1964年にUNCTADが設立さ

れ，南北協力の主要な舞台となった。北の思惑と南の狙いには齟齬があったが，東西冷戦のもと，圧倒的な南北格差も手伝って，米国など北側諸国は寛容な姿勢をとった。南は「援助より貿易を」と訴え，北に対して市場開放や非互恵的な一般特恵関税制度（GSP）の導入，そして一次産品価格安定化のための国際商品協定の締結などを要求した[4]。

　A. アムスデンは，戦後パックス・アメリカーナ期を「第1のアメリカ帝国の時代（1950～1980年）」と「第2のアメリカ帝国の時代（1980年以降）」とに分類し，前者の時代には「資本主義陣営にとどまるかぎり，自由市場の規範から逸脱し，自らの洞察にしたがって転換を図り，独自の政策をまとめることができた」と指摘している。つまり，冷戦体制という状況下で，米国は第3世界に互恵主義の遵守を求めなかったので，「第3世界は近代史上最大の自由を獲得し，成長を加速させた」（アムスデン 2011, 64）のである。さらに1970年代までに資源ナショナリズムが高揚し，1973年10月には第1次石油危機が勃発するなど，南の攻勢が続いた。1974年5月の国連特別総会では「新国際経済秩序（NIEO）樹立に関する宣言」が採択され，主権平等，民族自決，武力による領土獲得の否認，内政不干渉などの平和原則と並び，世界経済に関する様々な諸原則が謳われた。たとえば，「天然資源とすべての経済活動に対する完全な恒久主権」や，その確立に不可欠な国際経済関係における民主主義と自由の保障，つまり，「世界経済問題への取り組みに対するすべての国の平等な参加」や，「すべての国が自らの発展に最適と考える経済的・社会的システムを選択する権利」などが盛り込まれた[5]。南の夢の実現に対する期待がピークに達した時期であった。

　しかしながら，これらが南の夢を叶えたのかといえばそうではなかった。

　2015年4月のバンドン会議60周年記念会議の開会演説で，インドネシアのジョコ・ウィドド大統領は次のように述べた。「60年前，我々は独立，繁栄，そして正義のための闘いにおけるアジア・アフリカの連帯を宣言した。……中略……60年が過ぎたいま，旧植民地国家は主権を獲得したものの，苦悩の終焉からは程遠い。我々が今日引き継いでいる世界は，依然としてグローバルな不正義，不平等，そして暴力にあふれている。社会正義，平等，調和，繁栄に基づく新たな世界文明という我々共通の夢は，未だに実現していない[6]」と。

戦後の第3世界の連帯と攻勢は，皮肉にもNIEOの樹立宣言をピークに潰えてしまった。そこで要求されたのは国際経済関係における民主主義と自由の保障，つまり，どの国も世界経済問題に平等に取り組むことができる権利と，どの国も自国の経済・社会政策を自由に選択できる権利であった。しかし，1970年代の世界経済の大混乱，すなわち，ブレトンウッズ体制の崩壊，石油危機，それに続く深刻なスタグフレーションなどによって，世界は大恐慌以来の大不況に見舞われることになった。そして，そのなかで台頭する新自由主義の教義と実践が，1980年代以降，第3世界から国際経済秩序における民主主義と自由を奪っていくことになる。また，同時期には第3世界の内部でも産油国を中心とする資源保有国とそれ以外の諸国との間で南南格差が広がったこともあり，南の連帯も弱体化した。さらに1980年代末の冷戦の終結は，南北格差を残したまま国際政治経済上の「南北問題」も終焉に向かわせたのである。

第2節　東アジアの奇跡と「ワシントン・コンセンサス」

この半世紀ほどで南の諸国には大きな格差が生まれた。多くの人々が貧困や停滞，暴力に苦しみ続ける一方で，東アジアでは1970年代までに韓国，台湾，香港，シンガポールが輸出主導型の高成長を果たし，1980年代後半までにはASEANのタイ，マレーシア，インドネシアなどがそれに続いた。しかも，これらの連鎖的成長は比較的平等な所得分配を伴うもので，世界銀行から「奇跡」と称賛された。1997〜98年のアジア通貨危機の際は経済的・社会的大混乱に直面したが，多くは短期間で回復し，さらに中国の急速な台頭もあって，今日でも東アジアは成長のダイナミズムを維持している。

1979年にOECDは『新興工業国（NICs）の挑戦』のなかで外向きの成長政策に注目し，1963〜77年に工業生産や製品輸出に占めるシェアを拡大させた10カ国をNICsと呼んだ[7]。東アジアの韓国，台湾，香港，シンガポールも名を連ねた。戦後大部分の発展途上国が保護主義的な輸入代替工業化に偏向していたが，外向き政策はその緩和を狙うものであった。①貿易政策，②為替政策，③産業政策，④需要管理政策に大別され，具体的には①輸出向け生産に

必要な投入財の輸入を可能にする貿易・支払制度，② 切り下げを伴う単一為替相場の導入，③ 輸出向け生産に対する財政的奨励措置や輸出収益に対する免税措置，④ 競争を強化し，家計部門の輸入性向を抑制する緊縮的な財政金融政策，などがあった（OECD 1980, 106-12）。ただし，NICs のなかでも外向きへのシフトの度合いは様々で，韓国と台湾でもっとも進んでいたが，ブラジルやメキシコは当初の内向き度合いが強かった分だけ遅れていた。香港とシンガポールは当初から開放的であり，また，NICs 以外の国のなかではマレーシア，フィリピン，タイなども外向きへのシフトが注目された（同上, 108）。

外向きへのシフトという点でとりわけ東アジアが注目を集める一方で，1980年代に入るとメキシコやブラジルを含むラテン・アメリカ諸国の多くが深刻な累積債務危機に直面した[8]。IMF や世界銀行から緊急融資や構造調整融資を受けたが，その付帯条件（conditionality）として一連の経済改革を要求された。その内容は，介入主義的な保護・育成政策の放棄と，市場メカニズムを機能させるための自由化，民営化，規制緩和などであった。このような市場メカニズム重視の処方箋はやがて「ワシントン・コンセンサス[9]」と呼ばれるようになり，同様の危機や停滞に陥った他の国々にも適用されていった。

また，1990年代までに市場を排除してきた社会主義経済が破綻するが，その改革プログラムも「ワシントン・コンセンサス」に沿う内容となった。F. フクヤマは，冷戦の終結によって「リベラルな民主主義」が人類の最終統治形態となる「歴史の終わり」を予測したが（Fukuyama 1989），それを象徴する経済思想が新自由主義であった。冷戦に勝利した米国は，IMF・世銀などの国際機関を通じて新自由主義的な「ワシントン・コンセンサス」を普遍的な政策基準として世界各地に適用した。市場の働きを歪める政府介入は「非効率」とされ，生産性向上や経済成長のためには小さな政府と自由化，民営化，規制緩和が不可欠であると推奨された。そのうえ，政府介入が広がるほど個人の「選択する自由」が制限され，公平な競争環境も歪められるので，「非効率」なだけではなく「不公正」な行為とさえみなされるようになった。その結果，日本や西欧諸国など元来の資本主義諸国においても市場メカニズムにより一層の信頼が置かれ，さらなる自由化，民営化，規制緩和が実施されたのである。

「市場の失敗」や「政府の役割」が認識され，自由市場が疑問視されていた

途上国にとって，これは開発パラダイムの大転換であった。NICs のなかで 1980 年代も成長を維持した韓国と台湾も，高度成長期に「ワシントン・コンセンサス」の政策基準を満たしていたわけではなかった。「保守的な財政政策と競争的な為替レート」は別として，「ミクロ経済的介入の領域では，韓国と台湾の経験は正統的な方針から逸脱していた」(Rodrick 1996, 17)。つまり，良い政策として推奨・要求される貿易・直接投資自由化，民営化，規制緩和，金融自由化などについて，韓国と台湾は満たしていなかったのである。

　H. チャンは，現在の先進諸国は一連の自由主義政策によって成功を遂げたのではなく，発展途上国に放棄するように要求している産業技術貿易政策によって発展してきたと指摘している。そして，「興味深いことには，これらの『悪い』政策は，基本的に現在の先進諸国がその開発途上に実行してきたものと同じである点である。このことから，現在の先進諸国は『良い』ということになっている政策を勧告することによって，実際のところ彼らが頂上に登るのに使ったはしごを外しているのである」(チャン 2009, 234) と批判している。

　ところが政府介入の縮小と市場メカニズム重視の波は東アジアにも迫ることになる。1985 年のプラザ合意以降の急速な円高もあり，日本は 1989 年に初めてドル建ての政府開発援助 (ODA) 供与額で世界一となるが，同年に世界銀行は日本の ODA の主要形態である政策金融借款について，市場の働きを歪めるので差し控えるように要請したのである (世界銀行 1994, 391)。日本のプレゼンスが高まるなかで，市場重視に反する政策アプローチに釘が刺された格好であった。日本の反論と資金提供によって，世界銀行は東アジアの経済成長と政府の役割に関する報告書を作成することになった。そして 1993 年には，『東アジアの奇跡』(1993 年)(以下『奇跡』) が発表されたのである。

　『奇跡』は「経済成長と政府の役割」という副題のもと，東アジアの成長における政府と市場それぞれの役割を分析した。政府の政策のうち，安定したマクロ経済の促進，人的資本への投資，限定された価格の歪み，および外国技術への開放性などに関する基礎的政策については，その効果が認められた。しかし，成長と特定の介入との統計的関係は立証できないとして，選択的介入の有効性は評価されなかった (同上，5-25)。選択的介入のなかでもっとも評価され，他の途上国にも有望とされた輸出振興策については，現実に他国が模倣す

ることは困難であると結論づけた。その理由は，世界的な自由化圧力が高まるなか，途上国が先進国市場の恩恵を受ける一方で，自らは例外措置によって自由に貿易政策を選択するのが困難ということであった（同上，348-9）。世界最大の開発援助機関が有望と考える政策を，自由化圧力のために選択不可と「はしご外し」をするのは，世銀が「ワシントン・コンセンサス」の権化であることを物語っていた。『奇跡』は東アジアを市場の有効性を証明するモデルと結論するが，R. ウェードは，「市場は有罪が証明されるまで無罪であり，政府は無罪が証明されるまで有罪である」（Wade 1996, 26）と批判している。

以上のように，新自由主義的な「ワシントン・コンセンサス」がグローバルに浸透していくなか，介入主義的な政策で成功してきた東アジアにも自由化，民営化，規制緩和の波が押し寄せることになった。そして1997年7月以降のアジア通貨危機に際して，タイ，インドネシア，韓国などはクローニー（仲間内）資本主義として批判され，米国やIMF・世銀からさらなる市場改革を迫られるのである。

第3節 「北京コンセンサス」の浮上とその意義

「ワシントン・コンセンサス」の基盤にあるのは新古典派経済学，なかでも1970年代頃から台頭する市場重視の新自由主義である。その大家であるM. フリードマンによれば，市場メカニズムは「服従を求めることなしに全員一致を成り立たせる」（フリードマン 1975, 25）ため，人々の自由や多様性を保証することができる。経済的自由の本質は「選択する自由」にあるが，大きな政府のもとで経済活動に対する政府の介入が増大し，所得の多くの部分を自由に支出できずに税金として収める社会は，不自由な社会となる。したがって，市場重視と小さな政府を指向する新自由主義の目的は，戦後のケインズ的な大きな政府から「選択する自由」を回復することであった[10]。

ところが，皮肉なことに国際経済秩序においては，新自由主義の台頭がむしろ多くの国々の「選択する自由」を制限する結果となった。A. アムスデンが指摘するように，米国は「第1のアメリカ帝国」時代における「汝のやりたい

ようにやれ」という態度から,「第2のアメリカ帝国」時代には市場至上の新自由主義のもとで「われらのやり方でやれ」という立場に転換した(アムスデン 2011, 232)。H. チャンは,「たった一組の『ベスト・プラクティス』(それは英米型の制度であることが多い)しかないという現在支配的な見解」(チャン 2009, 236)を疑問視するが,「ワシントン・コンセンサス」のもとで政策選択の余地は限られていた。IMF・世銀の支援が必要な国々は,個別の特殊性を考慮されることなく「すこぶる画一的な内容」(石川滋 1996, 43)の処方箋を与えられた。それで成果が挙がればまだ良いが,「すべての国(とくに発展途上国)で,1960〜80年にかけて『悪い』政策を行っていた時のほうが,その後20年間の『良い』政策を行った時よりもはるかに成長が早かった」(チャン 2009, 234)。「一般的にいって,独自の政策を決定する自由があればあるほど,いっそう急速に途上国は成長した」(傍点は原文通り)(アムスデン 2011, 234)のである。

　政策選択の自由がない要因の1つは,この手の分野では競争環境がないためである。IMF・世銀はいわば圧倒的なプレゼンスを誇る独占的な金融・開発援助機関である。議決権は出資比率に応じて配分されるが,ともに重要案件の決議には85％以上の賛成が必要であり,持分が15％を超える米国は加盟188カ国のなかで唯一拒否権を持つ状態である。1997年のアジア通貨危機の際,日本はタイ,マレーシア,インドネシアなどに請われてアジア通貨基金(AMF)構想というアジア版IMFの設立を試みたことがあった。しかし,IMFとの機能重複,規律の緩みの恐れ,そしてなによりも東アジアにおける米国の影響力低下を恐れた米国やIMFの反対に遭い,断念したのである(国際通貨研究所 2002, 152)。

　教条主義的な「ワシントン・コンセンサス」であるが,米国はそれを世界に浸透させることが正義且つ使命と考えていた。冷戦後の米国経済もまずまず順調であり,1990年代半ばには資本主義の不安定性の象徴たる「景気循環」の終焉が話題となった。IT革命,生産・金融のグローバル化,サービス業の拡大,そして雇用の柔軟化(非正規雇用の拡大)等々が,景気循環のないニュー・エコノミーを生んだともてはやされた。その後,米国のITバブルやドットコム・バブルが崩れ,さらに不正会計処理問題などもあり,ニュー・

エコノミー論は衰退した。ただし，今世紀に入っても米国では歴史的にも安定した物価水準や経済成長が実現されていた。

ところが，2003年3月に始まるイラク戦争によって米国への国際的信頼が揺らぐなかで，2007年夏になるとサブプライム・ローン問題を発端として米国の新自由主義モデルが深刻な危機に直面した。翌年9月のリーマン・ブラザーズの破綻（リーマン・ショック）に代表される大型の破綻・倒産劇は，自由市場が無秩序を引き起こしうること，市場の自己治癒力には限界があること，それを放置すれば社会的損失が計り知れないことを思い知らせた。「ワシントン・コンセンサス」は権威を失墜させ，新自由主義モデルは危機にさらされた。本来，人々の生活を豊かにするために効率性が追求され，その手段として市場メカニズムが適用されたはずである。ところが手段の目的化が起こり，個別の事情は軽視・無視されたまま，自由化，民営化，規制緩和を実行しさえすれば豊かな生活が約束されるかのような神話が生まれた。その神話が無残に崩壊したのであり，いわば「歴史の終わり」が終焉を迎えたのである。

こうして世界が100年に一度の大不況に陥るなか，総額4兆元（当時約57兆円）と言われる景気対策を投じてグローバルな存在感を高めたのが中国であった。中国は市場メカニズムを重視する「ワシントン・コンセンサス」とは対照的に，非欧米的な国家資本主義で急速にプレゼンスを高めてきた。すでにリーマン・ショック以前から「ワシントン・コンセンサス」に対する「北京コンセンサス」という語が生まれていたが，前者の権威の失墜は，中国モデルの是非やその影響力をめぐって多くの議論を引き起こすことになった。

「北京コンセンサス」は様々な意味で使われ，確たる定義はない。生みの親のJ.C.ラモによれば，「米国が米国の利益を守るために設計された一方的政策を追求しているのに対して，中国は多くの国際問題の重要分野において米国を弱体化させ，覇権的行動が難しくなる環境を構築している」（Ramo 2004, 3）という。中国は世界中の国々，すなわち，真の独立を目指し，米国の一極支配下で自らの生活様式や政治的選択余地を守るためにどのように国際秩序に対峙するのかを模索している国々に対して，1つの方法を示しているという。そして，「この新しいパワーと発展の物理学が北京コンセンサスである。それは，何でも知っているという態度で評判の悪いワシントン・コンセンサスに代わり

得るもの」と指摘している。「ワシントン・コンセンサス」が「歴史の終わり」という高慢さの証であったのに対して，「北京コンセンサス」は「教義としては分類できないほど柔軟で，すべての状況に対する均一の解決策を信じるものではない」という（Ibid., 3-4）。前者が同意を要求するのに対して，後者は同意を求めるわけではなく，内政不干渉をその特徴としている。かつて冷戦下で「第1のアメリカ帝国」が政策選択の自由を認めたように，「北京コンセンサス」の台頭は世界各国に「選択する自由」をもたらすことも期待される。

　S. ハルパーは，「グローバル化が世界を小さくしているように，中国は西側世界を小さくしつつある」（ハルパー 2011, 24）として，「ワシントン・コンセンサス」に投影された欧米的な価値観や影響力の広がりを中国が阻んでいることを指摘している。成長に寄与するのは市場であり，民主主義こそが社会を首尾良く組織するという価値観の押しつけは，中国の権威主義的な国家資本主義の台頭によってその広がりを停止させつつあるというのである。本書第8章でも見たAIIBや，同じく中国主導でBRICSの5カ国による新開発銀行は，かつて日本がAMF構想で目指した新たな国際金融秩序の構築と重なるものである。AIIBでは中国が議決権の26.06％を確保し，重要案件（75％以上の賛成が必要）について事実上の拒否権を確保している（2015年6月29日の設立協定時）。日本国内では，日本が歴代総裁を輩出しているADBのライバルになるものとして警戒感もあるが，途上国側から見れば多様性が認められ，選択肢が広がることは歓迎すべきことである。

　以上のように，政策の可能性という観点では，新自由主義に基づく「ワシントン・コンセンサス」と比べて権威主義的な国家資本主義に基づく「北京コンセンサス」のほうが，政府の「選択する自由」を広げる面がある。つまり，非欧米的なものを含む多様な価値観を許容し，選択肢を広げることで，強者の論理，強者の都合を拒否する選択肢を与えたのである。中国的なプラグマティズムの表現を使えば，黒猫だろうが白猫だろうがネズミを捕らえる猫が良い猫なのであって，ネズミを捕らえなくても黒猫が良いというのは主観に過ぎない。

　とはいえ，現在の中国モデルがそのまま許容されるものとして支持されるわけではない。民主化や格差の問題，環境汚染など，中国が国内で抱える未解決の課題は少なくない。たとえば北京大学の姚洋が「北京コンセンサスの終焉」

(Yao 2010) において論じたように，将来的に「中国共産党が経済成長の奨励と社会的安定の維持を望むならば，より大幅な民主化以外の選択肢はない」と考えられる。AIIB についても，自然保護や非自発的住民移転の回避など，既存の国際機関が過去に高い授業料を払って構築してきた環境的・社会的な保護基準を反故にするような選択肢の拡大は望まれるものではない。これらを踏まえたうえで，「選択の自由」の拡大は歓迎されるものなのである。

第4節　東アジアにおける地域協力の意義

　本書の第1章および第3章でも見たが，東アジアという枠組の地域経済協力が取り組まれるようになったのは，1997～98年のアジア通貨危機以降であり，「FTA 空白地帯」とも言われた当地域で制度的な経済統合が進むのは今世紀以降のことであった。現存の東アジアを代表する地域的な協力枠組みは ASEAN+3（日本，中国，韓国）である。1997年12月に ASEAN 結成30周年を祝して初めて一堂に会した ASEAN+3 の首脳であるが，危機の真っ直中に地域協力を強化するため，翌98年以降は首脳会議が定例化された。歴史問題を抱え続ける東アジアで地域主義の求心力となったのは，通貨危機に伴う深刻な金融・経済危機という辛い経験の共有と，その際の米国や IMF の冷たい反応であった。また，東アジアが歩んできた成功の道を否定する「ワシントン・コンセンサス」や，それを推進する「ウォール街－財務省－IMF 複合体」に対する反発でもあった。

　アジア通貨危機は1997年7月にタイ・バーツが管理フロート制に移行したことを引き金に発生した。IMF の救済支援に加え，日本など近隣諸国もタイへの二国間支援を約束したが，どちらにも「ワシントン・コンセンサス」に基づく付帯条件が適用された。それは1ドルも拠出しない米国の意向に沿う一方で，東アジアのドナー諸国の考えは必ずしも反映されていなかった。その不合理性から，前述のように AMF 構想が始動するが，断念を余儀なくされた。

　しかし翌98年10月，日本は韓国，インドネシア，マレーシア，フィリピン，タイの5カ国向けの総額300億ドルの支援スキームである「新宮澤構想」

を発表した。当時は,同年夏のロシア危機で米大手ヘッジファンドのLTCMが破綻寸前となり,その影響で米国金融界が深刻な状態にあった。東アジアでは経営危機に陥った金融機関を次々と閉鎖させた「ウォール街－財務省－IMF複合体」であったが,米国ではニューヨーク連銀が自ら救済融資交渉をまとめるなど,ダブル・スタンダードぶりが米国版クローニー資本主義と批判された。通貨危機がブラジルにも伝染を始めたこともあり,米国に「新宮澤構想」を批判する余裕はなかった。「新宮澤構想」は,東アジアに対するIMFの処方箋,すなわち,緊縮財政,高金利政策,為替の自由化,そして危機の真っ直中に構造改革を要求することなどが,危機をむしろ悪化させるとの批判と合わせて提案されたのであった[11]。

　ASEAN＋3という地域主義の高まりは,世界各地における地域主義の波が東アジアに遅れてやってきたものと言える。つまり,米国発のグローバリズムである新自由主義に抗するための地域主義である。東アジアが青天の霹靂で深刻な危機に直面し,痛みを共有したことが地域の求心力を高めたと言える。

　ところが,ASEAN＋3による地域協力は間もなく曲折を迎えることになる。歴史問題という政治問題を契機として,日中間で主導権争いが発生したのである。2002年11月にASEAN＋3の政府高官による東アジア・スタディ・グループ（EASG）が最終報告書を提出し,ASEAN＋3による自由貿易地域の形成や東アジア・サミット（EAS）の開催を推奨した。2005年12月には第1回EASが開催されるが,日本などは中国牽制のため豪州,ニュージーランド（NZ）,インドの3カ国を加えるように提案し,結局ASEAN＋6で開催された。東アジア地域協力の枠組としてEASとASEAN＋3が併存することになり,前者が日本主導で東アジア包括的経済連携（CEPEA）,後者が中国主導で東アジア自由貿易地域（EAFTA）を目指すことになった。

　他方で,東アジアにおける米国抜きの枠組みの展開は,米国の東アジアに対するコミットメント拡大の誘因ともなった。米国は2006年11月のアジア太平洋経済協力（APEC）首脳会議でFTAAPを提案し,さらに2008年2月には翌月開始される環太平洋戦略的経済連携（P4）の投資・金融サービス交渉への参加を表明した（第3章も参照）。P4は,シンガポール,NZ,チリ,ブルネイの4カ国によるほぼすべての物品の関税を撤廃する自由化度の高いFTA

であるが，サービスや知的財産権など広範な分野が含まれ，将来のFTAAPの礎になることを目指していた。同年9月に米国は物品など全分野での交渉参加を決め，豪州，ペルー，ベトナムも加わりTPP協定が交渉されることになった（その後，マレーシア，カナダ，メキシコも参加）。米国にとって，成長センターである東アジアに足がかりを築くことは極めて重要であり，TPP延いてはFTAAPの実現に向けて舵を切ることになったのである。

他方で，2009年9月に政権に就いた鳩山由紀夫首相は，米国に偏重した外交軸を東アジア寄りに修正することを試みた。翌10月のASEAN+3首脳会議およびEASにおいて持論の東アジア共同体構想を掲げ，また，CEPEAとEAFTAを同時並行で政府間の議論に移すことでも合意した。翌11月には来日中のオバマ米大統領が東京で「TPP諸国と，広範なメンバーシップと高いスタンダードを有する地域合意を形成する目的で話し合っていく[12]」と表明し，翌12月には延期していたTPPの交渉入りを議会に通達した。日本では対米外交で鳩山政権が躓くと，政権を継いだ菅直人首相は2010年10月の所信表明演説で突然にTPP交渉への参加検討に言及し，翌11年1月の施政方針演説では6月までにその是非を決定するとした。結局菅首相は震災の影響で交渉参加を見送ったが，2013年3月に安倍首相が交渉参加を表明し，同年7月にはそれが実現した。そして2015年10月には，12カ国がTPP交渉で大筋合意に達したのである。

TPPをめぐる動きに刺激を受けながら，米国抜きの東アジアの枠組にも変化が見られた。2011年8月に東アジアの地域経済協力を加速化させるための日中共同提案，「EAFTAおよびCEPEA構築を加速化させるためのイニシアティブ」が示され，物品貿易，サービス，投資の3つの作業部会の設置が提案された。そして同年11月にはASEANが新たな枠組みとしてASEAN+6の16カ国によるRCEPを提案し，翌12年11月には交渉開始が宣言され，翌13年5月には第1回交渉会合の開催に至ったのである。

以上のように，アジア通貨危機を契機として始まった東アジア地域協力は，それまで当地域に存在しなかった米国抜きの地域経済協力の枠組みを生み出すことになった。それは，一国レベルでは対応困難な問題を引き起こすグローバル化に対する地域共同体的な対応であった。その流れのなかから現れたRCEP

はTPPと比べて自由化度が低いと言われるが，それが必ずしも完成度も低いことを意味するわけではない。RCEPのこれまでの経緯を踏まえれば，むしろ各国からすべてのカードを奪うのではなく，適切な優遇措置や例外項目などが盛り込まれるべきである。RCEPはグローバル化に地域として対応する枠組みであり，グローバル化をいわば牽引する側のTPPと性格が異なるのは当然であろう。

　現在の東アジアでは，米国主導で「質の高い統合」を掲げるTPPと，中国を含めた東アジア地域協力の理念を引き継ぐRCEPなどが複層的に展開されている。森嶋通夫の言葉を借りれば，前者は各国市場を統合することで完成する大市場の利益を再生産に活用することが目的で，後者は根本的には経済建設のための「建設共同体」ということになる（森嶋 2001, 115）。進藤榮一の場合，後者に「開発共同体」という言葉を充てている（進藤 2013, 175-7）。「質の高い」と表現される自由化度が高い広域経済連携は，参加できる国が自ずと限られてくる。先進国と発展途上国，様々な経済レベルの国々を含む枠組みとしては不向きなものかもしれない。他方で，「建設共同体」や「開発共同体」は合意に至るまでのハードルが相対的に低く，広域経済連携には向いていると言える。「ワシントン・コンセンサス」の圧力に抗しながら中国を取り込んでいくためにも，この「建設共同体」的なものをRCEPで構築するのが理想である。自由化度が高い経済ほど高成長を果たしてきたのかといえば，東アジアが保護主義的と非難されてきた歴史を思えば答えは明瞭である。

おわりに――「アジア・コンセンサス」の模索――

　開発の理論と実践に長けた大野健一は，「ワシントン・コンセンサスの残兵たちと戦い続けることに学術的な意味は少しはあろうが，それは途上国で実践的な開発活動を打ち出すために不可欠な作業ではない」と指摘する。つまり，「自由な市場経済か国家主導の発展かといった極端なイデオロギー対立はすでに過去のもの」となり，「後発国政府は自国の民間部門発展を支援するという重要な役割を担っており，政府の打ち出す政策の質が開発の成否を左右する」

ということが，いわばコンセンサスとなりつつあるという（大野 2013, 36）。

これは，今日までの東アジアの実績と，日本の援助関係者による現場での多大な貢献の賜物であろう。戦後の発展途上国の経験を踏まえれば，市場メカニズムに絶大の信頼を置く画一的な「ワシントン・コンセンサス」が万能でないことは自明である。「市場の歪み」を市場経済の低開発性に基づく「生まれつきの歪み」と，政府の不適切な介入に伴う「人工的な歪み」とに区別した石川滋の議論に従えば（石川滋 1996, 13），「ワシントン・コンセンサス」では後者を緩和できるとしても，前者が残っていれば十分な成果は期待できない。しかも，慣習経済を破壊することで混乱をもたらすリスクがある。「少なくとも市場経済化は漸進主義（gradualist）的に企てるべき」（石川滋 2006, 134）であり，市場経済という制度が未整備の段階で，社会の安定性を保っている慣習経済の改革を早急に進めることは困難である。そのうえ，市場という制度さえ構築されれば万能というわけでもない。市場経済は資源分配の面で効率性が高いとしても，所得分配などの社会的公正の問題は残るし，各国の歴史的，自然的，社会的，文化的等々の諸条件が経済制度に及ぼす影響も無視できない。

逆説的ではあるが，政府の役割が一定程度認められるようになったとはいえ，たとえば国家資本主義的な中国の台頭は，再び揺り戻しを引き起こす可能性もある。TPP交渉が大筋合意に達したことを受けてオバマ米大統領は，「この協定のもとで，中国のような国ではなくわれわれが，グローバル経済のルールを書くのだ[13]」と述べたが，少なくとも米国にとって，TPPは「北京コンセンサス」を強く意識したものであることが明確になった。A. ギデンズは原理主義を「包囲された伝統」と呼ぶが（ギデンズ 2001, 102），追い詰められた「ワシントン・コンセンサス」の残兵は強力な影響力を保持している。R. ウェードは，「依然として東アジア諸国は，米国やその他G7諸国，あるいはそれらの国々に支配された国際組織に反射的に目を向ける傾向がある」（Wade 2013, 34）として，IMF・世銀はもとより，国連やUNCTADのような途上国側にあった国際機関も正統派に抗う力を奪われ，東アジアのチェンマイ・イニシアティブのようなIMFの影響力から脱するために生まれた枠組までも，気がつけば日中の確執もあり骨抜きになっていることを指摘している。大野も，「市場原理やグローバリゼーションを受け容れることと，これらの趣

勢を適切に管理しあるいは産業振興や社会公正を達成するために後発国政府の政策能力を強化することは，同時に追求されねばならない」（大野 2013, 36）として，かつての東アジアが歩んだような漸進的なモデルは許容されないことを指摘している．

　東アジア諸国は先進国から低所得国まで様々であり，途上国ながらも世界第2位の経済大国として勃興する中国もある．歴史問題を解決できないまま古くて新しい領土問題や分断国家を抱え，移民問題や環境汚染などの課題にも枚挙に暇がない．宗教，民族，言語，自然，政治体制，経済状況なども多様性に富んでいる．しかしその一方で，東アジアは地域全体として世界の成長センターの位置にあり，会議外交の場を通じて政府間の交流も盛んで，制度的な経済統合は限られてきたものの東アジアとしての枠組みは強固である．たとえ二国間で行き違いや対立があっても，東アジアの多国間の枠組みのために顔をつきあわせざるを得ない効果がある．今後も地域のダイナミズムを維持するため，域内の産業振興や社会改革を促進する協力体制を整備し，それを積極的に活かして「建設共同体」，「開発共同体」を構築することが望まれる．

　勃興する中国は，第8章でもふれた「新常態（ニューノーマル）」のもと，今後も一定の経済成長率を維持したうえで，技術革新力の向上を通じた産業構造の高度化，投資主導から消費主導への転換など，難しい構造調整を迫られることになる．2015年5月に発表された「中国製造2025」や，本書でも再三取り上げられている「一帯一路」戦略，それに関連するAIIBの設立などは，東アジア地域全体にも多大な影響を与えることが予想される．これらの新たな動きに東アジア地域全体で取り組み，克服することが，東アジアのダイナミズムを維持・強化するためにも必要である．それにはまず，切っても切れない関係にある日中両国が，確執を越えるところから始めなければならない．

　「アジア・コンセンサス」をアジア的価値として捉えた場合，1990年代以降おぼろげながらもたびたび浮上したが，依然として明確なものとはなっていない．しかし，漠然とした曖昧さや多様性を容認したうえで，確実に歩んでいくことが「アジア・コンセンサス」の鍵となるのではないだろうか．バンドン会議における「ムシャワラー」の精神は，ASEANを象徴する言葉の1つでもある．それには「話し合いをつうじてコンセンサスを成立させる」という意味が

あり，反対に「全会一致の状況ができあがるまで，決定を先延ばしにして，話し合いを続ける」という意味もある（山影 1991, 273-4）。一発ホームランというよりも，ヒットとバントとスクイズで加点していく日本野球のような堅実な地域協力運営が，産業調整，技術協力，中小企業振興，環境協力，社会政策の導入，さらには民主化などにも有効と考えられる。これはかつて ASEAN 形成の際に，「各国の利害の違いを乗り越えて ASEAN としてまとまることについてコンセンサスが成立していた」（同上，301），「1 つの堅固で大きな建物を作るのではなく，小さなブロックを積み重ねていく経験を積んでいった」（同上，303）と言われたことと重なるものである。「求同存異」に基づきながら着実な地域協力運営が求められるもので，TPP 型の自由化度の高さで正否を評価する枠組みとはまた別の枠組みが必要である。前述のように，かつて「NIEO 樹立に関する宣言」のなかで，「世界経済問題への取り組みに対するすべての国の平等な参加」や，「すべての国が自らの発展に最適と考える経済的・社会的システムを選択する権利」が謳われたが，これをまず東アジア域内で保障することが必要なのではないだろうか。これを保障するための枠組みを構築することが，アジア・コンセンサスとなるのが望ましい。

　不幸な歴史を共有する東アジアで友好を唱える際，しばしば魯迅の一節が取り上げられてきた。中国では知らない人が少ない一節である。すなわち，「思うに希望とは，もともとあるものとも言えないし，ないものとも言えない。それは地上の道のようなものである。もともと地上には道はない。歩く人が多くなれば，それが道になるのだ」。アジア・コンセンサスに向かう道のりがどのようになっていくのか，今後も注目していきたい。

（小林尚朗）

注
1　それに加え，独立前のモロッコ，チュニジアもオブザーバーで参加した。
2　「平和 5 原則」とは，① 領土・主権の相互尊重，② 相互不可侵，③ 内政不干渉，④ 平等互恵，⑤ 平和的共存である。もともとは，1954 年 4 月に中印間で締結されたチベット通商協定の前文に書かれた中印間の原則である（岡倉 1967, 96-7）。
3　ジュネーブ協定は 3 つの休戦協定と最終宣言から構成されるが，米国はこれらに留意はするものの，「宣言に参加する用意はない」との声明を出して協定を拒否した（ニューヨーク・タイムズ編 1971, 56）。1949 年に中国が共産主義国家となり，ドミノ理論が浮上するなかで，米国にとってジュネーブ協定は，「東南アジアを失うことになりかねない，共産主義の大きな前進を完成させた，

災害である」(同上, 15) と結論されたのである。
4　詳しくは (プレビッシュ 1964, 89-159)。なお, GSP とは, 先進国が発展途上国からの輸入品に対して一方的に供与する低税率の優遇関税制度である。1968年の第2回 UNCTAD 総会で導入で合意し, 1971 年には欧州共同体 (EC) や日本が開始した。
5　United Nations General Assembly, *Declaration on the Establishment of A New International Economic Order*, Resolution Adopted by the General Assembly 3201 (S-VI), 1 May 1974 (http://www.un-documents.net/s6r3201.htm)
6　"Indonesian President Attacks Global Injustice in Opening Asia-African Summit", *South Bulletin*, Issue 85, 15 May 2015, p.6. なお, ジョコ大統領は主権すら手に入れていないパレスチナの人々についても言及している。
7　南欧のギリシア, ポルトガル, スペイン, ユーゴスラビア, ラテン・アメリカのブラジル, メキシコ, そして東アジアの香港, 韓国, シンガポール, 台湾の10カ国・地域である (OECD 1980, 32-3)。
8　なお, NICs は Newly Industrializing Countries の略であるが, 1980 年代以降もダイナミズムを維持した東アジアの NICs のうち台湾と香港が国連の認める国家ではないため, 1988 年のカナダのトロント・サミット以降, NIES と呼ぶようになった。
9　もともと「ワシントン・コンセンサス」とは, 1989 年に J.ウィリアムソンが提示したもので, 当時累積債務危機に陥っていたラテン・アメリカで着手され始めた 10 項目の政策改革アジェンダである。正確には, 米国の首都ワシントン DC にあるシンクタンク, 国際経済研究所 (現ピーターソン国際経済研究所) がラテン・アメリカ 10 カ国から研究者を招いて開催した国際会議においてウィリアムソンが提示したバックグラウンド・ペーパーに由来する。その中身は, ①財政規律, ②公共支出の優先順位の見直し, ③税制改革, ④金利の自由化, ⑤競争的な為替レート, ⑥貿易自由化, ⑦対内直接投資の自由化, ⑧民営化, ⑨規制緩和, ⑩財産権, で構成されている。1990 年代になると, 「ワシントン・コンセンサス」は新自由主義的な処方箋と同義とみなされるようになり, ワシントン DC にある米国政府機関, そして IMF, 世界銀行, および米州開発銀行などの国際機関が集団的に追求する政策パッケージとみなされるようになる (Williamson 2003, 10-11)。
10　「選択する自由」と「ワシントン・コンセンサス」の関係については, (小林 2015, 28-32) も参照のこと。
11　「第51回 IMF 暫定委員会における日本国ステートメント」1998 年 10 月 4 日。http://www.mof.go.jp/international_policy/imf/imfp/19981004st.htm (DL 2015.7.30)
12　外務省「TPP 協定交渉開始までの過程」2011 年 11 月。http://www.mofa.go.jp/mofaj/gaiko/tpp/pdfs/tpp02_10.pdf (DL 2015.7.30)
13　"Remarks by the President After Meeting with Agriculture and Business Leaders on the Trans-Pacific Partnership", Oct.6 2015. https://www.whitehouse.gov/the-press-office/2015/10/06/remarks-president-after-meeting-agriculture-and-business-leaders-trans (DL 2015.10.7)

参考文献

アムスデン, アリス・H (2011)『帝国と経済発展—途上国世界の興亡—』原田太津男・尹春志訳, 法政大学出版局。
石川幸一・朽木昭文・清水一史編著 (2015)『現代 ASEAN 経済論』文眞堂。
石川滋 (1996)「開発経済学から開発協力政策へ」石川滋編『開発協力政策の理論的研究』アジア経済研究所。
石川滋 (2006)『国際開発政策研究』東洋経済新報社。

OECD（1980）『OECD レポート 新興工業国の挑戦』大和田悳朗訳，東洋経済新報社．
大野健一（2013）『産業政策のつくり方―アジアのベストプラクティスに学ぶ―』有斐閣．
岡倉古志郎（1967）『アジア・アフリカ問題入門 第二版』岩波書店．
加藤弘之（2013）『「曖昧な制度」としての中国型資本主義』NTT 出版．
ギデンズ，アンソニー（2001）『暴走する世界―グローバリゼーションは何をどう変えるのか―』佐和隆光訳，ダイヤモンド社．
国際通貨研究所（2002）『我が国のアジア通貨危機支援の政策評価』国際通貨研究所．
小林尚朗（2015）「グローバル資本主義の展開とアジアの世紀？」福田邦夫編著『21 世紀の経済と社会』西田書店．
進藤榮一（2013）『アジア力の世紀―どう生き抜くか―』岩波書店．
世界銀行（1994）『東アジアの奇跡―経済成長と政府の役割―』白鳥正喜監訳，東洋経済新報社．
チャン，ハジュン（2009）『はしごを外せ―蹴落とされる発展途上国―』横山信治監訳，日本評論社．
ニューヨーク・タイムス編（1971）『ベトナム秘密報告―米国防総省の汚い戦争の告白録㊤―』杉山利英訳，サイマル出版会．
ハルパー，ステファン（2011）『北京コンセンサス―中国流が世界を動かす？―』園田茂人・加茂具樹訳，岩波書店．
平川均・小林尚朗・森元晶文編（2009）『東アジア地域協力の共同設計』西田書店．
フリードマン，ミルトン（1975）『資本主義と自由』熊谷尚夫・西山千明・白井孝昌共訳，マグロウヒル好学社．
プレビッシュ，ラウル（1964）『プレビッシュ報告―新しい貿易政策をもとめて―』外務省訳，国際日本協会．
森嶋通夫（2001）『日本にできることは何か―東アジア共同体を提案する―』岩波書店．
山影進（1991）『ASEAN―シンボルからシステムへ―』東京大学出版会．

（英語）
Fukuyama, Francis (1989) "The End of History?", *The National Interest*, No.16, Summer 1989.
Ramo, Joshua Cooper (2004) *The Beijing Consensus*, The Foreign Policy Centre, London.
Rodrik, Dani (1996) "Understanding Economic Policy Reform", *Journal of Economic Literature*, Vol.34 No.1, Mar.1996.
Sukarno (1970) "Let a New Asia and Africa Be Born (1955)", Feith, Herbert and Castles, Lance Eds., *Indonesian Political Thinking 1945-1965*, Cornell University Press, New York, 1970.
Wade, Robert (1996) "Japan, the World Bank, and the Art of Paradigm Maintenance: The East Asian Miracle in Political Perspective", *New Left Review*, No.217, May/June 1996.
Wade, Robert (2013) "The Art of Power Maintenance: How Western States Keep the Lead in Global Organizations", *Challenge*, Vol.56 No.1, Jan/Feb 2013.
Williamson, John (2003), "From Reform Agenda to Damaged Brand Name: A Short History of the Washington Consensus and Suggestions for What to Do Next", *Finance and Development*, Vol.40 No.3, Sep. 2003.
Yao, Yang (2010) "The End of the Beijing Consensus: Can China's Model of Authoritarian Growth Survive?", *Foreign Affairs*, Feb.2, 2010.
http://www.foreignaffairs.com/articles/65947/the-end-of-the-beijing-consensus（DL2015. 7.30）

索　引

欧文

ACFTA　30, 35, 111, 113
ADB　15, 116, 194, 225
AECブループリント　41
AEC2025ブループリント　43
AFTA　13, 26, 27, 33, 34, 40, 41, 43, 44
AIIB　15, 104, 105, 115, 116, 169, 194, 225, 226, 231
AMF構想　12, 223, 225, 226
APEC　33, 34, 36, 37, 38, 44, 112, 124, 126, 227
ASEAN　168, 184, 219, 226, 228, 231
　——＋1FTA　36, 42
　——＋1FTAネットワーク　33, 36, 37
　——＋3　203, 226, 227
　——＋3首脳会議　13
　——＋6　227, 228
　——インドFTA　37
　——経済共同体（AEC）　13, 14, 17, 33, 40, 41, 42, 74, 164
　——首脳会議　13, 161
　——中心性　36, 39
　——とのFTA競争　35
　——と中国のFTA　→ACFTA
BPO　51, 52
BRICs　10, 11, 14, 167, 169, 179, 225
　——首脳会議　15
BRICS銀行　15, 225
CEPEA（ASEAN＋6）　39, 227, 228
CHINA＋1　189, 198
EAFTA（ASEAN）　39, 227, 228
EMS　22
EPA　13, 41, 72
FTA　13, 29, 33, 34, 35, 36, 37, 38, 104, 110, 113, 114, 115, 133, 184, 226, 227
FTAAP　33, 44, 227
FTA空白地帯　33, 34
GATT　34, 213

ICT　170
ILO　209
IMF　12, 89, 93, 117, 135, 162, 167, 169, 208, 220, 222, 223, 226, 230
IT　170
ITO　51, 209
KPO　51, 52, 57
LCC　189
LNG　123
ME　170
NEP　169, 170
NICs　9, 220, 221
NIEO　218, 219
NIES　4, 5, 7, 8, 9, 10, 11, 12, 15, 18, 58, 90, 233
NITI委員会　172, 179
OECD　5, 9, 89, 90, 212, 219
P4　38, 227
P5　38
PoBMEs　11, 12, 14, 15
PPP方式　187
RCEP　13, 33, 38, 39, 40, 42, 45, 114, 115, 228, 229
SCM　197, 210
TPP　14, 15, 33, 38, 39, 40, 44, 45, 115, 126, 127, 142, 203, 210, 228, 229, 230, 232
　——問題　14
UNCTAD　52, 55, 217, 230, 233
WTO　34, 59, 106, 114, 135, 177, 186, 209

和文

【ア行】

アジア・アフリカ会議　216, 217, 218, 231
アジア・インフラ投資銀行　→AIIB
アジア開発銀行　→ADB
アジア・コンセンサス　16, 179, 203, 206, 207, 209, 210, 211, 212, 216, 231, 232
アジア太平洋自由貿易地域　→FTAAP
アジア太平洋の時代　15

236　索　引

アジア太平洋経済協力　→APEC
アジア通貨危機　219, 222, 223, 226, 228
アジア通貨基金　→AMF構想
アジア4極の経済圏　31
斡旋業者　72
アフリカ人労働者　71
アムスデン　205, 206, 207, 208, 209, 213
アユタヤ　150
アンソニー・リード　150
域内貿易　7
移行経済　90
イスラム法（シャーリア法）　76, 83, 84
一帯一路　15, 104, 105, 115, 117, 177, 192, 193, 194, 231
一般特恵関税制度（GSP）　218
埋め込まれた自由主義　203, 207, 208, 209, 210, 211, 212, 213
雲南省　98
エレクロニクス消費財　23
オイルロード　125

【カ行】

海外就労斡旋業者　73
改革開放　91, 95, 100, 148, 160, 161
　　──路線　105
外国人技能実習制度　72
外国人実習生　72
外国人労働力　72
海南省　98
開発独裁　89, 90, 206, 213
格差　205, 207, 208, 209, 213
ガバナンス　204, 210, 211, 212, 213
下放　152
雁行形態型発展　9
韓中FTA　139
甘粛省　98
環太平洋戦略的経済連携協定　→TPP
環太平洋パートナーシップ　→TPP
広東省　95, 97, 98, 99
貴州省　98, 99
逆U字仮説　94
キャッチダウン　17, 20
9・30事件　151
求同縮異　143

求同存異　142, 143, 216, 232
競争力のある地域　41
共同市場　41
クアンタン原則　159, 160
クズネッツの逆U字仮説　93
クメール・ルージュ　155, 156, 157, 158, 159, 160
グローバルな経済への統合　41
計画委員会　172
経済特区　106
経済連携協定　→EPA
合計特殊出生率　63
広州市　97, 100
構造調整　135, 169, 220, 231
構造転換　3, 14
江沢民　90
高度技術を持つ人材　69
高度人材　70, 73
　　──労働移動の自由化　74
公平な経済発展　41
高齢化　7, 61, 64, 65, 68, 69, 70
　　──社会　65, 66
高齢社会　65, 66
高齢人口爆発　64
胡錦濤　91, 93, 96
国際エネルギー機関　125
国際物流の効率性指数（LPI）　195
国内労働力受給のミスマッチ　70
国務院発展研究センター　5
国有商業銀行　91
国立インド変革研究委員会　172
国家資本主義　89, 126, 224, 225, 230
固定資本形成　98
ゴルカル　91
ゴルバチョフ　160, 163

【サ行】

冊封体制　149, 150, 158, 162
サービス経済化　47, 57
サービスの国際分業　8
サプライ・チェーン・マネジメント　→SCM
三農問題　92
シェールオイル・ガス　122
事実上の統合　34
ジニ係数　93, 94

資本規制　208, 209, 211
社会主義型社会　172
社会主義市場経済体制　106
シャドーバンキング　91, 96
上海協力機構　14, 112, 169
上海市　97, 98, 100, 101
　　――浦東新区　98
周恩来　168
習近平　15, 89
私有財産権　92
周辺外交　110
少子化　63, 64
消費するアジア　19
シン　178
新開発銀行　→BRICS 銀行
新経済政策　169
人権　209, 210, 211, 212
人口　6, 11
　　――成長率　63
　　――爆発　62
　　――ピラミッド　64
　　――ボーナス　66, 68
　　――ボーナス論　6, 67
新興工業国（NICs）　219
新国際経済秩序　→NIEO
新古典派経済学　12, 222
人材不足が深刻なのが，医療介護分野　72
新自由主義　168, 203, 204, 205, 206, 207, 208, 209,
　　210, 213, 215, 219, 220, 222, 224, 225, 227, 233
真珠の首飾り　178
新常態（ニューノーマル）　108, 231
新シルクロード計画　191
深圳市　97, 98, 100, 101
新宮澤構想　226
スカルノ　151, 217
頭脳流出　74
スハルト　90
生産需要ネットワーク　19
生産するアジア　19
生産ネットワーク　17, 18
成長のトライアングル　9, 10
西電東送　99
製品アーキテクチャー　17, 22
政府開発援助（ODA）　221

西部大開発　186
世界銀行（世銀）　5, 93, 96, 169, 195, 205, 219,
　　220, 221, 222, 223, 230, 233
世界経済　4
世界の工場　10, 19, 107, 171, 175
石油危機　8
漸進主義　98
先富論　93, 94
早期自発的分野別自由化（EVSL）　37
総固定資本形成　95
造反外交　151, 152, 155
ソ越友好協力条約　159

【タ行】

多国籍企業　14, 27, 34, 47, 56, 57, 58, 106, 107,
　　136, 210, 211
単一の市場と生産基地　41
知的財産権　210
チベット自治区　98
チャイナ・ランドブリッジ（CLB）　192
中越戦争　155, 156, 157, 163
中間財貿易　7
中国脅威論　104
中国共産主義青年団　90
中国製造 2025　231
中所得（国）の罠　5, 7, 58, 68
中ソ関係改善　160
中ソ対立　152, 155, 156
超高齢社会　65
チョークポイント　125
賃金格差　70
鄭和の大航海　149
天安門事件　161
天津市　97, 98
　　――濱海新区　98
ドイモイ　160
韜光養晦　110
鄧小平　97, 102, 105, 110, 161, 165
東南アジア条約機構（SEATO）　217
東南アジア平和・自由・中立地帯　152, 153, 161
　　――（ZOPFAN）　164
東南アジア友好協力条約　111, 154, 162
都市戸籍　92, 97
富二代　101

トリクルダウン理論　94

【ナ行】

ナショナリズム　14
ナラシンハ・ラオ　168
ナレンドラ・モディ　172, 178
南国意識　149, 156
南巡講話　97, 177
ニクソン・ドクトリン　152
二重船殻構造　131
日本とシンガポールの FTA（新時代の経済連携協定：JSEPA）　34, 35
人間開発指数　93
ネルー　168
農村戸籍　92, 101
農民工　97, 98
農民戸籍　97
農民税　92

【ハ行】

ハーヴェイ　205, 208, 209, 213, 214
バラスト水　132
ハラール　76, 78, 79, 80, 82, 83
　――産業　78
　――認証　76, 78, 79, 80, 82, 83, 84
パンアジア鉄道建設計画　195
バンドン会議　→アジア・アフリカ会議
東アジア経済　4
東アジア・サミット（EAS）　124, 126, 227
東アジア自由貿易地域　→EAFTA
東アジア・スタディ・グループ（EASG）　39, 227
東アジア地域包括的経済連携協定　→RCEP
東アジア包括的経済連携　→CEPEA
ピケティ　93, 208, 212, 213, 214
非熟練労働者　70
福祉国家　207, 208, 209, 212
不動産 5 税　99
プラザ合意　8, 177, 221
ブレトン・ウッズ体制　205, 207, 208, 219
文化大革命　100, 151, 152
北京語　98
北京コンセンサス　179, 216, 224, 225, 230
北京市　97, 98, 100
北京ロードマップ　44
ヘゲモニー　206, 208, 209, 213
ペティ・クラークの法則　96
ベトナム戦争　152, 154, 155
紅三代　101
ポイントシステム　73
貿易可能化革命　47, 48, 49
貿易創出効果　35
貿易転換効果　35
ボゴール宣言　37
ポスト・ワシントン・コンセンサス　203
ホーチミン　155, 156

【マ行】

マハティール　90
マルコス　90
三つの代表　90
民主主義　204, 205, 209, 210, 211, 213
ムシャワラー　216, 231
メガ FTA　38
毛沢東　96, 151, 161, 163
モータリゼーション　121

【ヤ行】

融資（付帯）条件（コンディショナリティ）　12, 220
輸出指向型工業化　171
輸出主導型経済構造　136, 139
輸出主導型の成長　8
ユーラシア　15

【ラ行】

ラギー　207, 211, 212, 214
リー・クアンユー　90
リーマン・ショック　19, 91, 96, 139, 205, 224
領土問題　13, 112, 117, 231
ルイスの転換点　89
ルック・イースト　168, 174
歴史（認識）問題　13, 34, 112, 142, 226, 227, 231
労働者送金　74
労働力移動　69, 70, 74
労働力需要　69
ロドリック　208, 209, 210, 213, 214

【ワ行】

和諧社会　91, 93
ワシントン・コンセンサス　12, 168, 203, 207,
　　215, 216, 220, 221, 222, 223, 224, 225, 226, 229,
　　230, 233

執筆者紹介 （執筆順） ＊は編著者

平川　均	浙江越秀外国語学院東方言語学院特任教授 国士舘大学客員教授　＊	第1章
春日尚雄	都留文科大学教授	第2章
石川幸一	亜細亜大学特別研究員　＊	第3章
森元晶文	中央学院大学准教授	第4章
吉川愛子	アジア開発銀行エコノミスト	第5章
武井　泉	三菱UFJリサーチ&コンサルティング	第6章
小原篤次	長崎県立大学准教授　＊	第7章
朱　永浩	福島大学教授	第8章
藤森浩樹	明治大学大学院兼任講師	第9章
大津健登	九州国際大学准教授	第10章
山本博史	神奈川大学教授　＊	第11章
深澤光樹	東洋大学助教	第12章
町田一兵	明治大学准教授	第13章
矢野修一	高崎経済大学教授　＊	第14章
小林尚朗	明治大学教授　＊	終章

新・アジア経済論
―中国とアジア・コンセンサスの模索―

2016年2月29日 第1版第1刷発行	検印省略
2020年6月15日 第1版第5刷発行	

編著者　平　川　　　均
　　　　石　川　幸　一
　　　　山　本　博　史
　　　　矢　野　修　一
　　　　小　原　篤　次
　　　　小　林　尚　朗

発行者　前　野　　　隆
　　　　東京都新宿区早稲田鶴巻町533

発行所　株式会社 文　眞　堂
　　　　電話 03（3202）8480
　　　　FAX 03（3203）2638
　　　　http://www.bunshin-do.co.jp
　　　　郵便番号(162-0041) 振替00120-2-96437

製作・モリモト印刷
Ⓒ 2016
定価はカバー裏に表示してあります
ISBN978-4-8309-4896-1　C3033